A ARTE DA GUERRA E OS MES-TRES DA NEGOCIAÇÃO

3º Edição

Revisão 1

Janeiro de 2021

Laierte Rodrigues Dias

Rio de Janeiro - Brasil

Dias, Laierte Rodrigues

A arte da guerra e os mestres da negociação
3º Edição - Revisão 1

ISBN 9798597577180

Rio de Janeiro, 2021

Inclui bibliografia
Inclui glossário
Inclui conceitos para documentos

1. Negociações, 2. Vendas,
3. Gestão, 4. Competências

Dedico a minha família em toda a sua extensão.

A todos os mestres com que tive a honra de trabalhar, que
influenciaram de alguma forma meu futuro profissional
e meu entendimento da vida. Meu eterno agradecimento.

Sumário

Fundamentos.. 18

Os fatores primordiais... 20
O processo de formação do guerreiro...................................... 23
   As três entidades do ser 26
   O que separa o escudeiro do cavaleiro? 27
   A performance e os resultados 29
   A performance atual...32
   Trace planos 41
   Resultados da Qualidade pessoal 42
   Motivação como combustível 43
   O verdadeiro mestre da negociação.......................................46
O raciocínio lógico 47
   Fatos ou suposições...47
   Um teste ao Raciocínio 50
   Previsões e feitiços..52
   Elementos do Raciocínio lógico 58
   Indo além 68
O entendimento da Missão... 69
   As fronteiras e as etapas 70
   Forças de oposição...72
   Encenações..78
   Sucesso na jornada 79

O princípio das açoes 82

Efeitos do tempo.. 83
Utilização de recursos 85
   A criação do feudo 87
Sabendo porque lutar 89
O olho que tudo vê. 93
Os arquétipos 94
O propósito das partes interessadas....................................... 98
O propósito do coringa 98
Construa confiabilidade 105
   Regras de ouro da conformidade 109

Vitória e derrota 111

Estratégia de ataque... 112
Levantamento do terreno... 115
   Investigando a Situação Atual 116
Condições 117
   Condições da solução...120
   Condições orçamentárias..121
   Condições de implantação 122
   Condições Comerciais 122
   Exclusões 124
   Encargos e Responsabilidades 125
   Seguros e garantias..126

Analisando Expectativas 128
   Trégua e o tratado de paz 129
Prestação de serviços continuados 130
   Empreitadas 133
Alianças em tempos de paz 134

Sobre a firmeza 136
A força 136
   Energia derivada do esforço 136
   Pressão derivada da convivência 138
   Ordem derivada dos métodos 139
   Canalizando a força 141

Disposição dos recursos 142
Invencibilidade e vulnerabilidade 143
O caminho e suas leis 144
Ampare os feridos 146
Fique atento a retaguarda 148
O roteiro dos negociadores 151

Vantagem e desvantagem 152
Posicionamento 153
   Registro de oportunidade 157
Comunicações 158
Retorno 165
O Idioma do íntimo 167
   Sinais da linguagem cinestésica 172
Reconhecendo a mentira 173

Enfrentamento direto e indireto. 176
Mobilização de recursos 177
Leis das negociações. 181

Mudanças 183
Objeções 187
   Contornando objeções. 188
As normas gerais 191
Encare os riscos 192
   Mensurando as probabilidades. 195
Execução e lucro 197
   A verba e sua composição 198
   Aditivos 200
   Pleitos de reequilíbrio 203
   Evitando um aditivo 205
   Penalidades 207

Deslocamento das tropas 210
Sensibilidade com as informações 211

Sobre os clientes 219
Tipos de clientes 219
As maneiras de ser derrotado 222

As Classes do terreno 225

Enfrentando as forças do ambiente 227
Liderança por maestria 230
Alguns tipos de tipos de batalhas 235
    Licitações privadas 235
    Licitações públicas 236
    Modalidades de licitações públicas 237
    Critérios de julgamento em licitações públicas 238
    Ações decorrentes de julgamento 239
    Fases das licitações públicas 239
    Critérios de desempate em licitações públicas 240
    Procedimento de manifestação de interesse 241
    Sistema de registro de preços 243
    Dispensa de concorrência em licitações públicas 243
Acompanhe ou fracassará 245

Sacrifícios e vitória 246

Por um bem maior 246
    O sacrifício dos espólios 248
    O sacrifício do terreno 251
    Alianças em tempos de guerra 252
Acompanhamento e entrega 253
    Complexo de Pilatos 253
Vitória e o júbilo 255
    Comemorar é preciso 256
    Preste continência espontânea 257
    Ponha um ponto final 259
    Registre para a história 265
    Lições aprendidas 265

O uso de informantes 268

Anexo I - Fluxogramas simplificados 274

A - Da prospecção ao fechamento 274
B - Do fechamento à entrega 275
Anexo 2 - Exemplos de campanhas 276
2 . 1 - Prospect Day 277
2 . 2 - Adote uma cidade 279

Anexo 3 - Conceitos para documentos e controles 280

Relatório de Visita 284
Relatório de despesas 285
Relatório Técnico Ilustrado 286
Resumo do Negócio 287
Mapeamento das partes interessadas 288
Acordo de expectativas 289
Benefícios e Despesas Indiretas - BDI 290
Composição analítica de custos unitários 291
Cronograma físico / financeiro - CFF 292
Matriz de responsabilidades 293
Matriz de Riscos 295

Plano de Comunicação 297
Lista de verificação da proposta 298
Lista de verificação de conformidade do programa de integridade.........304
Lista de verificação da Lei geral de proteção de dados 308
Carta de preposto 310
Ata de reunião..311
Controle de negócio..312
Análise de negócios..314
Análise de negócios perdidos...321
Pedido de venda 323
Termo de abertura do contrato / projeto...324
Guia de remessa de documento - GRD...326
Relatório de situação 328
Medição..330
Pendências do cliente...331
Resposta a Notificação 332
Solicitação de alteração / mudança..333
Controle de alterações / mudanças 334
Aditivo contratual...335
Pleito de prazo 336
Pleito de reequilíbrio financeiro..337
Controle de entregas Parciais...338
Termo de aceite..339
Termo de encerramento 340
Lições Aprendidas 341

Anexo 4 - Glossário de negociação.. 342

Índice de casos.. 358

Sobre o autor... 359

Índice e referências de imagens... 360
    Referências de Fontes 363

Referências bibliográficas... 364

Prefácio

Oferecer uma visão das negociações com a qual o leitor nunca tenha se deparado. Essa foi a ideia por trás do plano de apresentar técnicas profundas das negociações corporativas sob o manto e a filosofia da excepcional obra "A Arte da Guerra", escrita pelo general Sun Tzu.

Esta terceira edição, consideravelmente ampliada, compreende agora o equilíbrio no relacionamento com o cliente e o antagonismo ao concorrente, fundamentados pela formação necessária a um bom negociador.

Como forma de facilitar a leitura dos temas tratados, foi desenvolvida uma metodologia apoiada em casos reais, analogias, conceitos para documentos e um amplo glossário. Toda essa composição, baseada na experiência de muitos anos participando de negociações em projetos corporativos.

Este livro, além de ser uma apropriada fonte de conhecimentos sobre negociações, se mostrará uma ótima ferramenta para identificar pontos estratégicos a tratar, sejam eles pessoais, referentes à condução de negociações ou ao desenvolvimento de equipes vencedoras. A obra é indicada a todos os profissionais que direta ou indiretamente lidam com vendas e negociações.

Sucesso, saúde e sabedoria.

Laierte Rodrigues Dias

Prólogo

As negociações das quais tratarei neste livro são as ditas corporativas, que necessitam obrigatoriamente ser assessoradas, consultivas ou aconselhadas por um canal executivo que a tratará como desafiadora. Por analogia, tais negociações serão consideradas como batalhas dentro de uma guerra, a qual, por sua vez, será o período previsto para o cumprimento de metas. Os negociadores ou negociadoras serão os guerreiros: pessoas habitualmente envolvidas na guerra e/ou com habilidades para engajar-se em combate. Estes que munidos de coragem, desenvolverão continuamente suas competências de negociação e liderança até que se transformem em mestres.

Como o negociador é o desbravador e gerente do grande projeto chamado negócio, abordarei todo o contexto das negociações, assim, mesmo que líder ainda não o seja, ou que esteja incumbido apenas de conduzir o negócio até o fechamento, terá a possibilidade de vislumbrar todos os aspectos das operações de negociação e implantação. Sua virtude estará em cumprir sua missão de expandir os domínios do seu império, conquistando novos súditos através da resolução de problemas. Caso seja justo e comprometido, seu destino irresistível será cumprir esse dever essencial.

Grandes negócios corporativos ainda não podem ser realizados por inteligências artificiais — graças a Deus! Entretanto, não há tempo para ficar confortável. Negociações nunca funcionaram de forma procedural, e negociadores de grandes contratos consultivos, não podem permanecer em uma mesa, anotando pedidos.

Em negociações contemporâneas, a destreza em se relacionar e o conhecimento específico são primordiais para o desenvolvimento de uma solução a partir da coleta de informações do cliente. Tais contextos demandam a presença de negociadores experientes na vanguarda, cara a cara com seu interlocutor e enfrentando o inimigo. **Esses serão nossos mestres da negociação.**

Por padrão natural, acontecimentos futuros estão sempre em movimento e os resultados estão sempre em fluxo para alguma direção. Consequentemente, o mercado se transforma, tornando-se cada vez mais competitivo e impondo novas exigências de habilidades e competências aos negociadores. Clientes são forçados a escolher cada vez mais entre uma enorme gama de ofertas similares de setores verticalizados.

Não obstante, alguns acreditam que a história é cíclica, e que eventos transcorridos no agora, estão acontecendo sem a intervenção ou reflexos idênticos de seu similar passado, alterando a forma como a sociedade se relaciona; exemplos incluem guerras, epidemias ou catástrofes naturais. Acompanhando esses grandes eventos de transformação na humanidade, os hábitos de negociação sofrem profundas alterações, fazendo com que poder e valor mudem de mãos, embora sempre mantendo o relacionamento como ponto central.

A negociação é um processo complexo. O objetivo é sempre exercer influência, de forma que a imaginação das partes interessadas, excitada perante ganhos ou resoluções, acate ideias ou interesses. No entanto, no processo, apenas algumas das partes podem obter ganhos e estabelecer um relacionamento duradouro: o inimigo precisa ser excluído do resultado da equação.

Para que não sejamos subjugados pelo inimigo, não podemos, de forma alguma, ignorar seus ardis. Para tal, é fundamental a troca de informações, em todos os sentidos, entre o negociador, o cliente e o concorrente. É a conquista das terras e dos súditos que em alguns casos se tornarão seguidores fiéis. Obviamente, na medida em que tratamos de conquistas, falamos também de batalhas com vencedores e perdedores. **É sobre essas batalhas que este livro se debruça.**

Procurei tratar a informação e os processos como etéreos, não importando se estão inseridos em um relatório, planilha, aplicativo, CRM, ou em um poderoso ERP. Isso fará com que a mensagem do livro possa alcançar todos os níveis de profissionais e todos os tamanhos de empresas, não importando a tecnologia que estejam utilizando.

Exploraremos as negociações a partir de sua essência: o relacionamento humano. Para isso, percorreremos textos que abrangem estratégias, evolução pessoal e conhecimento profissional. O livro foi concebido de forma que quem chegue ao fim tenha realmente recebido o prêmio de uma significativa, qualitativa e abrangente porção de conhecimento em relação ao universo das negociações.

Como aproveitar melhor este livro

Para a maioria das pessoas, a retenção da informação é decimal: decai vertiginosamente do total do volume de informação com que o indivíduo teve contato até o percentual que realmente ficará retido na forma de conhecimento utilizável. Em consequência, para que seja desenvolvida uma mentalidade profissional competente há muita dependência da prática. O processo se inicia no exato momento do contato com a informação — como você está tendo agora — e se nenhuma atitude for tomada para reter a maior porção possível de informação, o aprendizado genuíno é rapidamente comprometido.

A utilização de exercícios é muito comum em forma de ferramenta de apoio à retenção da informação. Contudo, como vou discorrer sobre a execução de ações situacionais, a técnica só cumpriria sua finalidade se fossem realizadas exaustivas baterias de exercícios. Assim, busquei empregar outras alternativas para auxiliar o leitor a ampliar seu aprendizado sem o desgaste da realização de muitas tarefas.

A primeira leitura de qualquer texto tende a ser dinâmica, o que faz com que os conceitos não sejam totalmente entendidos ou assimilados. Quando se trata de informações complexas, essa forma de ler não é, nem de longe, suficiente para a construção sólida de conhecimentos. Se você deseja realmente adquirir as competências apresentadas neste livro, sua leitura não poderá ser descuidada, pelo contrário, a compreensão exigirá atenção contínua.

Criei um método composto de recursos selecionados para ampliar a retenção. Em vez de lançar mão de artifícios mirabolantes, estruturei os capítulos de forma simples, garantindo um alto rendimento por parte do leitor. Conforme a experiência individual de cada aprendiz, a aplicação do método pode ser ajustada, redesenhada, e cada leitor pode escolher entre utilizar todos os recursos ou apenas aqueles com que se familiarizar melhor.

Estes são alguns recursos que empregarei neste livro.

Mapa Estratégico da Negociação — É o Resumo visual do livro, um jogo mental. Com diagramação semelhante à de um mapa estratégico de batalha. Será apresentado inicialmente de forma integral; posteriormente, seus elementos gráficos serão posicionados ao longo do texto à medida que assuntos relacionados a determinadas seções do mapa sejam abordados.

Ícones — Serão utilizados para chamar sua atenção a uma boa prática sugerida.

⊙ Importante   ✪ Memorize   ☑ Exercite

Casos reais – Além de permitir que o conhecimento se aprofunde, oferecerão subsídios para a autointerrogação dentro de cada temática.

[Este é um exemplo de caso real. Serão narrados acontecimentos afins ao assunto abordado, dentro da minha perspectiva como personagem participante do ocorrido. Os casos ilustram o caráter único de cada negociação. Em alguns casos, nomes e marcas serão preservados.]

Termos substitutos — Termos normalmente relativos à guerra serão utilizados com recorrência ao longo de todo o texto em sobreposição a seus equivalentes cotidianos nas negociações. Essa técnica busca trazer relaxamento e prazer à leitura.

Glossário — O glossário permite que o livro preserve a linguagem rebuscada e técnica com a qual um negociador precisará se familiarizar, ao mesmo tempo em que torna a obra acessível até a um jovem iniciante. Sugiro o uso constante do glossário como forma de esclarecer a leitura e facilitar o entendimento.

Alterações na linguagem — Haverá momentos em que o leitor sentirá que o texto se tornou mais denso, onde a utilização de palavras rebuscadas e analogias se fará mais forte. Isso sinaliza que os ensinamentos de **Sun Tzu** estão sendo diretamente abordados, ou que análises de conteúdos relativos à legislação estão sendo feitas.

Conceitos para de documentos — Como o trabalho de um negociador também é muito burocrático, apresentarei conceitos para criação ou alteração de documentos. que podem ser aplicados à criação ou alteração dos documentos em sua empresa.

Pronto? Então vamos à luta.

&ampampampampamp; **I** &

Fundamentos

Sun Tzu, há muito tempo, poderia ter dito: "O comércio é de vital importância para a família, é o domínio da vitória ou da derrota, o caminho para a sobrevivência ou a perda dos bens. O relacionamento é de vital importância para o indivíduo, é o domínio da satisfação ou da perda da autoestima. É preciso manejá-los bem." Não refletir seriamente sobre como tudo isso nos afeta, é dar prova de uma culpável indiferença no que diz respeito à conservação ou à perda do que nos é mais querido. E isso não deve ocorrer entre nós.

◉ De um grande mestre, será sempre exigido então, o domínio de toda a perspectiva do processo de negociação, seu planejamento e os poderes de previsão.

Será possível estabelecer esse domínio a partir do conhecimento de todas as técnicas de negociação representadas pelo **mapa estratégico** ao lado, no qual estão delimitadas a área da batalha e a rosa dos ventos, para orientação a qualquer momento do embate. Nele, também estão representadas todas as estratégias, técnicas e forças cujo conhecimento se fará necessário, além da energia, do tempo e de outros elementos fundamentais que influenciam as negociações. É um jogo mental que resume todo o livro.

Os fatores primordiais

Em uma negociação, devemos contemplar os **seis fatores fundamentais** e fazer comparações entre as diversas condições do cliente e dos competidores, com o intuito de determinar o resultado da diligência. Devemos estar atentos aos objetivos de conquistar o território, ultrapassar barreiras e solucionar problemas, o que **resultará na obtenção de lucro e na efetiva satisfação das partes interessadas.** Estes seis fatores primordiais são: doutrina, tempo, lógica, cliente, liderança e disciplina.

◉ Esses seis fatores fundamentais devem ser conhecidos por cada líder. **Aquele que os domina, vence.** Aquele que não, sairá derrotado.

A **doutrina** é mestra. Ela engloba tudo aquilo que faz com que os colaboradores estejam em harmonia com seu líder, seguindo-o aonde ele for sem temer por seus empregos ou recear correr qualquer risco. É graças à doutrina que os colaboradores espelham as atitudes éticas da liderança e abraçam a intenção verídica de resolver os problemas do cliente.

O **tempo** simboliza harmonia ou adversidade, bem e mal, lucro e prejuízo, duras jornadas ou relações saudáveis.

O uso instintivo do **raciocínio lógico** permitirá analisar os argumentos no discurso de seu interlocutor e julgar sua veracidade, prevendo suas ações, o que aumentará consideravelmente as probabilidades de vitória.

O **cliente** é a base, e a ele serão atribuídos os recursos alocados. O cliente aponta onde é fácil ou difícil se relacionar, e também introduz as informações e necessidades cuja compreensão influencia decisivamente as possibilidades de vitória. A ele também se aplica o terreno, seja real ou virtual.

A **liderança** precisa possuir as seguintes qualidades: ética, sabedoria, sinceridade, benevolência, coragem e controle.

Por último, a **disciplina** envolve a organização da equipe, a hierarquia entre os líderes e os negociadores, a regulação da aplicação de recursos, o treinamento da equipe, e a postura perante o concorrente.

Note que **liderança e disciplina estão à esquerda**, como um escudo que permitirá suportar qualquer ataque, enquanto **tempo e lógica estão à direita, a serem usados como armas mortais.**

O líder e todos os guerreiros devem entender pelo que lutam e o que têm a oferecer aos seus conquistados. Nem sempre a oferta eficiente poderá ser palpável ou visível. Reflita, por exemplo, sobre o fato de a Harley Davidson, grande fabricante americana de motocicletas, negociar sonhos e não veículos; ou da Kopenhagen, uma das maiores redes brasileiras no mercado de chocolates, comercializar presentes e não doces.

⊙ Você tem ideia do que comercializa? Se não possuir diferenciais competitivos, estará lutando por preço e não por valor.

Ao traçar os planos de enfrentamento, é importante contemplar as seguintes **seis questões de causa e efeito**, buscando respondê-las com todo o cuidado.

- Qual líder é mais sábio, capaz e talentoso?

- Que equipe costuma obter mais vantagens do ambiente e do cliente em observância da doutrina?

- Em que equipe se observam melhor os procedimentos e as instruções?

- Que equipe possui líder e negociadores mais bem treinados?

- Qual negociador é mais forte?

- Que equipe administra recompensas e penalidades de forma mais justa?

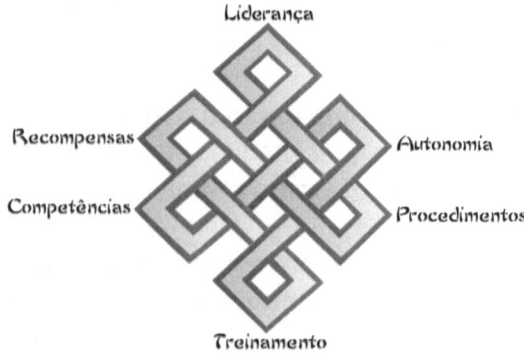

Mediante a análise dessas seis questões, é possível prever qual dos dois grupos sairá vitorioso e qual será derrotado. **O líder que seguir as melhores práticas possuirá sempre maiores possibilidades de vitória e, portanto, deverá ser mantido à frente da equipe.** Aquele que as ignorar certamente será derrotado e deve ser destituído. Além de estar atento às melhores práticas e planos, o líder deve criar situações que facilitem sua execução.

 Todo mestre é um líder, mas nem todo líder é um mestre.

Dito de outra forma, líderes devem levar em consideração o momento atual e suas nuances, criando planejamentos e campanhas para atuar de acordo com o que for vantajoso. O domínio das técnicas de combate nas negociações pressupõe um conhecimento profundo das bases que sustentam os negócios.

O processo de formação do guerreiro

⊙ A primeira e mais importante base das negociações é **a formação do negociador.**

A negociação é um combate mental não marcial. Não obstante, vencerá o que estiver mais bem treinado e capacitado. Os seres humanos, apesar de suas heranças hereditárias específicas, nascem com a mesma capacidade potencial e possuem, por natureza, dois guerreiros com têmperas opostas habitando seu subconsciente bivalente — como um dragão de duas cabeças que disputam a supremacia do corpo.

Um desses guerreiros possui índole de **cavaleiro**, com toda sua bravura, valores, cultura, habilidades e simpatia. O cavaleiro salvador traz prosperidade, propõe resoluções, ouve e se interessa pelos problemas do cliente; demonstra domínio das informações e compromisso com os resultados.

O outro guerreiro apresenta o temperamento **bárbaro**: é cobiçoso, influenciado por uma forma torpe de ganância e desespero pela conquista. Aparenta não falar o mesmo idioma, porque demonstra não entender as reais necessidades do cliente. Este puro e simples vendedor, se apresentará apenas pelos espólios, podendo aumentar em muito os problemas e despertará suspeitas nos clientes.

"Não há nada em nosso íntimo, exceto o que nós mesmos colocamos lá."
Richard Rorty

O bárbaro é a personificação do descompromisso. Não raro, adota atitudes elitistas, como se de sangue senhorial dispusesse, chegando inclusive a se opor ao cliente. Transmite a impressão que tudo sabe e de que nada ruim acontecerá se o cliente acreditar nele — ainda que a confiança não se produza facilmente em tais casos.

No mais, alguns bárbaros são caçadores nômades, necessitando subjugar rapidamente a presa para sua própria subsistência. Guerreiros assim inclinados não terão sucesso em grandes exércitos ou grandes batalhas, visto que tendem a trabalhar sozinhos em busca de alvos menores, mais fáceis e frágeis.

O súdito, quando está a ponto de ser conquistado, identifica facilmente o perfil de seu oponente na negociação e tende a se submeter mais facilmente à conquista pelo guerreiro com os melhores valores.

A atitude desejável de um parceiro, é que desenvolva um reinado baseado em um relacionamento permanente, oferecendo soluções que removam suas dores e tragam prosperidade. Ao estilo do Rei David, esse guerreiro estabeleceria um governo onde as partes interessadas sempre estarão satisfeitas — excluindo, é claro, o inimigo.

✪ O guerreiro que prevalecerá e que governará suas ações, será aquele que você mais alimentar em si mesmo.

Escolha sempre lutar o bom combate com honra e sabedoria. Para isso, será continuamente necessária a razão para vencer a emoção e sair da imobilidade.

[O mestre orgulhoso

Os tempos passam, mas as marcas ficam. Eu já era general a muito tempo, quando entrou em nossa carteira um negócio em uma centenária instituição governamental. Depois de algumas visitas investigativas e escalando os contatos hierarquicamente, compareci a uma reunião, onde estava presente o líder do departamento responsável pela necessidade e que seria o responsável pelo acompanhamento da implantação.

Alguns minutos após o início da reunião, já com a presença de todos os envolvidos, mas ainda nas conversas genéricas iniciais para quebra de tensão, o mencionado líder me dirigiu a palavra, questionando se eu havia trabalhado na Remington.

Ele se referia a Remington Rand, fábrica de equipamentos eletrônicos que chegou a possuir quase três mil funcionários no Rio de Janeiro, inaugurada nos anos 50 e que encerrou suas atividades nos anos 90 em função da crise econômica e inovações tecnológicas. A Remington fabricava máquinas de escrever eletrônicas e computadores principalmente para edição de texto, tendo sido sua matriz em Nova York responsável pela construção do primeiro computador eletrônico no mundo, o UNIVAC. Respondi que sim, mas na empresa responsável pelo atendimento ao cliente que ficava fora das instalações industriais.

Espantado fiquei quando ele afirmou ter sido responsável por meu treinamento. Não o havia reconhecido, havia mudado muito fisicamente, mas bastaram poucas afirmações sobre fatos e acontecimentos da época, para que eu me lembrasse dele e saudosamente daqueles tempos.

Ele comentou que iniciaria a reunião com certa tranquilidade pelo que lembrava do profissional que treinou, o que inicialmente me pareceu busca de empatia. Comentei que deveria ter uma memória muito boa, porque já haviam se passado mais de 20 anos.

Mal sabia ele que ótimo realmente, deveria ser o mestre, já que após seus treinamentos, ampliei consistentemente meus resultados quantitativos em atendimentos diários e qualitativos com a redução de retornos ao mesmo cliente, o que me rendeu: promoção, aumento e um carro. Repassei essas informações a ele que apresentou sinais de realização. Essas reações eliminaram minha dúvida sobre a busca de empatia.

Se dirigindo a sua equipe exclamou: "Estão vendo? Mais uma confirmação de que eu sou um bom instrutor", já em tom provocativo.]

As três entidades do ser

"Um ser para o qual, em seu próprio ser, ergue-se a questão de seu ser enquanto este ser implica em outro ser que não si mesmo."
Jean-Paul Sartre

Essa definição de consciência, oferecida por Jean-Paul Sartre, é bastante complexa. Ainda assim, com o tempo e a dedicação devidos, é possível conhecer a si mesmo como indivíduo, sendo possível defrontar-se com algumas surpresas. É muito provável, por exemplo, que você descubra que a imagem que tenta passar, representando como gostaria que o vissem não é idêntica a forma que os outros o veem, e também não é seu eu verdadeiro. Sem pretensões científicas ou reli-

giosas, podemos chamar essas três entidades, respectivamente, de: **personagem, conformação e alma**.

Chamaremos de **identidade social** a possibilidade de o indivíduo, uno como o é, poder apresentar diversas configurações dessas três entidades, que poderão ainda, se alterar ao longo de sua existência. Todas as configurações vivenciadas, serão influenciadas essencialmente por suas crenças e valores no momento de vida, mesmo que possua dissonância cognitiva, praticando ações em oposição a seus pensamentos, conforme desenvolvido pelo Dr. Leon Festinger em seu livro "Teoria da dissonância cognitiva".

Cada indivíduo poderá cultivar/projetar as três entidades, duas, ou apenas uma, sendo neste último caso pertencente a uma parcela restrita da sociedade, a exemplo de Gandhi e outros seres iluminados.

✪ Em qualquer das configurações em qualquer momento no tempo, existirá apenas uma pessoa a quem o indivíduo não conseguirá iludir — em condições mentais consideradas normais pela maioria: aquela que se vê no espelho pela manhã. O posicionamento como anti-herói, vítima ou incompreendido não cairá bem nem a si mesmo.

Infelizmente, é possível que alguém consiga apresentar uma personagem, com sucesso e por muito tempo, ao grupo mais amplo, principalmente se a sua sociedade, para fins de dominação ou sobrevivência, estiver sob o efeito macro de extremos doutrinários ou liberais. A distância e os meios digitais são, ainda, grandes facilitadores.

◉ Uma coisa, contudo, é certa: um dia, a máscara própria ou alheia cairá e caso tenha sido a alheia, o que importará é não ter sido afetado.

O que separa o escudeiro do cavaleiro?

O que separa o escudeiro do cavaleiro? O camponês do Guerreiro? É muito simples: **suas competências específicas**. E estas, por mais naturalmente talentoso que alguém seja, requerem um processo de aprendizagem. Existindo naturalmente grande diferença entre aprender o que se aprecia e adquirir conhecimento no que é realmente necessário, é importante fazer escolhas entre obter informação que não lhe agregará competências específicas e necessárias ou aqueles que proporcionarão sua evolução pessoal ou profissional.

Estas escolhas determinarão **o caminho crítico da sabedoria do guerreiro**, que será **a menor distância entre o ponto inicial e o objetivo**, consideradas as melhores escolhas. Se chama crítico exatamente porque é o mais curto para alcançar a meta, mas caso a melhor escolha não seja feita, haverá um desvio e automaticamente aumento no tempo necessário, criando um novo caminho crítico.

Nosso cérebro cria uma intrincada rede de sinapses a cada novo aprendizado divergente dos já registrados. Essa rede, que possui características psíquicas e emocionais, amplia-se à medida que nossas experiências agregam novos conhecimentos e estabelece ligações com as demais redes.

Conforme os conhecimentos são associados por similaridade, o profissional se torna mais criativo e aprimora suas capacidades de decisão. Por outro lado, quando o indivíduo não evolui e se mantém em funções operacionais, é comum que o contrário ocorra: parte da rede se enfraquece e pode mesmo ser desativada, sobretudo quando o indivíduo não desempenha regularmente algumas tarefas, o que o fará esquecê-las.

Muitos poderão alegar que um cavaleiro pode vir formado de berço, sim é possível e uma realidade social. Isto não impede entretanto, que um camponês se torne cavaleiro. Ele só precisa compreender, que nesta vida desigual, precisará se esforçar mais que o bem afortunado.

Ao mestre caberá o orgulho quando seu discípulo despontar. Assim ocorreu com o mestre Thomas Gordon na ocasião em que seu discípulo Noel Burch descreveu **os quatro estágios da competência**. De acordo com Burch, o processo de desenvolvimento de competências e habilidades passa por quatro estágios distintos. Um camponês que deseje se aperfeiçoar na arte das negociações precisa, para evoluir, possuir clareza de pensamento e consciência de si.

Transpondo tais ensinamentos para nosso contexto, teríamos o seguinte:

- **Camponês ou escravo = Inconsciente / Incompetente** — Não está fazendo bem feito e não tem consciência disso. Possui intuição ruim por não dispor de um bom raciocínio lógico. Não sabe o que precisa aprender e não dá valor ao processo de aprendizagem.

- **Escudeiro = Consciente / Incompetente** — Tem noção do que deve que ser feito, mas não sabe como fazê-lo. Já possui alguma intuição, mas ainda com raciocínio lógico precário. Começa a entender suas limitações e necessidades de aprendizado em função do caminho escolhido.

- **Guerreiro = Consciente / Competente** — Sabe fazer e faz como deve ser feito. Possui bom raciocínio lógico e atua de forma altamente analítica. Executa o que aprendeu, não só reagindo, mas criando novas técnicas ou se posicionando como líder.

- **Mestre = Inconsciente / Competente** — Já faz de forma intuitiva, muitas vezes sem nem precisar pensar no que está fazendo, em função de um raciocínio lógico aprimorado associado a competências e habilidades consolidadas. Foi levado à perfeição em virtude da combinação entre conhecimento, prática e empenho.

A performance e os resultados

"A suprema arte da guerra é derrotar o inimigo sem lutar."
Sun Tzu

O ser humano é um animal social e tende a ceder cedo ao condicionamento dos grupos para ser aceito. Posteriormente, as corporações se encarregam de dar continuidade ao processo, seja ele direcionado a funcionários ou consumidores.

Condicionamento é um dos mais difíceis pontos a identificar no processo de autoanálise. É custoso conceber que suas ideias não são suas, que seus gostos não são seus, ou que seus anseios e sonhos de consumo lhe foram impostos. Ainda não vivemos a ficção de filmes, como "A Origem", de Christopher Nolan*, mas ideias são inseridas diariamente em nossas mentes, multiplicando a ideologia dominante. Essa dinâmica é tão forte e independente de inteligência, que até o Rei Salomão abriu mão de suas convicções e se rendeu ao idolatrismo em consequência do condicionamento imposto por suas diversas esposas. O processo o tornou insatisfeito, depressivo, corrupto e decadente, e enfim o motivou a buscar o sentido de tudo por meio da escritura do livro de Eclesiastes.

⊙ Sua performance e seus resultados possibilitam seu crescimento e o aumento de seus resultados é diretamente proporcional ao aumento da sua performance, que, por sua vez, pode ser definida como o conjunto de características ou capacidades de comportamento e rendimento apresentadas por você, sua equipe e sua empresa, quando confrontados com objetivos, metas, requisitos ou expectativas previamente definidos.

Sua performance evolui à medida que desenvolve consciência de si mesmo e do seu entorno, obtendo conhecimentos e desenvolvendo habilidades. Há uma grande diferença entre aquilo que alguém é capaz de fazer e aquilo que realmente faz, oscilando muito em diferentes situações de prazer e pressão.

---

* A Origem, de Christopher Nolan, é uma ficção científica que apresenta a possibilidade da invasão de sonhos para roubar segredos ou plantar ideias, que poderiam alterar sua forma de pensar e consequentemente suas atitudes.

29

◉ Se você é um camponês em relação ao seu estado de consciência ou em relação à sua performance, seus comandantes e pares não esperaram nada de você a não ser o mesmo que esperam de toda a força de trabalho.

Seu desempenho e seus resultados podem ser condizentes com essas expectativas, mas, se o forem, terão um valor ínfimo no que diz respeito ao seu desenvolvimento pessoal. De fato, deveria ser desnecessário relembrar a importância de o guerreiro se conhecer e mensurar como profissional e como indivíduo.

É imprescindível realizar autoavaliações constantes para evoluir. Você já realizou alguma autoanálise sem que tenha sido em um contexto normativo? Seus conhecimentos, somados a suas habilidades, hoje se tornam ações? Como você entende que é visto por seus pares, subordinados e superiores? Se reflexões assim fossem realizadas diariamente e diante dos resultados, você sempre se questionasse sobre o que fez de bom ou o que poderia ter feito melhor no dia anterior, sua vida e sua carreira poderiam estar em patamares diferentes.

Se você deseja ser um guerreiro, terá que se mapear como indivíduo, identificando seus valores, pontos fortes e fracos, qualidades, habilidades e personalidade. Não se preocupe se tiver que pensar muito para responder: a maior parte das pessoas de nosso planeta não conhecem a si mesmas, principalmente no que tange a valores e pontos fracos. Em muitos casos, discursos e atitudes são incongruentes: homens e mulheres se posicionam como heróis da própria existência, mas vão disputar, ferozmente e a qualquer custo, a antecipação no próximo estreitamento no trânsito. Caso aconteçam situações semelhantes, o importante será nunca agir por reação à raiva dos exaltados.

Seja para se sobressair como guerreiro ou para se tornar um indivíduo melhor, não passe a vida comendo e se divertindo. Com efeito, foi pela via do entretenimento que teve início uma das formas mais famosas formas de condicionamento. O imperador romano Vespasiano, planejando a inauguração do coliseu, proferiu a célebre frase **"Ao povo, pão e circo!"**. Ele descobriu que, se o povo pudesse se divertir e tivesse o que comer, estaria satisfeito. O império romano se assentou sobre os desdobramentos dessa frase, e muitas repúblicas contemporâneas dão continuidade a tal tradição.

☑ Seja você, mesmo que inconscientemente, adepto da filosofia de Platão e Santo Agostinho, dando mais importância ao equilíbrio entre bem e mal, corpo e espírito; ou, como Aristóteles e São Tomás de Aquino, orientado pela racionalização; ou ainda um empirista, acreditando que seus conhecimentos serão derivados da experiência e dos sentidos. Em qualquer caso, **não seja apenas um idealista de causas. Reflita, questione, mas construa.**

Autoavalie-se e conheça seu "eu atual": esse é seu ponto de partida. **Estabeleça seus objetivos e planeje como chegar a eles.** Comece com grandes etapas — determine a formação necessária, por exemplo — e acrescente detalhes aos poucos. Se seu objetivo for se tornar um gerente, comece a pensar, agir e se vestir como um, sempre levando em consideração a cultura de sua organização ou segmento.

Não estamos aqui para filosofar sobre política, mas para demonstrar que é necessário se conhecer como indivíduo. Comece a adquirir conhecimento de fontes diversas e verifique se há similaridade ou discrepância entre as informações; não embarque na miopia. Quando, por exemplo, uma notícia informa que o congestionamento do dia é resultante do excesso de veículos, questione-se: é isso mesmo ou o episódio resulta da falta de planejamento?

Foque na solução e não no problema. Ainda no exemplo do congestionamento, em vez de atacar o governo com palavras de baixo calão e permanecer literalmente estacionado, opte por se deslocar em um horário diferenciado. Assim, você estará resolvendo o problema de imediato e posteriormente poderá discutir melhorias com os governantes, ou quem sabe até substituir seus representantes nas eleições.

⦿ Caso o indivíduo não enxergue e reconheça suas limitações, ele, na grande maioria das vezes, permanecerá um camponês ou escudeiro. Apenas em raras oportunidades pode alguém assim se tornar guerreiro, e a tendência é que seja sempre apenas reconhecido como força de trabalho.

Seria interessante se as pessoas conseguissem esquadrinhar seu saldo de empregabilidade da mesma forma que analisam seus extratos bancários. É crucial mapear suas habilidades, sua experiência e seus traços de personalidade, buscando determinar o que seus superiores ou futuros empregadores podem julgar necessário para que você realize as funções de seu cargo atual ou futuro. É importante, também, refletir sobre a cultura de cada organização. Se não há consciência disso, não há esforço para melhorar.

Podemos listar de forma genérica para início do entendimento as seguintes competências: inteligência emocional; escolaridade; habilidades de comunicação verbal e escrita; habilidades para trabalhar em equipe; habilidades para solucionar problemas; habilidades organizacionais e de planejamento; habilidades em análise de tomada de decisão; competências em informática; competências em marketing; sensibilidade aos negócios; iniciativa; criatividade; comprometimento; flexibilidade; integridade; liderança e habilidades específicas ao cargo.

A performance atual

> *"Não há excelência na pobreza em si mesma; farrapos não servem de recomendação. Nem todos os patrões são gananciosos e tiranos, da mesma forma que nem todos os pobres são virtuosos."*
> Elbert Hubbard, Mensagem a Garcia, 1899

Para conhecer seu potencial atual e determinar quais habilidades você precisa desenvolver, comece avaliando suas competências. Delineie seu conjunto de capacidades atuais de forma a identificar pontos fortes e fracos e decidir o que você precisa fazer para evoluir. A grande maioria dos profissionais listará facilmente cinco pontos fortes, mas terá grande dificuldade em identificar três pontos fracos. Uma boa parte dos pontos fracos dos guerreiros, não são possíveis de eliminar, necessitam ser reconhecidos, aceitos no sentido de entendimento e controlados.

Não raro, uma névoa maligna cega os guerreiros no momento da autoavaliação. É mais comum, por exemplo, que um indivíduo se auto proclame detalhista quando, na realidade, é procrastinador. Outros dirão que possuem personalidade forte, quando de fato são irritadiços.

Seja bem franco e pense com calma: o seu futuro está em jogo e, se você possui fraquezas, precisa identificá-las e, em seguida, trabalhar para mitigá-las. Observe ainda, que o equilíbrio entre suas competências específicas e transferíveis é muito importante.

Ao longo da vida, você pode migrar para outras áreas ou segmentos de atuação; quando isso ocorrer, as competências transferíveis ajudarão você a performar melhor ou a não ter seus resultados comprometidos.

◉ **O nível atual da sua performance** pode ser definido como uma consequência daquilo que você espera de si mesmo e dos resultados obtidos diante de exigências que outros lhe imponham como metas no presente.

✪ Se você não consegue fazer algo, é porque não treinou ou tentou o suficiente.

✪ Acompanhe suas metas e objetivos, compreendendo-os como parâmetros centrais para analisar sua performance. Se a sua organização analisa o seu cumprimento de metas mensalmente, analise a si mesmo semanalmente; se a métrica for semanal, avalie-se todos os dias. Isso permitirá que você conclua, por exemplo, que a tendência atual é que você não cumpra suas metas — o que, por sua vez, possibilitará que você realize um esforço maior no sentido de alcançar os objetivos.

A evolução só ocorrerá com o tempo, viabilizada pela aquisição de conhecimentos e pelo desenvolvimento de habilidades. Naturalmente, esse tempo poderá ser reduzido com um bom encargo de dedicação e determinação.

Para compreender essa questão um pouco melhor, voltemo-nos aos ensinamentos de outro mestre, Abraham Maslow. Ele observou que **o comportamento dos seres humanos é, em grande medida, determinado pelos graus de prioridade que os indivíduos atribuem às suas necessidades.** O mestre concluiu que, para que um indivíduo seja dominante em relação aos demais, a sua superioridade deve ser reconhecida pelos outros. Para que esse processo de diferenciação — essa seleção natural — ocorra, o fator decisivo é o modo como indivíduos estabelecem suas prioridades.

Tais decisões levam alguns a prosperar e evoluir muito mais rapidamente; outros, em contrapartida, mantêm-se estagnados.

Se um camponês estuda regularmente e pratica as habilidades necessárias à sua prosperidade, enquanto outro passa seu tempo frequentando bailes na taverna, o primeiro inclina-se marcadamente na direção do sucesso. O despeito do segundo, por outro lado, não tarda a fazê-lo esbravejar por igualdade, proclamando que foi tudo uma questão de sorte ou berço. Note: os brados vêm justamente daquele que não foi capaz nem de escolher os bailes da corte em detrimento da taverna.

O primeiro camponês utilizará cada vez mais sua mente e seus conhecimentos para aprimorar sua performance e disputar posições superiores, alcançando melhores resultados e, consequentemente, recompensas preferíveis.

O segundo passará a depender cada vez mais exclusivamente de sua força e dos limites que ela imporá sobre si, sejam eles de energia ou de alcance, e disputará com uma ampla população de indivíduos que, como ele, não possuem qualificações. Torna-se então compreensível que, quanto mais força o indivíduo precisar exercer, menores serão suas recompensas em uma sociedade organizada. Essas pessoas se assemelham a Sísifo — mestre em artimanhas, malandragens e atalhos, castigado pelos deuses gregos por enganar até a morte, sendo punido severamente a rolar uma pedra montanha acima, empregando para tal enorme força. Durante a noite, a pedra rolava de volta à base da montanha, transformando todo o trabalho de Sísifo em um esforço eterno, repetitivo e infrutífero.

⊙ **O nível ideal da sua performance** expressará os seus mais íntimos desejos, suas expectativas e exigências em relação aos próprios resultados. Ele está intimamente ligado à sua personalidade e totalmente apartado das esperanças alheias. Se você alcançar esse grau, suas ações nas negociações fluirão com maior facilidade e eficácia.

É preciso com certeza pensar grande, mas também é necessário, conhecer os passos necessários à concretização do sonho. Caso você conquiste um nível de iluminação que lhe permita ter consciência da sua situação e, é claro, aprimorá-la, você finalmente atingirá um estado no qual sente que não pode fazer melhor, está orgulhoso de seu desempenho e assina alegremente seus trabalhos. Esse é o grau ideal da sua performance.

☑ Assine orgulhosamente seus trabalhos. Se não estiver sentindo orgulho, refaça.

Naturalmente, haverá momentos na vida em que crenças incontroladas e limitantes poderão ser maiores que a sua força de vontade. Sentimento de insignificância, falta de realizações, propósitos e recursos, poderão ser acompanhadas por ansiedade, angústia e até desespero. Quanto maior for o seu equilíbrio emocional, melhores serão as probabilidades de aplicar os conhecimentos adquiridos para desmistificar essas crenças limitantes, retomando o controle e alcançando objetivos, que lhe permitirão desfrutar de uma melhor qualidade de vida.

Esta retomada de controle, talvez você não consiga realizar sozinho. Se chegar nesse ponto, afaste-se de pessoas negativas e peça ajuda a família, amigos e se for necessário, até de um profissional especializado.

É quase impossível a um jovem saudável e dentro dos padrões reconhecidos pela sua sociedade como de normalidade, entender o que é a perda do controle emocional, onde o indivíduo se torna passageiro do próprio corpo. Saiba que mesmo as mentes mais brilhantes estão predispostas a surtos psicóticos, isto não é vergonha e necessita ser combatido rápida e eficazmente.

No caminho para estabelecer o grau ideal da sua performance, pode ser que haja dúvidas sobre quais dos **três elementos básicos** seria mais importante desenvolver: **seu conhecimento, suas habilidades ou suas atitudes.** Se essa dúvida existir, isso é um excelente sinal de que você está de fato analisando suas necessidades e buscando sua evolução.

Em 1996, Scott B. Parry idealizou um conceito denominado CHA; a sigla, segundo o autor, compreende os três elementos necessários ao equilíbrio para a formação de competências. Assim como o triângulo do fogo demonstra a necessidade de combustível, oxigênio e um acelerador para que haja fogo, os três elementos arrolados por Parry são indispensáveis para que haja o desenvolvimento de competências.

A partir do conceito de Parry, pode-se ampliar e ilustrar matematicamente as resultantes da combinação dos **três elementos: conhecimento, habilidades e atitudes.** Onde: C = Conhecimento, H = Habilidades, A = Atitudes, CP = Competências, E = Erro, F = Falha e FT = Fracasso Total.

Você **erra** por exemplo, porque pode estar exprimindo sua opinião para um assunto que desconhece em profundidade. Vai considerar que é sua opinião sobre o assunto, mas na realidade está errado. Faltou conhecimento, e será julgado por isso afetando sua credibilidade. Uma simples frase escrita erroneamente perante as normas da língua portuguesa é um erro, novamente faltou conhecimento.

Uma **falha** acontece quando há o conhecimento mas a habilidade oriunda desse conhecimento não foi devidamente praticada e desenvolvida. Consequentemente, uma ação executada com base nesse conhecimento existente pode não refletir os resultados esperados.

O **fracasso total** é o resultado da ação de dois tolos, quem executou a ação e principalmente seu líder. Não é possível permitir ou escalar um profissional que não possui conhecimento e habilidades para executar uma ação que delas necessite. Demonstra total ausência de discernimento mental do líder e uma falha na conduta do profissional que aceitou a missão. Eu por exemplo, sempre dei **direito de recusa** a todos os profissionais que comigo trabalharam. Orientei fortemente que deveria ser utilizado, porque no calor da batalha, principalmente se estamos liderando dezenas de pessoas em estados diferentes, eu também poderia me equivocar e este direito oferecido seria meu alarme.

☑ Normalmente não gostamos do que não dominamos, volta e meia, execute uma tarefa que não gosta.

Quando um guerreiro executa suas ações, lançando mão de habilidades desenvolvidas a partir da aquisição de conhecimentos específicos, e nelas não há dúvidas de seus resultados, este guerreiro será conhecido como **competente**.

- Quando uma necessidade surgir e você, **sabendo o porquê e o como**, sentir-se autoconfiante, **aja, fazendo acontecer.**

- Amplie seus conhecimentos e **saberá por que** tomar uma atitude diante de uma necessidade. **Transformará o complexo em simples;**

- Desenvolva suas habilidades e terá **certeza de como fazer, transformando o difícil em fácil;**

"Os homens com autoconfiança vêm, veem e vencem."
Ahad Haam

[O desafio.

Uma ocorrência que tem a ver com a ilusão que a performance pode criar nas pessoas me vem à mente. Em certa ocasião, compareci a uma reunião, que deveria ser para o fechamento do negócio, na sede de uma das maiores redes hospitalares privadas do país.

Estavam presentes na reunião além de mim, uma negociadora de minha equipe, um dos sócios da rede e o engenheiro chefe responsável pelo projeto. Este novo empreendimento, estava sendo considerado o mais moderno hospital, e ocuparia as suas instalações, do que outrora havia sido uma imponente instalação turística em área nobre. Inclusive, já havíamos realizado eventos neste local.

Durante a reunião me chamou atenção a excelência administrativa apresentada por nosso cliente, expressando com abrangência e clareza de detalhes sua necessidade. Além de profissional de medicina, nosso cliente se mostrava um ótimo administrador. A necessidade inclusive nós já conhecíamos, porque as negociações já estavam bastante adiantadas, diversos concorrentes já haviam saído da disputa, nós já havíamos realizado as investigações e já estávamos até mesmo com uma solução pronta, que ia de encontro aos anseios do cliente e isso nos deixava bastante seguros com a expectativa inclusive de fechar o negócio.

Toda essa segurança desmoronou quando o cliente informou que seu desejo seria que a solução do novo hospital fosse idêntica à que ele possuía na sede. A nossa solução não era nem de longe parecida com a solução atual e essa concepção só foi possível, porque seria aplicada em uma nova unidade e por considerarmos que a solução da sede não era ideal. O que ele possuía na sede, só era funcional atualmente, por ter sido exaustivamente alterada ao longo do tempo, buscando aumentar sua eficácia, mas criando redundâncias excessivas. A visão do cliente em relação a performance, demonstrava ilusão por falta de parâmetros ou poderia ser reflexo do cansaço de lidar com as constantes necessidades de correção na estrutura atual. Ele parecia querer evitar a repetição de experiências que o deixaram desiludido.

Expus francamente a situação da divergência das soluções e nossas preocupações em replicar o que não considerávamos bom, principalmente na nova unidade, que a propaganda apresentava como sendo a excelência em atendimento médico. Mas ele estava irredutível.

Apostei então todas as minhas fichas no que havia chamado minha atenção no início da reunião: a excelência na forma de pensar pragmaticamente em relação à administração. Propus um desafio. Eu lhe apresentaria os dois projetos para comprovar minha versão de qual ele deveria utilizar como solução para o novo hospital, nós teríamos capacidade de executar os dois, e ele teria a liberdade de escolha.

Ele aceitou o desafio com ares de desconfiança, mas com um interessante sorriso. Só havia uma condição: os dois projetos teriam que ser apresentados impreterivelmente no dia seguinte as 10h da manhã, no mesmo local. Era praticamente impossível, mas diante das justificativas em relação a prazos eu aceitei.

Se saíssemos dali imediatamente, considerando que ainda pegaríamos o final do horário de rush para voltar ao centro da cidade, e novamente o horário de rush no dia seguinte para voltar ao cliente, calculei que me restariam 20 horas para a elaboração do segundo projeto. Só para que você leitor possua uma referência, o projeto atual havia tomado dias para ficar pronto, sendo elaborado pelos projetistas da sede em São Paulo, utilizando tecnologias atuais de ponta.

Pelo prazo que dispunha, se eu solicitasse à matriz a elaboração do projeto, os projetistas iriam informar que não seria possível, já que mesmo considerando as 20 horas, seriam necessários mais de dois dias. Com isso em mente, chegando a filial, me pus a elaborar eu mesmo segundo projeto. Se eu atravessasse a noite, tinha chances de conseguir concluir e de entregar no horário solicitado. Eu possuo uma crendice de que toda vez que eu viro a noite trabalhando em um projeto nós ganhamos, e foi esse pensamento positivo que me manteve focado durante toda a noite. Solicitei à negociadora que fosse me buscar às 8h na filial no seu carro, assim eu poderia dormir no caminho. Pela manhã, enviei meu projeto para validação pela matriz, mas mesmo antes de qualquer confirmação nos encaminhamos ao cliente.

Tendo se passado tão pouco tempo e com a presença das mesmas pessoas, parecia que a reunião estava apenas continuando. Apresentei as divergências entre as duas versões de projeto, destacando os pontos fortes do projeto inicial, além dos pontos fracos e algumas falhas graves do segundo projeto em função da tecnologia utilizada.

Era tão nítida e transparente a superioridade do primeiro projeto, que o cliente, analisando sensatamente a situação, concordou em relação a acatar nossa sugestão, complementando com uma afirmação: "Realmente não há comparação. O projeto inicial é infinitamente superior, reconheço as similaridades no segundo projeto em relação as instalações atuais, mas sei porque vocês preferem o primeiro apesar o segundo ainda assim ser funcional, o custo para nós será também muito superior. Por isso, além de ser realmente melhor, ele é vantajoso financeiramente para sua empresa."

Imediatamente coloquei sobre a mesa dois conjuntos de planilhas com as tabelas de preços para as duas soluções, e expliquei: "como poderá observar, a nossa sugestão, que é o projeto inicial, possui o custo 30% inferior ao segundo".

Conclui esclarecendo que isso só era possível em função de que o primeiro contava com preços especiais em consequência de um registro de oportunidade, apresentado logo no início das negociações ao fabricante e da eliminação de redundâncias necessárias ao funcionamento do segundo.

Expliquei ainda que, por ter realizado a precificação do segundo projeto com preços de tabela, poderia haver uma variação de 10% para cima ou para baixo, após a validação de preços pelo fornecedor. Mas que mesmo assim, nossa sugestão era muito mais vantajosa também em relação a custos.

Com uma última colocação, informei que apesar de ter dito que ele poderia escolher e que nós executaríamos qualquer um dos dois projetos, em função de ter tido a possibilidade de comprovar as falhas graves no segundo, neste, nem eu nem nossa empresa colocaríamos nosso nome. Caso ele realmente mantivesse a exigência, seria necessário contratar outra empresa.

Uma última pergunta por parte do cliente para reforçar que entregaríamos o projeto no prazo necessário, e mais um negócio fechado em consequência de grande dedicação. Tempos depois, a sede também viria a ser reformulada.]

Trace planos

Inconformado deverá ser o guerreiro enquanto entender que faz parte dos planos de outros e não dos próprios. Caso não vislumbre alteração na sua evolução ao longo de um ciclo de quatro invernos, o guerreiro saberá que seu desenvolvimento pessoal está atrasado; se não tiver consciência disso, será digno de pena. Investir na própria carreira de maneira planejada e pautada em análises precisas — à semelhança de qualquer bom investimento —, é a mais proativa atitude em benefício próprio que um profissional pode realizar. Sempre reforço avidamente que gestão de carreira é o tema central para a evolução pessoal e profissional. Saiba que é seu dever alimentar o seu próprio crescimento e cultivar sua própria prosperidade.

Para fazer isso, **planeje cuidadosamente, realizando consistentemente e mantendo-se fiel à missão de investir em si mesmo**. Somente seu subconsciente poderá dizer se esse investimento será de baixo risco; ouça-lhe os sinais, sinta se está investindo por vontade ou por orientação. Se a vontade lhe levar a uma certificação da moda, incompatível com seu perfil ou trajetória atual, isso pode resultar em fracasso ou em apenas mais uma linha no currículo. Planeje, analise, trace metas: lembre-se de que você está buscando realizar os objetivos da sua carreira e da sua vida. Planejar esse investimento lhe dará clareza e ajudará você a entender seu próprio futuro, sentir a satisfação do crescimento pessoal, e desfrutar de maior empregabilidade.

Para desenvolver uma boa reflexão sobre o investimento nos seus ativos atuais, seu planejamento deve unir sua vontade com seus conhecimentos, habilidades, relacionamento e um pouco de criatividade. Dessa forma, você se diferenciará e saberá que está trilhando o caminho correto. Lembre-se de que ninguém constrói castelos sozinho. Crie interdependências produtivas e positivas com seus entes queridos, colegas de trabalho, e até com seus clientes. Você se surpreenderá diante de como tais relacionamentos poderão acelerar o processo.

A principal forma de investimento é a educação e todos conhecemos os títulos dos degraus tradicionais: graduação, especialização, mestrado, doutorado e pós-doutorado. Complementados com uma infinidade de cursos de idiomas, tecnologia e conhecimentos específicos. Realizar uma graduação já é obrigatoriedade do mercado há muito tempo.

No entanto, se você não é mais tão jovem, vale a pena analisar se ainda há tempo de recuperar o investimento em um dos degraus. Reflita um pouco antes de se decidir; talvez uma certificação que esteja em evidência possa ser de maior valia em seu momento profissional. Elas são de menor prazo, menor custo, são tão ou mais bem aceitas que algumas especializações, mas têm menor longevidade.

Investir na carreira talvez o impeça de ter que mudá-la, a melhor forma de não ser demitido, é estar preparado para isso. Tente entender o que já realizou: como você sabia o que tinha que fazer, e o que pretende fazer agora? Essa é a melhor maneira de se conhecer, determinar seu valor, visualizar onde precisa investir e identificar quais novas competências e habilidades precisa adquirir. Tome consciência de seu valor para que possa evoluir consistentemente.

Resultados da Qualidade pessoal

Estando você em posse de uma boa qualidade profissional, sua autoestima será alta; sua vida possuirá qualidade, significado e propósito; as pessoas passarão a ter confiança em você e o respeitarão, espelhando-se no seu exemplo.

Suas chances de ser nomeado para funções empolgantes e desafiantes aumentarão. Você comete menos erros e o seu trabalho não precisará ser verificado; e não executará retrabalho. A produtividade aumentará e sua qualidade de vida, irá acompanhar o ritmo ideal que estará impondo ao trabalho.

A quantidade de críticas e intrigas direcionadas a você serão menores; não obstante, é preciso lembrar que **só não possui inimigos quem nada constrói.** Sempre haverão críticas, mesmo que apenas falsas, advindas daqueles que não o querem bem. Diante da sua qualidade profissional, tais ataques serão possível e rapidamente desacreditados. Mantenha a cabeça erguida e desconsidere.

Motivação como combustível

Os vossos arados, transformai-os em espadas,e as vossas foices,
em lanças! Mesmo o enfermo diga: eu sou guerreiro! Joel:
4:10

Como já vimos, o desempenho humano pode ser definido como a qualidade da resposta que as suas competências específicas oferecem às metas que lhe são atribuídas profissional e pessoalmente. **Para continuarmos competitivos, precisamos então adquirir e aprimorar competências constantemente.**

Como encontrar estímulo nesse cenário? Possuir o propósito de obter reconhecimento é um grande passo, que o levará à luta e fará com que você reavalie continuamente seus objetivos, analisando o efeito do tempo e das ações nos seus resultados. Tal perspectiva colocará uma âncora no seu presente e um alvo no seu futuro. Para alcançar o futuro, será necessário levantar a âncora repetidas vezes, realizando o esforço de avaliar erros e acertos. O propósito fará com que situações desagradáveis experimentadas no cotidiano sejam transpostas mais facilmente. Sentimentos oriundos principalmente da falta de controle da sua própria existência — como a ansiedade, a angústia e a frustração, que normalmente estão associadas a fatores externos — desaparecerão frente a seu planejamento, atitudes e ações.

⊙ Em situações normais, caso não haja orientação evolutiva, apenas grandes impactos emocionais podem fazer com que um indivíduo adulto altere seu comportamento. Para estes casos as grandes viradas são emocionais e envolvem impactos ligados a uma perda, privação ou necessidade de sobrevivência.

✪ Repita constantemente: o que falta? O que pode dar errado?

☑ Identifique os valores que governam sua vida, escreva um parágrafo para cada um deles, coloque-os em ordem de prioridade e faça escolhas. Regularmente leia a lista, recite-a como um mantra e reavalie seu planejamento, mantendo ou alterando seus planos e decisões de acordo com as necessidades. Somente assim você acertará o alvo. Oportunidades se apresentam a todos, mas é necessário estar pronto quando elas surgirem.

[O mestre silencioso

Em determinada ocasião, quando eu ainda era um escudeiro e trabalhava em uma filial no centro do Rio de Janeiro, recebemos a visita de um mestre que possuía grandes habilidades nas negociações e incríveis competências técnicas. A visita era inesperada, porque esse mestre estava apenas de passagem após ter comparecido a uma reunião com um cliente próximo. A filial, composta basicamente por técnicos e um competente gerente, se dedicava exclusivamente a atendimento direto ao cliente e, a princípio, não deveria possuir instalações de testes ou de desenvolvimento. A matriz entendia que tais ambientes não eram necessários ao cumprimento do objetivo da filial e, portanto, não atribuíra recursos para esse fim.

Foi nítida a surpresa na face do mestre quando ele se deparou com um ambiente completo de testes e desenvolvimento, implantado e em perfeito funcionamento, totalmente criado com componentes de reposição. O espanto possuía alguns fundamentos: não havia universidade em nenhum nível que disponibilizassem aquele conhecimento, e o treinamento ministrado aos escudeiros era limitado ao escopo necessário para o cumprimento de seus deveres. Não eram disponibilizadas informações complementares após o treinamento; não se realizava qualquer reciclagem; não havia livros sobre todos os assuntos como há hoje; e não existia o Google para suprir necessidades de informação.

Há ainda um fato interessante: o mestre era o único detentor de toda a informação que possibilitaria a criação desse ambiente em nossa empresa, e era conhecido por reter para si próprio tal conhecimento. A atitude era compreensível para os mais esclarecidos, em primeiro lugar pela postura contida de sua nacionalidade oriental e porque se tratavam de informações estratégicas, resultantes de acordos internacionais de transferência de tecnologia sancionados na época em Brasília, que precisavam ser protegidos. Fato é que ele nunca havia transmitido esse conhecimento totalmente a ninguém.

Ele se dirigiu ao meu líder e quis saber quem teria feito funcionar aquela solução. Como estava presente, me apresentei antes mesmo da resposta. Novo questionamento tentava entender como aquela criação teria sido possível. Esclareci que concatenei os poucos documentos que explicam isoladamente o "como fazer" de alguns componentes, em um procedimento coerente mas incompleto de implantação. Tentei entender por que era necessário realizar cada uma daquelas ações e encadeei tanto quanto possível, buscando identificar as lacunas através de processos empíricos de tentativa e erro.

Ele assentiu em silêncio, se despediu e partiu como de costume. Não houve felicitações ou reclamações. Uma semana depois, meu supervisor recebeu um memorando informando-o da minha transferência para a matriz na Barra da Tijuca, onde eu trabalharia sob o comando do Mestre Silencioso e ao lado de outro Mestre, também estrangeiro, mas boliviano, com grandes competências técnicas e humanas além de enorme carisma.

Alguns meses se passaram enquanto eu desempenhava tarefas semelhantes às antigas. A essa altura, graças à boa vontade do Mestre boliviano, eu recebia algumas informações — para além das que já conhecia por pesquisa própria, mas também ele não possuía todo o conhecimento. Certa sexta-feira, já quase ao fim do dia, o Mestre Silencioso se dirigiu a mim e perguntou o que eu faria no dia seguinte. Respondi que estava pensando em vir trabalhar, mas, se ele tivesse uma opção melhor, eu aceitaria. Ele sorriu e solicitou à administração autorização para entrarmos na empresa no sábado. Foi o início de uma sequência de muitos sábados.

Ao longo do próximo ano, eu viria a aprender mais que em quatro anos em qualquer universidade. O Mestre Silencioso se revelou, também, um mestre na arte de ensinar. Sua didática, somada ao acesso de que ele dispunha a recursos únicos, e aos ensinamentos complementares do mestre Sul Americano, se tornaram um marco que alteraria os rumos de minha vida. Posteriormente, com o aumento da demanda, outros profissionais vieram, advindos diretamente da PUC do Rio de Janeiro, um dos mais conceituados berços do ensino tecnológico; quando eu o Mestre boliviano fomos incumbidos então de treiná-los.

Acredito que o Mestre Silencioso só tenha realizado a transferência do conhecimento e me ofertado a grande oportunidade por ter identificado o potencial necessário em mim, confirmando que as informações estariam seguras e seriam bem aplicadas, mesmo que eu, à época, só possuísse o ensino médio completo — algo longe do ideal para a função. Esta confirmação e confiança só vieram entretanto, após planejado período de observação, onde puderam ser apreciados meu caráter, comprometimento e foco na solução dos problemas. Aos dois mestres, devo grandes conhecimentos.]

O verdadeiro mestre da negociação

◉ Para conduzir processos de negociação e se tornar um mestre, um profissional deve ser bem organizado, orientado a processos, capaz de desempenhar múltiplas tarefas, possuir raciocínio lógico desenvolvido, demonstrar grande capacidade de planejamento e acompanhamento, dispor de excelente poder de análise, ser capaz de determinar fatos, ser bom leitor de pessoas e possuir autodisciplina.

O verdadeiro mestre:

- Define claramente seus objetivos;

- Possui controle de sua consciência, seu tempo, seus anseios e competências;

- Desafia preceitos, tomando iniciativas e inovando sempre em busca de melhor performance;

- Fornece e exige qualidade;

- Inspira uma visão compartilhada clara e dá vida aos sonhos;

- Estimula o senso de propósito;

- Permite que os outros ajam, porque sabe que não alcançará o sucesso sozinho;

- Molda o caminho praticando o que prega;

- Incentiva e eleva a moral da equipe, reconhecendo as realizações de seus colaboradores;

- Deixa de ser apenas intuitivo e assume a condição de líder estrategista;

- Ganha tempo e produtividade através de estratégias já testadas, desenvolvendo técnicas ainda melhores a partir da experiência na aplicação continuada;

- Amplia sua performance e a de sua equipe, possibilitando que as atividades sejam realizadas de forma cada vez mais aprimorada;

- Não perde tempo discutindo o que está errado, mas foca em encontrar soluções.

O raciocínio lógico

Os antigos mestres poderiam ter definido o raciocínio lógico como uma "forma de raciocinar com coerência, que expressa uma relação entre causa e consequência, possibilitando uma dedução assertiva". Essa é **a segunda base das negociações**, além de já ter sido citada como um dos seis fatores fundamentais. É um estágio mental onde se forma uma maneira dedutiva de pensar, através da qual os fatos ou situações se encadeiam com clareza. A resposta lógica nem sempre é a mais viável, mas permite que um bom negociador enxergue adiante e preveja os acontecimentos futuros do combate.

Um especialista em negociação que domina a lógica transcende o guerreiro e se torna um sacerdote, um guerreiro com controle do corpo e da mente, a exemplo dos Sohei, Shaolin ou templários, bem como **uma empresa é um império, o sócio é um imperador, o diretor é um general, o gerente é um oficial, o negociador é um guerreiro, o assistente é um escudeiro e o concorrente é o inimigo.**

Fatos ou suposições

Um fato é um fenômeno percebido como um princípio elementar, a base de um processo racional dedutivo, um acontecimento reconhecido como verdadeiro. O problema é saber por quem ele é reconhecido. Raramente esse conceito estará sujeito à interpretação individual, ao invés disso, frequentemente, será mais um fenômeno observado do mundo natural e aceito como verdadeiro por um grupo.

Argumentos factuais raramente serão efetivos em seu conteúdo, sem a devida comparação às muitas possíveis verdades compartilhadas por vários setores ou culturas, que também serão uma menor parcela que a visão unificada mundial atual. Por conseguinte, a esmagadora maioria de conteúdos da exploração investigativa, interpretação e análise são realizadas com base em fatos amplamente aceitos.

Para um mestre, o pragmatismo estabelecerá as fronteiras de cada negociação como um universo de fatos definidos, que existirão a despeito de sua percepção em um determinado momento e que irão estabelecer a verdade naquele universo. Se houver lacunas no encadeamento dos fatos, **suposições mestras**, com integridade lógica, poderão ser utilizadas como argumento com o intuito de antecipar decisões. Suposições mestras são aquelas determinadas por racionalização com base em preceitos da experiência individual, considerando estimativas paramétricas por analogia ou similaridade, por mais que não estejam claras para o cliente naquele exato momento. Isso não deixa de ser controverso, já que devemos trabalhar apenas com fatos, mas é importante lembrar que tais suposições só poderão ser estabelecidas por um mestre com grande poder de raciocínio lógico e vasta experiência. Mesmo nesses casos, suposições mestras poderão ser confundidas com fatos, mas ainda assim não o serão até que sejam validadas e aceitas pelo coletivo no espaço delimitado do negócio.

Vamos exemplificar. Em um cenário onde um imperador estava muito insatisfeito com a qualidade e quantidade dos animais do seu haras. A situação chegou a um ponto tão crítico, que o intendente responsável pelo haras, havia solicitado apoio de um afamado criador de cavalos estrangeiro e o conselheiro do imperador não saia do haras, à espreita de novidades para os ouvidos do seu senhor. O intendente não via a hora de se livrar do conselheiro.

O criador por sua vez, enviou ao império, seu principal mestre construtor, uma mistura de negociador, construtor e monge. O mestre, antes de partir, recebeu do criador instruções bem definidas para agir principalmente como negociador, de forma a entender e atender as necessidades, suplantando as expectativas do imperador. Solucionar o problema desse império, faria com que a fama do criador e seu grupo, se espalhasse por infindáveis terras.

Em visita de reconhecimento ao haras, o mestre pode observar as instalações e o fluxo dos animais, bem como: sua rotina, a possibilidade de identificação da origem do plantel e a facilidade com que poderiam ser levados às áreas de atividades específicas. O mestre precisaria considerar, as informações recebidas do intendente, de que o haras criava cavalos para vários tipos de lida como: a guerra, para torneios, para treinamento de escudeiros em cela e os destinados à trabalho ou transporte. Ele gostaria que todas elas recebessem melhorias.

Sem a necessidade de formular uma hipótese e com base em sua experiência de implantações anteriores no mesmo tipo de empresa e segmento, o negociador poderá elaborar suposições mestras, para apresentar soluções a problemas enquanto ainda realiza o levantamento e discute soluções, sem necessidade de confirmação do fato e apoiado apenas em sua expertise, que podem vir a ser aceitas pelo cliente sem contestação. **Uma suposição mestra é a voz da experiência aceita pelo cliente.**

Por exemplo: como resultado de suas observações, o mestre pode afirmar que melhoraria a qualidade e a quantidade de novos animais nascidos no haras, alterando as instalações e a forma como os reprodutores estavam sendo tratados.

A partir da elaboração do orçamento e proposta, qualquer suposição mestra apresentada durante o levantamento, deverá ser fundamentada claramente, ou descartada se não necessária a solução final. O cliente necessita sentir a continuidade entre os diversos momentos do negócio, isto lhe trará segurança.

◉ Não sendo possível lançar mão de suposições mestras e havendo lacunas na informação, a investigação deverá continuar.

Uma afirmação será verdadeira se corresponder a fatos, mesmo que a correspondência ainda não tenha sido percebida. Assim, a determinação da verdade dependerá do conjunto de sinais do emissor, do acesso ao conhecimento dos fatos, e da habilidade de compreender e tornar os fatos conhecidos. Se não for possível determinar fatos que sustentem a informação, então ela será meramente uma suposição.

Suposições, por outro lado, dizem respeito ao ponto de vista individual, formado sem comprovação, baseado em hipóteses que tomam como válidas uma ou mais afirmações ainda não confirmadas. **Uma suposição é uma opinião que se forma sem provas** sobre o assunto em questão; é uma conjectura em que relações de causa e efeito são criadas a partir de deduções ou inferências. Suposições também são vulgarmente conhecidas como palpites.

Se você permitir, as pessoas falarão muito mais que ouvirão e seus discursos estarão carregados de suposições.

Um teste ao Raciocínio

Em algum momento do passado, Andrea do Cairo estava a caminho do Vale dos Reis, no Egito, quando encontrou na estrada Junius Brutus, senador de Roma e assassino do imperador César. Brutus lhe entregou um manuscrito que deveria ser apresentado à Rainha Cleópatra. Andrea afastou a lança, sentou-se à beira da biga e se pôs a ler o manuscrito.

Tratava-se de um documento oficial do Senado Romano, que solicitava o retorno imediato da legião ainda presente no Vale dos Reis após a viagem de Marco Antônio para Alexandria. Informava, ainda, que a situação, dos soldados era ilegal e que os soldos seriam cancelados se não retornassem. Andrea elevou o olhar, pensou nos filhos, levantou e seguiu viagem.

Baseado na narrativa, e tendo em mente que você não precisa ser um historiador para cumprir esta tarefa, leia as afirmações abaixo e determine quais delas são fatos.

1. Andrea é mulher.
2. Andrea é do Cairo.
3. Andrea estava no Egito.
4. Brutus é um senador romano.
5. Andréa possui uma lança.
6. Andréa possui uma biga.
7. Marco Antônio fugiu.
8. Andrea tem filhos.

É grande a possibilidade de que a sua mente não treinada o tenha compelido a reler o texto. Também é provável que, ainda assim, restem dúvidas sobre a veracidade das afirmações. Outro sintoma de que há incerteza no julgamento é a sensação, durante a leitura, de que cada afirmação seria, na realidade, um questionamento.

Se isso aconteceu, é porque o seu raciocínio lógico não está plenamente desenvolvido — ou seja, você ainda não consolidou essa habilidade imprescindível ao bom negociador. **O raciocínio lógico permite que você, de imediato, receba seletivamente a informação, trabalhando apenas com fatos e distinguindo dados importantes dos irrelevantes. Isso possibilitará que você elabore argumentos ou preveja os próximos passos do seu interlocutor,** seja ele seu inimigo ou não.

Para que não fiquemos sem respostas, releia o texto e tente vislumbrar que, das afirmações acima, apenas as de número 2 e 4 podem ser consideradas fatos, já que estão realmente enunciadas no texto. As demais poderiam deslanchar por diversas teorias, levando a discussões, perda de tempo e de eficácia.

Por exemplo, o fato de que Andrea levanta o olhar e pensar nos filhos não determina o fato de que Andrea possui filhos: ele ou ela poderia estar pensando nos filhos dos soldados que teriam seus salários cancelados. Note que digo ele ou ela porque também não se pode afirmar se Andrea é homem ou mulher, já que culturas distintas utilizam esse nome em gêneros diferentes. Alguém poderia ainda argumentar que a biga na qual Andrea sentou seria, na realidade, de Brutus. Dito isso, pergunto mais uma vez: é um fato que Andrea possui uma lança?

O bom aspirante a mestre da negociação precisa trabalhar apenas com fatos, utilizar todas as possibilidades, lidar com recursos disponíveis e manter atualizações regulares. **Jamais cometa o erro de executar e julgar ao mesmo tempo,** porque isso pode se tornar um grande obstáculo à sua visão do negócio e à sua criatividade, bloqueando a concretização de ideias e induzindo-o a ações imediatistas e potencialmente precipitadas.

Trabalhar com base em suposições mestras será muito útil e necessário no início de toda negociação, mas tais suposições devem ser transformadas em afirmações ao longo do processo para que haja vitória. Busque preencher as lacunas de informação e, se não conseguir, considere-as como desvantagens no pleito. **Se o guerreiro chega ao final da batalha carregado de suposições, a derrota é certa.**

Previsoes e feitiços

Um conto antigo, interessante e facilmente encontrado em livros e sites de anedotas, sendo considerado pela Associação Britânica para o Avanço da Ciência como a piada mais engraçada do mundo, pode servir de fomento a uma profunda análise sobre a vida.

Em determinada campana, **Sherlock Holmes e Dr. Watson** resolvem acampar antes de continuar a viagem no dia seguinte. Os dois armam sua barraca ao luar e se preparam para descansar. No meio da noite, Holmes acorda seu companheiro e tem com ele o seguinte diálogo:

> *Holmes* — Watson, olhe para as estrelas e diga-me o que pode deduzir.

> *Watson* — Vejo milhões de astros. Se alguns são planetas, é bem provável que um certo número deles seja como a Terra. Se há alguns planetas como a Terra, é bem possível que neles haja vida.

> *Holmes* — Watson, seu idiota! Alguém roubou a nossa barraca!

O que torna o texto jocoso é a claríssima arrogância característica de Sherlock Holmes. Por conta dela, um cirurgião de Edimburgo chamado Joseph Bell negava que a personagem criada por Sir Arthur Conan Doyle tivesse sido inspirada nele. No entanto, o autor atribuía ao médico a capacidade dedutiva de concluir uma infinidade de informações sobre uma pessoa apenas observando-a. A famosa frase catedrática "**A maioria das pessoas vê, mas não sabe observar**", também atribuída ao Dr. Bell, é o que está sublimado em nossa anedota.

A grande maioria dos profissionais olha sem ver. Cabe aos gestores treinar e orientar os colaboradores para que possam enxergar seu futuro de forma clara. Não é necessário dominar todas as dez áreas de conhecimento para realizar um bom planejamento e a gerir habilmente suas funções; os colaboradores só precisam saber que, para crescer, devem obter confiabilidade, compreender as dores do cliente, apresentar soluções e procurar manter um longo e satisfatório relacionamento empresarial.

✪ ☑ Tal visão só é obtida com o hábito do planejamento e, novamente, não pressupõe que se conheçam todas as áreas do conhecimento. É preciso, apenas, conseguir ver a barraca. Para tal, exercite regularmente o menor planejamento possível: **o que falta? O que pode dar — estar — errado?**. Esse é o início de tudo, a ponta do iceberg.

Conforme seu hábito de planejar for se sedimentando, as deduções também passarão a fluir com mais naturalidade e você conhecerá os segredos da escuridão. Diante do conhecimento, far-se-á a luz. Com a prática, deduções lhe levarão ao universo de Holmes, onde você será guiado pela racionalização e pela dedução. **Sendo a lógica, a ciência da dedução**; ela permitirá que você analise discursos e determine sua veracidade. **A fórmula exata para a racionalização dos fatos não está prevista em manuais ou procedimentos,** por isso, duas investigações realizadas por dois profissionais, ou pelo mesmo profissional em momentos diferentes, poderão estar ambas corretas, mas serão sempre distintas.

A resposta identificada prontamente como lógica nem sempre poderá ser exatamente julgada e viabilizada, já que a resposta lógica pode ser concluída a partir das proposições, mas estas podem levar a uma ação conflitante. Este conflito em sua maioria das vezes não será advindo de conceitos lógicos e sim das particularidades dos indivíduos, que por definição distintos e que podem possuir objetivos logicamente conflitantes em função de suas crenças, valores e cultura. Imagine uma pessoa que chega a determinado local necessitando falar com o responsável, mas se ela soubesse antecipadamente que o responsável é uma pessoa conhecida com quem ela não deseja encontrar, não perguntaria pelo responsável.

A racionalização de um fato será logicamente proveitosa quando concluir, amparada por argumentos, que ele seja verdadeiro ou falso. Quando a conclusão necessitar considerar outras particularidades, deverá ser ponderada. **Desvio de caráter, política, arbitrariedade, corrupção, polarização, fanatismo e conflito de interesses, podem anular o julgamento lógico e isso precisa ser percebido.**

Imagine um ser totalmente guiado pela lógica, racionalizando tudo sem a ponderação de Sherlock Holmes. Você estaria vislumbrando alguém como a **Dra. Temperance Brannan,** da série televisiva "Bones". Brannan é direcionada completamente pela lógica e pelo conhecimento, automaticamente eliminando qualquer componente malicioso, irônico, dogmático ou hipotético em suas conclusões, possibilitando ser desorientada por uma simples ironia. Mesmo sendo antropóloga, é incapaz de chegar a uma conclusão correta se nuances não explícitas e capazes de serem explicadas logicamente forem introduzidas na questão. Em uma passagem, limitada por altas dosagens de medicamentos, Brannan demonstra que foi capaz de dimensionar a inteligência dos reles mortais. " Bom, eles me medicaram e, agora imagino como pessoas de inteligência razoável se sentem o tempo todo." Em outra ela determina um limite para uma provável normalidade, " Enxergar padrões que não existem é sintoma de esquizofrenia!".

Por tudo isso, em uma reunião para discutir o avanço das investigações sobre um corpo, que ficou provado ter sido assassinado mas a causa da morte ainda não havia sido determinada, se alguém da equipe fosse irônico - o que é comum -, dizendo que iria extrair uma parte desnecessária para a análise, ela responderia logicamente não conseguindo identificar a ironia. Se arrancássemos poderia comprometer as evidências!". Com toda essa racionalidade, conhecimento e habilidades, ela é consequentemente na série, uma das mais conceituadas antropólogas forenses americanas, mas não conseguiria sobreviver como negociadora. Ou "a melhor", como responderia racionalizando e não em função do ego.

Com o tempo, será possível ao negociador, realizar essa racionalização e ponderação de imediato na presença do cliente. No popular, você teria "jogo de cintura". No início, contudo, provavelmente será necessário visitar e investigar o cliente e seu território, levantando as informações necessárias para o exercício de previsão.

☑ Antes de se lançar no terreno do cliente, escreva tudo o que vier a mente sobre possíveis dúvidas ou questionamentos da parte dele e prepare respostas para todos.

Munido de argumentos e ciente da diferença entre fato e suposição, coloque-se no lugar do cliente. Entenda as expectativas que ele pode possuir sobre você, sua empresa, seus produtos e serviços; reflita sobre a capacidade que possui de atender as necessidades. Comunique a sua compreensão, compartilhando com ele o que presumiu.

⭐Prever o futuro com base em informações não é feitiçaria, mas a simples aplicação do raciocínio lógico.

Ao ler um texto como o da nossa piada ou ao assistir a filmes e seriados policiais investigativos como Bones, nunca atentamos para quão difícil é estruturar um pensamento dedutivo sem empregar o raciocínio lógico.

Por exemplo: você seria capaz, pensando como um detetive e diante das pistas abaixo, deduzir a ordem dos executivos em relação a seus fechamentos, visitas e prospecções? Quanto fechou, quanto prospectou e com quantos clientes se reuniu na semana, cada um dos guerreiros a seguir?

1 - Quem fez 5 prospecções fez 9 visitas;

2 - Percival fez 4 prospecções;

3 - Quem fechou 650 mil fez 3 prospecções;

4 - Boors não fez 2 prospecções, mas fez 7 visitas;

5 - O executivo que fez 7 visitas fechou 900 mil;

6 - Lancelot fechou 800 mil;

7 - Galahad não fez 5 prospecções mas fechou 1 milhão;

8 - Guinevere fez 8 visitas mas não fechou 700 mil.

Caso não tenha sido possível responder à questão com o seu nível de raciocínio lógico atual, talvez a ferramenta a seguir, muito utilizada como passatempo, possa servir para ilustrar o resultado.

Com a experiência, o uso do raciocínio lógico dedutivo se tornará instintivo e não serão mais necessários artifícios como este passatempo. Uma vez no caminho do desenvolvimento pleno do raciocínio lógico, você começará a ver o que a maioria não está vendo. **A isso se chama: a visão do guerreiro.**

Quando seu raciocínio lógico estiver plenamente desenvolvido, será possível vislumbrar o desdobramento de uma negociação, o comportamento das partes interessadas e mesmo o movimento do mercado. A grande maioria das pessoas limita; se você puder ser um facilitador, suas chances de sucesso crescerão significativamente.

	FECHAMENTOS					VISITAS					PROSPECÇÕES				
	650	700	800	900	1000	6	7	8	9	10	2	3	4	5	6
LANCELOT	N	N	S	N	N		N	N						N	
BOORS			N		N	N	S	N	N	N	N			N	
PERCIVAL			N		N		N	N			N	N	N	S	N
GUINEVERE		N	N		N		N	N	S	N	N			N	
GALAHAD	N	N	N	N	S		N	N						N	N
2	N													N	
3	S	N	N	N	N									N	
4	N													N	
5	N													N	
6	N					N	N	N	N	N	S				
6	N	N	N	S	N										
7						N									
8						N									
9						N									
10						N									

	FECHAMENTOS					VISITAS					PROSPECÇÕES				
	650	700	800	900	1000	6	7	8	9	10	2	3	4	5	6
LANCELOT	N	N	S	N	N	N	N	N	N	S	N	N	N	N	S
BOORS	N	S	N	N	N	N	S	N	N	N	N	N	S	N	N
PERCIVAL	N	N	N	S	N	N	S	N	N	N	N	N	N	S	N
GUINEVERE	S	N	N	N	N	N	N	S	N	N	N	S	N	N	N
GALAHAD	N	N	N	N	S	N	N	N	N	S	S	N	N	N	N
2	N	N	N	N	S	N	N	N	S	N					
3	S	N	N	N	N	N	N	N	S	N					
4	N	S	N	N	N	N	S	N	N	N					
5	N	N	N	S	N	S	N	N	N	N					
6	N	N	S	N	N	N	N	N	N	S					
6	N	N	N	S	N										
7	N	S	N	N	N										
8	S	N	N	N	N										
9	N	N	N	N	S										
10	N	N	S	N	N										

EXECUTIVO	VENDA	VISITAS	PROSPECÇÕES
LANCELOT	800.000	10	6
BOORS	700.000	7	4
PERCIVAL	900.000	6	5
GUINEVERE	650.000	8	3
GALAHAD	1.000.000	9	2

Poderá parecer clarividência, já que você entenderá e verá coisas que estão além da percepção comum, mas, em uma negociação em andamento, **isso acontecerá se você dominar o triângulo harmonioso — que veremos mais à frente, possuir bons informantes, observar a linguagem cinestésica e identificar os fatos**. Não há feitiço algum nisso. O tolo multiplica palavras; o sábio observa e age.

[O Mestre Visionário.

Tive a grata oportunidade de trabalhar com um mestre que possuía visão do futuro. Ele é admirador de um jovem plebeu que utilizava cores branco e preto, que se tornou Rei com o brasão verde e amarelo. Este mestre, exímio nas artes das negociações e do marketing, possuía visão de mercado de aproximadamente três anos.

Quando fui sabatinado pelo conselho de sua empresa, por algumas horas, para assumir a diretoria regional no Rio de Janeiro, os conselheiros foram saindo um a um conforme suas necessidades de informação ou confirmações estavam satisfeitas, mas nosso mestre visionário permaneceu firme. Por mais de uma hora o diálogo praticamente se tornou um discurso por parte dele, onde em determinado ponto, já me parecia que ele havia decidido e estava, neste momento, me "vendendo" a empresa para garantir uma resposta positiva. Lá pelas tantas, parou bruscamente e me perguntou: "o que você acha?" Claramente ele havia notado que eu não estava mais ali, provavelmente por um olhar de relance meu, para a bela paisagem noturna de Moema em São Paulo. Lembro como se fosse hoje que respondi: "concordo plenamente". Ele riu, encerrou a reunião, fomos jantar e eu assumi a diretoria.

Quando ele vinha a filial Rio o tempo parava. Entrávamos para a uma sala de reuniões e ele era capaz de falar dias seguidos, sobre suas expectativas para o próximo período, a demanda do mercado e objetivos sugeridos, que apesar de desafiadores, comprovava serem realizáveis. Investia horas a fio, apenas para orientar e aprimorar. Possuía um hábito — que eu via como uma forma de relaxar o cérebro enquanto divagava —, passava todo o tempo rabiscando em um caderno, mesmo enquanto falava, e ao fim do dia, uma infinidade de desenhos incompreensíveis que se assemelhavam a hieróglifos se espalhavam por várias páginas de seu caderno. Aquele caderno, analogamente falando, era como um portal para que ele pudesse dar um passeio por outros mundo e esfriar a cabeça.

Por ser imperador e general, reposicionava o exército de forma a enfrentar as mudanças que vislumbrava, alavancando o crescimento da empresa, mesmo quando não estava necessariamente inovando. Outra característica marcante era a brincadeira que fazia com novatos: em um almoço ou jantar, ele pedia para o novato pagar a conta porque havia esquecido a carteira. Sim, eu caí nessa.

Em muito agradeço seus ensinamentos.]

⊙ A visão do guerreiro é plena quando ele compreende sua participação na negociação. Um bom guerreiro sabe que não deve ser um caçador — alguém que mata e logo se retira —, mas que precisa, sim, conquistar e cuidar, com total noção de seu perímetro. A dificuldade em adquirir esse estado de consciência é diretamente proporcional ao tamanho e à complexidade da empresa. A grande quantidade de cargos envolvidos em um negócio, da prospecção à entrega, pode — mas não deve — deturpar o entendimento do negociador de que ele é **o único responsável por possuir a visão de todo o processo** e apresentá-lo ao cliente.

A visão também poderá ser alienada se, por estúpido egoísmo, o negociador entender que obterá maior sucesso caso se desvencilhe do fardo atual para se dedicar somente a novas conquistas. A tais seres dignos de pena, falta a visão de que um grupo de clientes satisfeitos é uma eterna fonte de tesouros: um terreno fértil conquistado que, recorrentemente ao longo do tempo, possibilitará o cumprimento de suas metas com menor esforço, abrindo espaço para a conquista de novos horizontes e riquezas.

✪ Um cliente conquistado merece sua atenção espontânea e regular mesmo quando nenhum negócio notório existir. Essa atenção será obrigatória quando um negócio estiver em progresso.

Elementos do Raciocínio lógico

Você já parou para pensar sobre como, **em um debate com outrem, chegar a uma conclusão favorável sobre algo de nosso interesse pode ser difícil**? Principalmente em uma sociedade polarizada, isso requer enorme habilidade. Para chegar a uma conclusão favorável, será necessário utilizar muito relacionamento, aplicar conhecimento específico de seu segmento e acionar, principalmente, um excelente raciocínio lógico.

O raciocínio lógico possui diversos elementos que se sucedem, se baseiam em outros elementos, se interpolam ou se complementam, possibilitando chegar a uma conclusão.

Como movimentos em um jogo de xadrez, todos esses elementos serão utilizados pelos interlocutores, sendo repetidos com outro contexto e alternados até que o intuito de quem investiga, de identificar clara e formalmente as necessidades, seja alcançado

Um acontecimento observado por nosso negociador é um **fenômeno**. O seu registro físico ou mental é um **dado** que, sozinho ou encadeado a outros, se apresenta como uma **informação**. Esta, por sua vez, estabelece ou altera em quantidade ou qualidade algum **conhecimento,** que passa a ser utilizado como **elemento do raciocínio lógico** e arma de argumentação.

Nosso negociador quando visitou o haras imperial, teve a oportunidade de observar diversos fenômenos, principalmente relativos aos reprodutores. A partir dessas observações, ele iniciará a utilização dos elementos do raciocínio lógico, para em conjunto com o intendente, chegar a solução adequada.

Ele iniciará apresentando seus **argumentos**, primeiro elemento do raciocínio lógico. Argumento é uma sucessão de afirmações vinculadas com o intuito de estabelecer uma hipótese objetiva. Argumentos, apesar de serem declarações, não devem ser confundidos com explicações; eles são, na verdade, a busca por afirmações. É a forma com que podemos expor nosso raciocínio de forma a induzir alguém a deduzir algo que vá de encontro a nossos propósitos. Iremos trocar argumentos com os interlocutores, até que possamos chegar a uma conclusão.

- Um **argumento dedutivo** é aquele que resume uma conclusão que resultou **logicamente** das premissas.

- Um **argumento indutivo** é aquele que resume uma teoria, apenas apoiada em premissas, tentando levar a uma conclusão.

Trabalhando com **vendas corporativas, que são consultivas por natureza,** muitas vezes deparamos com negócios onde identificamos lacunas que podem afetar gravemente o resultado esperado e que não foram identificados pelo cliente. Imagine por exemplo, que em uma investigação você e seus especialistas, identificam que um departamento específico não está sendo contemplado em um projeto e que este departamento, na realidade, possui muita importância para que a solução final possua o retorno do investimento ideal.

59

Utilizando o caso do haras imperial, poderia-se então argumentar da seguinte forma:

- "O tratamento dos reprodutores é seu principal problema, já que são responsáveis em repassar sua linhagem, bem como sua separação e das éguas em duas categorias, ampliaria a quantidade de animais nascidos por ano, mantendo a qualidade."

A **proposição,** segundo elemento do raciocínio lógico, é uma oração declarativa com sentido completo, que afirma ou nega um fato com o intuito de investigar ou conduzir a conversa. Ela exprime um julgamento a que se podem atribuir duas condições: **verdadeira ou falsa,** sendo este o **princípio da identidade.** A proposição é o significado da sentença, não apenas uma arrumação precisa das palavras para comunicar o julgamento.

Existem **proposições simples e compostas.** As compostas nada mais são que uma oração com a presença de mais de uma proposição. Isso se torna um risco porque, se uma das proposições da oração for falsa, a credibilidade de toda a oração fica sob questionamento.

Quando isso acontecer, podem ser considerados dois princípios:

- **Contradição** — Se forem apresentadas duas proposições, uma negando da outra, uma delas é obrigatoriamente falsa;

- **Exclusão** — Pode-se chegar a uma proposição verdadeira eliminando as falsas.

Torça para que, caso haja dúvidas, seu cliente considere a exclusão, imaginando a possibilidade de um equívoco e não de uma tentativa de ludibriá-lo.

Exemplos de proposições.

- Simples — "O tratamento dos reprodutores é o principal problema."

- Composta — "O tratamento dos reprodutores é o principal problema e todas as lidas dependem dos reprodutores."

Para ilustrar melhor, vamos lembrar do antigo provérbio que tem sua provável origem na Índia "o inimigo do meu inimigo é meu amigo" e seus desdobramentos, que possibilitam a duas partes poderem trabalhar ou não em conjunto contra um oponente em comum.

Este provérbio é a base para uma **tabela verdade** simples — uma das formas mais básicas de vislumbrar o valor lógico resultante de proposições compostas, servindo como ferramenta para determinar sua validade como argumento. É uma ação mental rápida e intuitiva que lhe apoiará nas argumentações e conclusões.

Imagine que não foi nosso negociador e sim o cliente a ter informado: "O tratamento dos reprodutores é meu principal problema, já que eles são importantes para todos os tipos de lida, inclusive para trabalho a transporte que precisa de animais fortes." Baseado em sua expertise e nas informações de seu levantamento na investigação, rapidamente se criará, ou deveria, uma tabela verdade em sua mente, buscando validar se a proposição composta é verdadeira, para que acate ou não o argumento do cliente e dê prosseguimento à conversa.

Os reprodutores são fundamentais?	São importantes para todos os tipos de lida?	Condição Final
Verdadeiro	Verdadeiro	Verdadeiro
Verdadeiro	Falso	Falso
Falso	Verdadeiro	Falso
Falso	Falso	Falso

Podemos observar que o argumento só será verdadeiro se a proposição composta possuir suas duas partes consideradas como verdadeiras.

Os **argumentos dedutivos** possuem três componentes: **proposições** que são sua principal base dedutiva, **inferências**, **conclusão** e sempre carecem de uma boa gama de **confirmações**, que são conhecidas como **premissas**. São a base para a construção dos argumentos, ou seja, elas são os motivos para que o argumento seja aceito.

Caso queira entendimento e seu negociador é capaz, **as premissas do argumento sempre devem ser claras,** o interlocutor deve ser ouvido e deve estar claro que as premissas foram aceitas, Este entendimento fica muito claro em entrevistas de emprego, onde não se fala mal de quem não está presente para se defender, provavelmente um antigo empregador. **Um argumento com premissas não explicitadas, vai se esvair como água na sarjeta.** Se o ponto base do seu argumento não é claro e forte, todo ele estará comprometido.

Nuvens escurecerão caso as premissas não sejam acatadas. As chances de o argumento ser aceito se esvairão. Para os que utilizam as premissas com perícia, é prioritário que seu oponente concorde com elas antes de prosseguir com a argumentação. Fique atento: um de seus oponentes pode ser seu próprio cliente. **Premissas são as proposições chave do argumento.**

Exemplos de premissas que podem ser utilizadas pelo cliente como objeções:

- "O imperador não conhece nem vê os reprodutores."

- "Uma melhoria no tratamento dos reprodutores não melhoraria a visão que se tem dos animais da cavalaria."

Acatar simplesmente as palavras de seu interlocutor, obviamente enfraquece seu poder: faz alguns crerem em afirmações falsas em vez de aceitarem que não entendem por que algo é óbvio. Não vacile em atacar afirmações supostamente óbvias e com algum intuito nebuloso.

Durante a análise de argumentos que necessita ser uma ação mental muito rápida. É importante que o negociador não se iluda com **argumentos válidos que não são verdadeiros**, vindo a atrapalhar a sua lógica e automaticamente a sua condução da negociação. Muitos especialistas em compras, são hábeis na utilização desse tipo de estratégia. Por exemplo:

Se por exemplo o conselheiro do imperador se intrometesse na conversa, com o intuito de fomentar, e focando nas recentes derrotas em torneios, argumentasse da seguinte forma, em contraposição a sua afirmação anterior sobre o tratamento dos reprodutores:

- "Para os tratadores dos cavalos, todo cavalo de torneio lembrará o reprodutor em cores e formas."
- "O imperador não conhece os reprodutores."
- "Portanto, nenhum cavalo de torneio, fará o imperador pensar no reprodutor."

Seria necessário contra-argumentar rapidamente como por exemplo?

- "Acredito que nessa conversa, estamos repetidamente olhando para o lado errado. O que está claro nos resultados da criação, na insatisfação de seu imperador e em nossa diligência, é que se faz necessário alterar a forma de tratamento dos reprodutores, aumentando a qualidade e quantidade dos animais. O problema não é a forma como o imperador e os cavaleiros veem a cavalaria hoje, e sim como a verão daqui a algum tempo. Sendo assim, temos que parar de incluir na discussão os problemas relativos aos animais atuais em uso nas lidas. Entendo não ser esse o foco das melhorias.

Houve nesta argumentação também, um pequeno contraponto ao assunto levantado pelo conselheiro: "O problema não é a forma como o imperador e os cavaleiros veem a cavalaria hoje.", demonstrando que o interesse deste representante foi identificado e será tratado, todas as vezes que se apresentar. O tom de voz e a linguagem cinestésica nesse momento, serão muito importantes para que **o aviso seja captado mas não considerado como desrespeito.** Ironia e sarcasmo não podem estar de forma alguma presentes. Caso não se sinta capaz de agir assim com partes interessadas que não são decisores, mas podem influenciar, não o faça, desconsidere esta parte do argumento e se mantenha atento às próximas colocações.

Note que o mestre se porta com propriedade e como parte realmente interessada nos bons resultados do negócio, quase como se fosse ele realmente um súdito do império, sujeito às obrigações pertinentes. Para se portar com essa propriedade, o negociador teve que se preparar muito em suas competências, no conhecimento da empresa do cliente, seu segmento, seu mercado e dominar a solução que está sendo negociada.

É interessante como um simples exemplo dá margem a uma avaliação do negócio como se ele realmente estivesse acontecendo. Isto demonstra a individualidade de cada negociação. Se eu criasse aqui vários exemplos, teria obrigatoriamente que criar também, vários parágrafos para explicar as nuances de cada um deles.

Sendo agora conhecidas e aceitas as premissas, o argumento deve atravessar através do plano da **inferência**, que nada mais é do que afirmar a verdade em uma oração, baseada em outras já aceitas como verdadeiras. Nesse plano, para conduzir os destinos, o negociador demonstra uma ou mais proposições aceitas para conseguir que outra seja também o seja e automaticamente podendo suportar novas inferências.

O guerreiro poderá estimar a proporção que tomará o debate se puder enumerar as premissas não vinculadas do argumento. Quanto mais premissas inconsistentes ou confusas, maior será a discussão. Durante a argumentação, a quantidade de afirmações que podem ser utilizadas ainda aumentará. Há perícia em muitos tipos de inferência, mas há debilidade em outros.

Mais tempo durará o debate se o cliente se utilizar de muitas **sentenças abertas**, aquelas que nunca poderão ser classificadas como proposições, porque não poderemos determinar se são verdadeiras ou falsas. Ao contrário dos jornalistas que buscam fazer perguntas abertas para que o entrevistado possa desenvolver uma resposta longa, nós negociadores precisamos ter o cuidado de não formular sentenças abertas que permitam ao cliente utilizar respostas que não possam receber uma condição verdadeira ou falsa. **Lembre-se, na maioria das vezes estaremos buscando confirmações e não respostas.**

Se utilizarmos uma sentença aberta em um argumento, este poderá ser invalidado por indefinição, possibilitando uma contra-argumentação, solicitação de maiores explicações, ou até um ataque direto de um concorrente, buscando se valer se sua momentânea incapacidade na condução da conversa. Se por exemplo o cliente argumentasse da seguinte forma:

• "A melhoria na forma de trabalhar em qualquer tipo de lida vai trazer melhora na qualidade."

A palavra qualquer impede, com o conhecimento momentâneo do negócio, que se possa determinar se a proposição é verdadeira ou falsa, o que a torna uma sentença aberta dentro de nosso contexto.

Deve ser imediatamente contra-atacado com um argumento válido e positivo para o negócio, como por exemplo.

* "A não ser que possua conhecimentos claros e minuciosos sobre isso, não é possível determinar neste momento o quanto haveria de melhoria em qualquer uma das lidas, se melhoradas isoladamente e se essas melhorias justificariam o investimento. Mas como comprovamos, caso a melhoria no tratamento dos reprodutores também fosse realizada e não só no trabalho das lidas, todos as lidas serão beneficiadas e o império experimentará um aumento substancial na qualidade, quantidade e consequentes vitórias." Em relação a pagamento, isso representará um aumento de quantidade irrisório de moedas, considerando o total da despesa necessária apenas para melhorar o trabalho nas lidas, que por si só, não surtirá o resultado esperado.

Miragens poderão surgir à sua frente enquanto segue no caminho da negociação. São feitiços verbais utilizados por hábeis feiticeiros com o intuito de distraí-lo ou desviá-lo da direção que está seguindo. São sentenças inicialmente entendidas como verdadeiras, mas que podem ter na realidade sentido oposto, o que a tornaria falsa.

São **paradoxos** que associam concepções contraditórias para apresentar uma ideia. Podem ser eliminados da equação ou deixar de ser vistos como paradoxos a partir do momento que seja esclarecida a ideia que pretende passar e um argumento seja acatado atribuindo a sentença uma condição de verdadeiro ou falso no contexto do negócio. Sairá em vantagem o argumentador que determinou sua condição.

Vamos a um diálogo na reunião de negócios quando este se inicia com um paradoxo.

* **Tratador do império** - "Nunca se teve tantos reprodutores e nunca eles tiveram tão pouca importância."

* **Conselheiro do imperador** se intrometendo mais uma vez - "Realmente, eu sou um dos que não vê tanta importância na melhoria do tratamento dos reprodutores. Os cavaleiros hoje se preocupam apenas com a força e velocidade do animal."

* **Mercador de cavalos do império** - "Os cavaleiros não tem feito muitas perguntas sobre reprodutores ultimamente."

Nosso mestre precisa ser forte. Ceticismo, falta de informação e relutância, três forças de oposição se apresentando ao mesmo tempo, considerando ainda, que há diversos interlocutores.

- **Mestre** - "A qualidade de sua cavalaria hoje é ruim porque não há seleção de reprodutores. A quantidade é ruim, porque não há uma forma de controlar os animais para que eles acasalem no tempo certo e com a categoria certa de parceiro. Considerando que um reprodutor é responsável por transmitir sua linhagem, a seleção e separação dos melhores reprodutores, bem como a separação das melhores éguas, garantirá a qualidade da cavalaria.

  Uma segunda categoria de reprodutores, também deve ser separada, para que reproduza com as éguas que nascerem das que se uniram os reprodutores da primeira categoria. Isso irá garantir que se mantenha a qualidade e aumentará a quantidade de animais nascidos no ano.

  Cada animal reprodutor, macho ou fêmea adulto, necessitará de 1 hectare de pasto isolado em função do seu tipo de grama e novas baias mais ventiladas precisarão ser construídas. Considerando que a partir de 30 dias após o nascimento, já se pode determinar a qualidade do animal e que todas as lidas serão beneficiadas com animais nascidos a partir dessas melhorias, caros mestre intendente, senhor conselheiro, senhor tratador e senhor mercador, se começarmos já, em breve seu imperador sentirá a satisfação de possuir bons animais.

Não tendo relação com paradoxo, mas importante de ser ressaltado, note como o conselheiro, mesmo não ganhando efetivamente nada com a melhoria no tratamento dos reprodutores, foi citado na argumentação do negociador, por ter se pronunciado e demonstrado que deseja influenciar a decisão. Com isso, tera seu ego afagado, possíveis preocupações afastadas e talvez leve boas notícias a quem realmente interessa.

O argumento se torna válido se há fatos aceitos em sua estrutura, ou se ele mesmo os explicou de forma que pudessem ser aceitos.

Por exemplo, podemos alterar uma oração utilizada pelo cliente fazendo com que a palavra qualquer passe a não invalidar o argumento.

Se o cliente argumentasse da seguinte forma:

- "Não havíamos considerado melhorar a forma de trabalho da lida de cavalos de trabalho e transporte."

Poderia-se contra-argumentar de forma fundamentada para que não seja invalidado e sua conclusão se torna obrigatória.

- "Todos os cavalos do haras nascerão dos reprodutores."

- "A melhoria no tratamento de reprodutores afetará comprovadamente todos as lidas em função da qualidade dos novos animais."

- "Logo, qualquer lida, incluindo o de trabalho e transporte será afetada, mesmo que sua forma específica de trabalhar não seja alterada. "

Mesmo havendo desconhecimento das dimensões exatas da melhoria na lida de trabalho e transporte e possuindo a palavra qualquer em seu conteúdo, este argumento se tornou válido, porque as duas proposições são verdadeiras.

Finalmente, sendo esse nosso objetivo desde o início, chega-se a uma **conclusão**, que não deixa de ser a proposição que estamos tentando provar. A conclusão é o resultado da inferência, e só poderá ser considerada como tal se estiver sendo atribuída ao cenário apresentado por um único argumento.

Uma negociação se desenvolve então, com a apresentação de soluções baseadas em uma série de conclusões, deduzidas a partir da investigação de informações apresentadas pelo cliente e fundamentadas em sua experiência. A conclusão se respalda nas premissas e é consumada a partir delas; assim sendo, também **só pode ser verdadeira ou falsa**, ou não é uma conclusão. Um bom sacerdote saberá basear-se em suas conclusões para indicar os caminhos a seguir.

✪ Reconhecer argumentos válidos, é mais difícil que reconhecer premissas ou conclusões.

Durante toda a negociação, o cliente estará atento ao seu discurso e, ao fim, buscará entender se o que foi apresentado afirma ou desmente os argumentos.

◉ Elias St. Elmo Lewis explicou que, para guiar o cliente pelo caminho da prospecção até a aquisição, devemos atrair sua **atenção**, fazendo com que ele absorva informações de qualidade. Alimentar então o seu interesse, promovendo a **retenção** das principais informações alinhadas aos seus propósitos, criando o **desejo** de que as ideias se materializem em soluções. Finalmente, é hora de levá-lo a tomar uma **decisão** a nosso favor em detrimento do concorrente, baseada na análise e no julgamento de todo o contexto.

Indo além

Reza a lenda que um ótimo mestre da negociação, posto à prova perante um copo de água, devendo determinar sua condição de volume, respondeu: este é um copo contendo aproximadamente 50% de sua capacidade do que parece ser água. Trata-se de uma velha questão, comum em testes de personalidade, que busca entender se uma pessoa é otimista ou pessimista. A pergunta é: qual é a primeira coisa que vem à sua mente se lhe é apresentado um copo com líquido até a metade? As respostas comuns são "um copo meio cheio" ou "um copo meio vazio".

A resposta do nosso mestre, digna de ser proferida pelo Sr. Spock*, se apresenta como fato, em contraste com as suposições das respostas comuns. Para os incautos, esta ação seria apenas o resultado de anos de treinamento racionalizando a questão, entretanto, é muito mais profunda do que apenas isto. Para entender, precisamos avaliar a situação em dois universos: o real e o psíquico.

No universo real, em que o tempo é linear e obedece às leis da física, a questão foi realizada, e a conclusão proferida rapidamente, a audiência está satisfeita e vai relatar os resultados. Acabou. No universo psíquico entretanto, onde o tempo é matricial e obedece também às leis da química e aos postulados da psicologia, milhares de equações foram realizadas pelo negociador antes de proferir a resposta.

* O Sr. Spock é oficial de ciências e imediato da nave estelar Enterprise, na série Jornada nas Estrelas. É natural de um planeta onde o povo é orientado pela lógica e não pelas emoções.

Mesmo com a resposta pronunciada, as nuances do que falta e do que pode dar errado dão margem a milhares de outras equações, e o processo se prolongará por alguns minutos do universo real no imaginário do guerreiro.

É bem provável que, mesmo depois da conclusão, o guerreiro — focado em metas e objetivos — ainda esteja cogitando se poderia tapar o copo para que a água não evaporasse, enquanto outros apenas pensariam em bebê-la. Postura que demonstra a abrangência da visão onde questão e respostas não consideram ou se limitam a amplitude do fato de que uma taça cheia é mais difícil de ser conduzida que uma taça vazia.

Situações análogas acontecem muitas e muitas vezes no dia a dia de nossos negociadores e podem criar profissionais ansiosos.

Um negociador envolvido com áreas que o obriguem a antecipar faltas e erros, deve procurar uma forma de encerrar as questões em seu universo imaginário sem se tornar escravo delas. Identifique o fato, acabe, não olhe para trás.

Algum grau de ansiedade pode ser benéfico, tornando você competitivo e aguerrido; com o tempo, contudo, uma perturbação prolongada do espírito, causada por incertezas, vai lhe fazer muito mal. Os departamentos de Recursos Humanos, apesar de serem compostos por um grande número de psicólogos, ainda estão no universo real. O seu universo psíquico é de responsabilidade inteiramente sua. Cuide dele. Pense no futuro e em uma vida saudável.

O entendimento da Missão

A missão de um guerreiro é obter vitórias que conquistem o terreno, solucionem os problemas dos novos súditos, proporcionem ganhos a seu império e tornem esse relacionamento permanente. Esses obrigatoriamente são seus mandamentos: sua razão de viver. A essa compreensão daremos o nome de **entendimento da missão**.

Se você acreditar no seu papel como guerreiro, colocará seu foco nas necessidades dos súditos e do império, o que influenciará suas atitudes com relação a si mesmo, a seus oponentes, pares, subordinados e principalmente, clientes. Essa convicção guiará o seu comportamento, clareando a percepção dos seus clientes sobre como você poderá auxiliá-los na resolução de problemas, atingindo a mútua satisfação das partes interessadas. Ao fim de uma batalha, ao sul deve estar o derrotado, não olhe mais para ele. Ao norte o conquistado, este agora é seu único objetivo. Se um bom trabalhado for realizado, resultará na lealdade de muitos deles.

Entretanto, apenas confiança e propósitos adequados não o farão cumprir a missão e obter a vitória. É necessário investigar as dores do povo e demonstrar como você poderá ser útil àqueles que dependem de você.

"No que diz respeito ao empenho, ao compromisso, ao esforço, à dedicação, não existe meio termo. Ou você faz uma coisa bem feita ou não faz."
Ayrton Senna

As fronteiras e as etapas

Como representado no **mapa estratégico**, um negócio possui fronteiras que criam uma **área delimitada** de espaço e tempo. Esta área, por mais que incluída no universo de uma empresa ou sociedade, possuirá escopo, condições, prazos e custos, que necessitarão ser atendidas ou estipuladas. Estas condições determinam a abrangência do

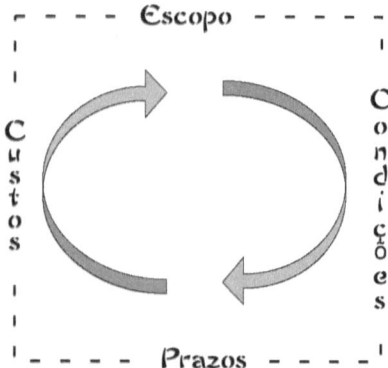

negócio.

Como **escopo**, entenderemos o somatório de todos os produtos, serviços e demais requisitos necessários à apresentação da proposta e posterior implantação da solução estipulada.

Condições estabelecem uma série de obrigações por exigência do cliente ou por necessidade da proposta. Mais a frente falaremos especificamente sobre elas.

Prazos determinam início e fim dos períodos para apresentação da proposta e implantação do projeto.

Por último, o delimitador dos **Custos**, que remete aos valores previstos pelo cliente como limitante do escopo ou estipulados pela proposta, como sendo necessários para a concretização da implantação.

Dentro dessas fronteiras, você será compelido a avançar pelo terreno em sentido horário, formando um ciclo de quatro etapas de negociação conhecidos como: **pré-venda, orçamentação, fechamento e pós-venda.**

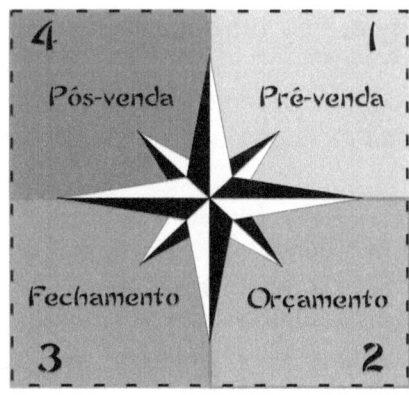

Forças de oposição

Quatro forças se interpõem entre o guerreiro, a conquista e a continuidade do relacionamento. Elas estão entranhadas nos confins da alma dos clientes e, de fato, não é raro que o próprio cliente não tenha ciência das forças que o controlam. Cada uma dessas forças se apresenta em um momento definido da batalha; o guerreiro deve estar pronto para combatê-las.

O **ceticismo** é a primeira e se apresenta logo no início do confronto. Caracteriza-se pela desconfiança que seus possíveis futuros súditos e inimigos, exibem em relação à sua capacidade como guerreiro, à força do seu exército e à efetividade das suas armas. Os inimigos neste caso, podem ser apenas novos, apenas desta batalha, buscando também a conquista ou os oponentes que são os atuais governantes do terreno.

Em seguida, durante a negociação em si, pode ficar clara a **falta de informação**, que torna o cliente inseguro a acatar as sugestões de soluções para resolução de seus problemas, sem que elas sejam muito bem esclarecidas. O cliente pode aparentar ausência de visibilidade, de como a resolução de suas necessidades pode ser suprida, seja em escopo, prazos ou custos.

Isso se deve a incapacidade dele em realizar um levantamento completo para implementação de soluções que resolvam seus problemas, ou do desconhecimento das respostas que o mercado pode oferecer.

Assim, o cliente possui necessidades mas é desqualificado para formular soluções, ansiando pelo auxílio do especialista de uma empresa em que ele possa confiar e que consiga enquadrar a solução nos limites das fronteiras deste negócio específico na forma como o cliente as vê.

Em uma licitação, concorrência pública ou privada, depois de publicado o edital ou a solicitação de proposta, esta barreira não existirá, tudo já foi definido e estará claro no documento de convocação. Mas mesmo em licitações, concorrências públicas ou privadas, caso você chegue antes da publicação do edital em condições de apoiar o cliente na elaboração das especificações, a barreira estará presente como em qualquer outra transação e será necessária sua eliminação.

Esta força representa a barreira, considerando as demais nas outras etapas, que mais apresenta características que levam esse tipo de negociação a ser chamada de assessorada, consultiva ou aconselhada, porque o executivo necessitará orientar seu cliente no caminho da melhor solução para resolução de seus problemas, já com sugestões concretas e não as suposições iniciais no tempo de investigação. Afinal, **a negociação é uma conquista consensual, não uma invasão arbitrária.** O conquistador busca manter e tornar prósperos os territórios conquistados, o invasor procura apenas se apropriar do que for possível e abandonar o território.

Emerge então a **relutância**. Isso ocorre quando o inimigo avança nas negociações, ou o guerreiro, não sabendo manejar corretamente as incertezas e a desinformação dos súditos, erra ao lhes apresentar uma oferta não atraente. Em geral, isso acontece quando o cliente já possui consciência da necessidade, mas vislumbra soluções melhores e/ou ainda não compreendeu exatamente como o seu produto ou serviço pode auxiliá-lo.

Conforme o combate se encaminha para o confronto final, é fundamental manter o foco nas necessidades específicas do cliente. Ele pode ter dúvidas quanto à decisão de compra, preocupar-se com as reações negativas de outras pessoas, questionar se o prometido será cumprido. Não raro, clientes podem relembrar outras situações semelhantes nas quais os resultados não foram bons.

Por último, pode aparecer a **decepção**. Durante o fechamento, o cliente estabelece um conjunto de expectativas que, sendo que algumas podem não ter sido contratadas ou foram subentendidas. Caso não sejam claramente informadas pelo negociador, proposta ou contrato, serão teorizadas por consequência de lacunas, se tornando insatisfações. Uma condução da entrega ou implantação ruim também se transformará em decepção. Um acordo de expectativas é fundamental desde a primeira reunião do negócio, sendo amadurecida, possivelmente em consecutivas atas de reunião, até que suas informações possam ser a base do contrato.

Essas forças normalmente são representadas como obstruções ao avanço nas quatro etapas da negociação, que como já vimos, são conhecidas como: pré-venda, orçamentação, fechamento e pós-venda. Em E-commerce e varejo, essas etapas também são conhecidas como **jornada do cliente ou funil de vendas**.

Essas etapas habitualmente são vistas como gomos de uma fruta: parte de um todo, mas ainda compartimentos quase estanques. O que manteria a unidade e possibilitaria a visão do todo é a mentalidade do negociador, que o capacita a se posicionar como um conselheiro focado na solução dos problemas.

É necessário entretanto, entender que apenas a boa-fé e o conhecimento específico não serão suficientes para que haja domínio da negociação. **É fundamental que o guerreiro tenha ótimo raciocínio lógico de modo a enxergar o negócio de forma global e interligada, com ações e reações em todas as etapas.**

O **raciocínio lógico** será seu grande aliado, como se soprasse em seus ouvidos sugestões do que irá acontecer na próxima etapa da negociação. Em cada etapa, um turbilhão de ações e reações envoltos em um rebuliço de informações e na neblina das dúvidas se desencadearão, e só lidando com a lógica, será possível se manter no rumo e prever ações e reações de seus clientes e concorrentes no próximo tempo.

Normalmente quando pensamos em negociações, não consideramos as variáveis relacionadas a ações de oposição ao concorrente, o raciocínio lógico, a performance do negociador e as métricas de andamento da negociação. Isso dá **ares de passividade e imprevisibilidade a alguns momentos de ação, com falta de visão da conclusão**. Seria mais ou menos como um excelente mestre arqueiro que ensina muito bem seu discípulo a atirar no alvo, mas não pode garantir que irá acertar, a não ser após longos e exaustivos exercícios de treinamento.

◉ Em regras gerais, para acertar o alvo, evolua suas competências como negociador; aprimore o raciocínio lógico; tenha em mente que há no mínimo um concorrente e se prepare para a competição; meça regularmente sua performance e estipule métricas relativas ao andamento do negócio. Somente assim você acertará o alvo.

É necessário possuir a capacidade de **ver as fronteiras e de compreender como as forças de oposição se posicionarão como barreiras** a serem transpostas. A identificação dessa barreira, fará com que a única opção inicialmente percebida seja a de contornar por fora, mas caso ultrapasse qualquer dos limites da negociação, as chances de vitória diminuem drasticamente se já não tiver sido desclassificado.

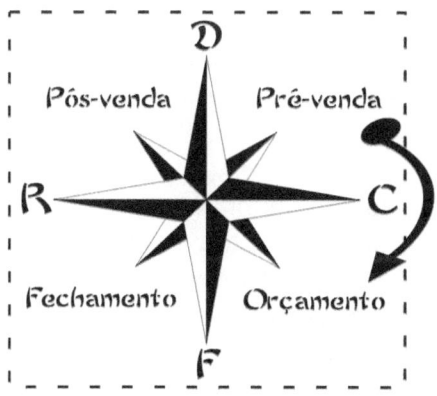

Caso não enfrente e elimine esta força, ela será o principal componente de sua derrota. Se por exemplo a barreira for o ceticismo e esta não for eliminada, irá prejudicar em muito sua negociação. As dúvidas desse cliente o acompanharão em todo o processo, crescendo como uma bola de neve reforçadas pelas próximas forças de oposição. Fatalmente perderá.

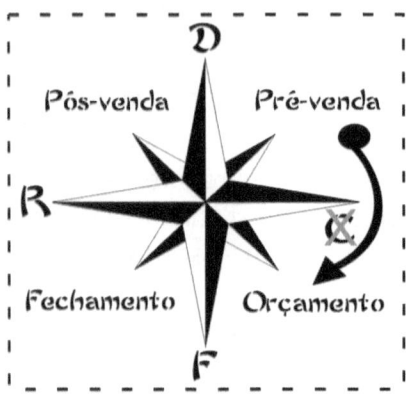

⊙ Em verdade, não se assentará no mestre ou em seus ensinamentos o que garantirá ao discípulo o desenvolvimento de suas habilidades para acertar os alvos e ultrapassar barreiras. Este último, por meio da própria dedicação, é exclusivamente responsável por seus resultados. Após captar o conhecimento dos mestres, o discípulo deve estudar regularmente seu desempenho e corrigir seu trajeto para alcançar a performance ideal.

A única coisa certa neste momento é que será necessário desenvolver competências que o ajudem a ultrapassar as quatro forças por dentro das fronteiras do negócio, desenvolvendo afinidades no processo. **O cliente deve sempre reconhecê-lo como uma fonte competente e confiável para a solução dos problemas.**

Essas forças precisam ser combatidas com ações firmes e fortemente interligadas por suas competências, formando uma abordagem profissional coesa. Para cada uma das forças de oposição, estratégias e táticas específicas devem ser utilizadas, e como portões de muralhas atingidos por gigantescos arietes, todas cairão.

Resumidamente falando, já que veremos à frente, estratégias para mitigar ou eliminar todas essas barreiras, contra o **ceticismo**, será necessário **investigar** a empresa e suas necessidades, apresentando com propriedade, suas competências e habilidades, bem como a capacidade de sua empresa e abrangência de suas soluções.

Contra a **falta de informação**, muita comunicação, informação, **planejamento** claro e detalhado de como sua solução irá suplantar as expectativas e cobrirá todas as necessidades, mesmo as inicialmente não identificadas.

Para eliminar a **relutância** e conseguir concluir o negócio, demonstre **consistência** em todo o seu discurso e afirmações, apresente cases de situações semelhantes, leve o cliente para fazer visitas a outras instalações em funcionamento, convide-o para visitar o fabricante da solução, mesmo que este esteja em outro continente, os montantes que estarão em jogo, serão os norteadores de seus esforços.

Agende a apresentação da proposta. Normalmente quando a proposta é apenas entregue e fica a cargo do cliente seu entendimento, muitas vezes a infinidade de informações e a possibilidade de não compreensão de algumas das facilidades apresentadas na solução, podem reduzir o valor percebido de sua oferta.

Apresente, reúna todas as partes interessadas do cliente com seu líder ou diretores que possam apoiar na argumentação, trazendo importância para o momento e funcionando como lastro para o fechamento. Dê um show, de forma que tudo seja esclarecido e principalmente seja possível abordar seus pontos fortes, valor agregado e facilidades inicialmente não previstas, mas que inclusas podem se tornar diferenciais, É o momento final para que possam ser demonstradas resoluções para toda e qualquer preocupação do cliente que ainda persistam. Apresentando a proposta, você também garante que toda a informação chegará a todas as partes interessadas sem possíveis filtros daqueles que não possuam interesse na sua vitória.

E por último mas não menos importante, será necessário **gerir** a satisfação do cliente de acordo com o desenrolar da implantação do projeto. Isto auxiliará a manter o território conquistado, facilitando as prévendas dos próximos projetos. **Sabendo que parte de nossa missão é tornar o relacionamento, se não permanente, ao menos muito**

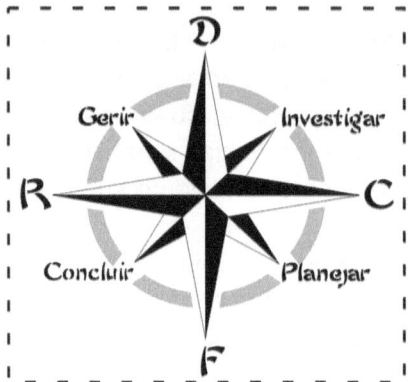

longo, precisamos ver sempre a pós-venda como uma pré-venda privilegiada. Nela reside a possibilidade de ampliar o terreno sem conflito, prevenindo problemas e mantendo a satisfação dos clientes em altíssimo nível.

O guerreiro deve ter a mente aberta o suficiente para entender que a convivência com seus súditos e a prática da oração não lhe garantirão a vitória. Ele precisará se preparar muito para quando o inimigo se apresentar ao combate. Mas nem só de literatura e poesia vive um guerreiro: ele precisa ser extremamente hábil no uso das armas e, imprescindivelmente, equilibrar corpo e espírito.

Encenações

A arte da negociação possui, ainda, outra importante habilidade: o teatro. **Grande dom e conhecimento são necessários para que você possa despistar seus concorrentes,** focando essas estratégias exclusivamente no inimigo e sem necessidade de utilizar táticas ilícitas já que isso não seria honrado.

Quando possível, projete uma imagem de incapacidade; quando a equipe planeja, aparente inatividade. Se você estiver perto do concorrente, deve fazê-lo crer que está longe.

Se longe, sugira que está perto. Coloque chamarizes para desviar a atenção do concorrente. Quando desordenado, aproxima-se do adversário com planejadas estratégias. Prepare-se contra o inimigo, quando está seguro em todas as partes e evite-o durante um tempo quando é mais forte. Se seu oponente tem um temperamento colérico, tente irritá-lo. Se ele é arrogante, alimente seu ego.

Se as equipes concorrentes se encontram bem preparadas após uma reorganização, tente desorganizá-las. Se estão unidas, semeie a dúvida entre seus componentes. Aborda o concorrente quando ele não estiver preparado, aparecendo quando ele não esperar. **Essas são as chaves da vitória pela estratégia.**

Se as estimativas realizadas antes da negociação indicam vitória, é porque os cálculos cuidadosamente realizados mostram que suas condições são mais favoráveis que as circunstâncias do concorrente. Se indicam derrota, é porque mostram que as condições favoráveis para a negociação são menores. Somente com uma avaliação cuidadosa, você poderá vencer. Aquele que não realiza estimativas e planejamento terá menores oportunidades de vitória. Graças a esse método, é possível examinar a situação e tornar claro o resultado. **Lembra, entretanto, que caso seja lançada mão de qualquer encenação, esta deve ter como objetivo ludibriar o concorrente, nunca o cliente.**

Sucesso na jornada

Ralph Waldo Emerson definiu o sucesso da seguinte forma: "Rir muito e com frequência; ganhar o respeito de pessoas inteligentes e o afeto das crianças; merecer a consideração de críticos honestos e suportar a traição de falsos amigos; apreciar a beleza, encontrar o melhor nos outros, deixar o mundo um pouco melhor, seja por uma saudável criança, um canteiro de jardim ou uma redimida condição social; saber que ao menos uma vida respirou mais fácil porque você viveu. Isso é ter tido sucesso".

Até pouco tempo, esse texto era considerado falacioso na maioria dos círculos de produtividade em gestão. Ainda hoje, muitos executivos consideram a sala fechada com banheiro privado como um dos principais emblemas do sucesso profissional. Cuidado: algumas celas também têm banheiro privado.

No seu ponto de vista, o que significa ser bem-sucedido? Você acompanha o andamento da sua carreira? Provavelmente não e é importante que atente para isto. Imagine-se, então, realizando esse acompanhamento. Você consegue visualizar uma métrica definida, dividida em frações tangíveis? Para os discípulos de Emerson, a satisfação pessoal e a sensação de realização alimentam o termômetro. Para a turma da latrina, status e retorno financeiro são os principais quesitos a serem aferidos.

Eis aí um divisor de águas e pauta para discussões homéricas. A medida do sucesso depende do ponto de partida, do que está sendo medido e da perspectiva, mas sempre envolve uma média ponderada entre satisfação pessoal e retorno financeiro.

A medida do seu sucesso precisa ser ampla e complexa, não se limitando à obtenção de um cargo ou um aumento salarial. Seja qual for a métrica, é necessário ter bom senso e ater-se a uma média nos parâmetros utilizados. Por mais que a satisfação, no seu caso, seja o mais importante, o retorno financeiro mensal também não pode ser ínfimo. É importante que objetivos balizem a determinação de quais resultados definem o sucesso. É importante, também, não confundir sucesso com potencial de sucesso: isso seria como somar o previsto com o realizado, em vez de compará-los.

Por exemplo: se você imagina que o sucesso no seu emprego atual é medido pela sua chefia, por quão bem você realiza suas tarefas ou por quão plenamente você consegue superar as expectativas, você está medindo o seu potencial a partir de um referencial centrado na empresa, e não em si mesmo. Nesses casos, uma dica: o fato é que, se você realizar um bom trabalho, seus resultados o encaminharão ao sucesso.

☑ **Meça seu sucesso pelo entusiasmo com o qual acorda pela manhã.** Se você não estiver satisfeito, estabeleça metas e um plano de melhoria. Passe a expressar toda a sua criatividade. Estabeleça seu caráter sobre bases sólidas, direcionadas ao resgate da essência do ser humano. Saiba pensar, resolver problemas; melhore sua inteligência emocional e monitore regularmente as metas estabelecidas. Caso o faça, o sucesso será seu destino: pairá a sua frente como se o estivesse conduzindo e portando seus valores.

[O Mestre Shaolin do estilo serpente.

Em outro episódio, nesse caso cômico, um grande mestre com quem também tive a grata oportunidade de trabalhar, me "agrediu" em plena reunião para fechamento de um negócio. Estávamos nesta ocasião, concluindo o fechamento do projeto na sede de uma multinacional do setor farmacêutico. Era uma sala de reunião fantástica, que ostentava ornamentos em madeira maravilhosos. Ele havia viajado exclusivamente para me apoiar nessa conclusão, apesar de eu ter quase certeza que havíamos ganho. Na minha opinião, o que poderia acontecer, em função do convite formal, seria alguma negociação final de descontos.

Quando o cliente finalmente oficializou que havíamos vencido a concorrência, sem pedir desconto nenhum, senti um forte chute, que mais parecia um golpe de Kung Fu aplicado por um exímio mestre Shaolin. Nem ele, nem sua cadeira, nem a suntuosa mesa de reunião em madeira trabalhada se moveram, eu apenas senti um grande impacto na canela. Eu olhei para ele, mas não houve retribuição inicialmente. Em sua face, notava-se apenas a esperada felicidade natural de quem ganha um grande negócio, que foi conduzido com muito esforço de toda uma equipe. Os demais não notaram nada e se alguém estivesse prestando atenção em mim, ia estranhar apenas, a demora em apresentar a expressão de alegria.

Na saída, muito felizes, questionei porque teria me golpeado, se eu não havia falado ou feito nada de errado? Ele disse brincando, que tinha sido apenas para garantir. Na realidade, havia ficado eufórico com nossa conquista e como não poderia comemorar como gostaria, me chutou. Eu claramente via a atitude, não como agressão, claro, mas um abraço simbólico.

Este mestre, possuía outras similaridades com um mestre Shaolin do estilo serpente, já que era uma "cobra comercial". Ganhou negócios praticamente perdidos; reverteu a seu favor, um contrato em um negócio perdido e já assinado pelo concorrente; não possuía trejeitos reais, mas falava o que o cliente queria ouvir.

Certa vez ele criou um bar, em uma feira de games, e enviou convites impressos, aos clientes e potenciais clientes, instigando-os a ficar no bar enquanto seus filhos se divertiam na feira. Desse bar saíram muitos negócios. Quando saia para uma reunião no cliente, parecia blindado por uma armadura que o tornava ainda mais forte. Era muito irreverente, só me chamava de garoto e eu já tinha mais de 30 anos.

A este também, meu respeito sempre será devido.]

ॐ II ॐ

O princípio das ações

Uma vez iniciada a negociação, ficam estabelecidos o relacionamento comercial, o desenvolvimento de uma afinidade com o cliente e o antagonismo ao concorrente. Somente as suas ações poderão dizer se o relacionamento será próspero ou lamentável. **O objetivo inicial é levar o cliente a reconhecê-lo como uma fonte competente e confiável para a resolução dos problemas.**

Seu tempo será muito produtivo se suas ações foram planejadas, seus objetivos estabelecidos, suas prioridades definidas, e suas metas monitoradas. Para atingir a tão desejada prosperidade, é essencial compreender que administrar o tempo não é controlar prazos, nem o relógio, mas administrar a informação e ser organizado.

O tempo é impiedoso quando não sabemos lidar com as informações, quando o esforço necessário para a execução das tarefas é subestimado, quando há desorientação na organização de atividades e compromissos e, é claro, quando não conseguimos dizer não — esta última, diga-se de passagem, uma das maiores dificuldades de negociadores inexperientes.

Efeitos do tempo

Ainda que você esteja ganhando, continuar por muito tempo desanimará a sua equipe e fará com que a sua proposta perca poder de barganha. **Encerre logo.** Se você insistir excessivamente em um cliente, esgotará suas próprias forças. Se mantiver sua equipe na negociação por muito tempo, seus recursos se esgotarão.

⭐ A insistência é um instrumento de má sorte: empregá-la por muito tempo produzirá calamidades.

Em negociações, **precisamos diferenciar insistência de persistência.** Repetir em excesso a mesma ação de cobrança ao cliente, sem oferecer nada de novo ou saber que tenha acontecido alguma alteração no contexto, será uma insistência que poderá ser negativamente considerada pelo cliente, Persistimos, entretanto, quando identificamos alguma possibilidade de vitória, uma alteração nos rumos do negócio ou a possibilidade de contribuir com algo novo. Se você possui o controle do negócio, não necessita entrar em contato com o cliente regularmente para questionar se, ou quando, ele vai fechar, se tornando impertinente. Se estiver necessitando se portar assim, é porque suas chances de ser derrotado são grandes, muita coisa vai estar acontecendo sem seu conhecimento. Reveja seu planejamento e identifique seu ponto fraco.

Cative seus clientes para conquistá-los e denomine claramente seus líderes. O mais importante em uma negociação é a vitória e não a insistência. Esta última, em demasia, não é benéfica. **Uma negociação é como o fogo que, se não for apagado, consumir-se-á por si mesmo.** Quem está à frente da equipe é responsável pelos empregos dos colaboradores, pela segurança da empresa e precisa ter isso em conta. **Tempo despende recursos e pode enfraquecer o domínio.**

Como diz o ditado: "Quem com ferro fere, com ferro será ferido". Quando sua equipe está desanimada, sua proposta está enfraquecida, suas forças se esgotaram e seus recursos são escassos, até os seus se aproveitarão da sua incapacidade para se insubordinar.

Então, ainda que possua conselheiros sábios, ao final você não poderá fazer com que as coisas saiam bem. Por causa disso, ouve-se falar de negociações que são torpes e de ações repentinas, porém nunca se viu nenhum especialista na arte do comércio que mantivesse a negociação por muito tempo além do extremamente necessário.

✪ Nunca é benéfico, para uma empresa, deixar que uma negociação se prolongue. O tempo deve ser proporcional ao tamanho e às necessidades da negociação. Há porções de tempo destinadas a investigar, orçar, propor solução e fechar, mas se alguma dessas se estender além do proporcionalmente necessário, as probabilidades de sucesso diminuirão.

Cada caso é um caso. Seja rápido como o trovão que retumba antes que se possam tapar os ouvidos, e veloz como o relâmpago que brilha antes que se possa piscar. Não desperdice tempo, por exemplo, com reuniões improdutivas — comuns e inaptas tentativas de criação ou manutenção de relacionamento. Em lugar disso, saiba usar reuniões de maneira vantajosa. Só agende uma reunião se houver um propósito e compareça após estar preparado.

☑ **Ordem prioritária de ataque.**

	URGENTE	MENOS URGENTE
IMPORTANTE	Crises 1 Fechamentos e reuniões Ações com prazos definidos Colocação de pedidos fechados Respostas a editais e RFPs Comparecimento a concorrências	Planejamento 2 Pós-venda e prevenção Aprofundar relacionamentos Novas oportunidades Visitas e prospecções Aprendizado
MENOS IMPORTANTE	Interrupções 3 Ação na inadimplência Alguns telefonemas Relatórios Emails Assuntos estressantes	Mensagens inúteis 4 Alguns telefonemas Atividades alienantes Detalhes Pesquisas Navegação sem foco

Utilizando a **Matriz de Eisenhower** — Ex-presidente dos Estados Unidos da América —, encontrará uma forma de organizar visualmente suas tarefas, priorizando a execução em relação a sua importância e urgência. É dividida em quatro quadrantes numerados que determinarão a prioridade.

1 - Importante e urgente - Faça de imediato e bem feito;

2 - Importante e menos urgente - Agende. Muitas ações de planejamento estarão aqui. É necessária muita atenção para não se tornarem urgentes;

3 - Menos importante e urgente - Delegue a maioria, e execute intercaladamente no tempo que sobrar das Importantes e urgentes;

4 - Menos importante e menos urgente - Descarte. Esse tipo de atividade normalmente não contribui com as metas.

◉ Tenha muita atenção a **alteração da prioridade em função do decorrer do tempo**. Uma atividade no quadrante 4, não será de menor importância por toda a eternidade. Com o passar do tempo ela pode ganhar tanta importância que poderá se tornar uma crise. É o que acontece quando se toma o hábito de procrastinar.

Utilização de recursos

Os que utilizam os meios de negociação com perícia não mobilizam sua equipe duas vezes, nem proporcionam premiações em três ocasiões com um mesmo objetivo. Colaboradores não devem ser mobilizados mais de uma vez por ação e que, uma vez alcançada a vitória em uma operação, não se deve regressar à meta original para fazer uma segunda campanha, idêntica à primeira. Bônus só devem ser oferecidos quando a equipe alcançar novos objetivos.

Se, em vez de utilizar os recursos de sua própria empresa, improvisar o uso dos recursos do seu concorrente, isso resultará em uma inteligente economia. Os recursos economizados poderão ser apropriados em outra ação ou até na forma de bônus ao fim da negociação.

Por exemplo: por que sua empresa colocaria em demonstração um equipamento de alto valor se seu concorrente possui o mesmo equipamento? Para ter o controle? **O controle está no relacionamento; não no recurso.**

Quando uma empresa empobrece por causa das aquisições, isso se deve ao uso inapropriado do tempo, de recursos e custos. Se houver muita demanda por recursos desnecessários, a empresa empobrece. Os que aplicam corretamente os recursos da companhia podem vender seus produtos e serviços a margens mais elevadas, acabando, assim, com as vantagens da concorrência.

◉ Quando se aplicam incorretamente os recursos da empresa, o alto custo da estrutura gera ruína. Quando se esgotam os recursos, os impostos são pagos sob pressão. Quando o crédito se esgota, arruína-se a própria empresa.

Nesse cenário, o trabalhador é privado de grande parte de seus benefícios, enquanto os gastos operacionais da empresa se elevam. **Os colaboradores constituem a base de uma empresa**: os salários, bônus e prêmios são sua felicidade. Do sócio ao mais simples colaborador, esse princípio deve ser respeitado, e a empresa deve ser sóbria e austera em seus gastos.

Caso o sócio seja rico e a empresa, pobre, não haverá respeito; os funcionários não seguirão a liderança em toda e qualquer jornada, a prosperidade dos sócios deve refletir a da empresa. É por isso que um líder inteligente luta para conquistar seus clientes com menores recursos, enriquecendo a empresa, com consequentes benefícios aos sócios e aos colaboradores.

Cada cliente conquistado do concorrente equivale a vinte conquistados abertamente. Já que nesses casos, houve uma alternância de parceria por necessidade do cliente, que se concretizará em breve. Ao contrário de prospecções que em sua maioria são meros inícios de relacionamento. Se os seus colaboradores demonstrarem eficiência e motivação em fazer desaparecer os benefícios dos adversários, estes últimos serão fatalmente abatidos.

Se você oferecer à sua equipe os mesmos benefícios ofertados pelos seus adversários — ou, ainda, benefícios mais significativos —, seus colaboradores agirão com iniciativa própria, e será possível usurpar a capacidade de barganha e influência do concorrente. É por isso que se diz que, **onde há grandes benefícios, há guerreiros valentes.** Em negociações de vulto, por exemplo, **recompense primeiro, e com mais apreço, o que obtiver os melhores resultados acima da meta.** Caso busque recompensar todo o time, não haverá recursos suficientes para animar a todos. Ofereça uma boa recompensa aos colaboradores mais produtivos; isso estimulará todos os demais.

Caso contrate ex-colaboradores dos concorrentes, integre-os à sua equipe e promova uma cultura de igualdade, tratando-os bem para que, no futuro, eles venham a vencer para a empresa. Poderá conhecer destes, estratégias e táticas de seus oponentes. Essa é a técnica de **vencer o adversário por conhecimento de suas próprias forças.** Não se antecipe a contratar, entretanto, colaboradores que ainda trabalham ativamente para o adversário: isso não seria ético.

Por fim, utilizar um concorrente para derrotar outro proverá vantagens em qualquer negociação.

A criação do feudo

O feudalismo corporativo é a **situação a que chega uma empresa quando o sistema organizacional se torna elitista.** Isso significa que o princípio geral da isonomia — a ideia de que todos são iguais perante a lei, não devendo ser feita nenhuma distinção entre pessoas que se encontrem na mesma situação — é comprometido. Esse princípio deixa uma brecha quando fala em "mesma situação", já que **internos e externos não são tratados imparcialmente mesmo que possuam o mesmo cargo,** e lentamente vai havendo deturpação em relação ao tratamento dos recursos humanos, sendo todos sem distinção de hierarquia, membros ativos da mesma empresa. Normalmente, essa é uma fase que perdura até o amadurecimento como corporação; ela pode, entretanto, se manter como filosofia, afetando brutalmente a performance ideal das negociações.

Em uma corporação, o princípio da isonomia não desconsidera que há diferenças contextuais entre cargos, níveis de hierarquia e expectativas de remuneração, mas estabelece que sejam aplicadas igualmente as normas de convivência social, e que sejam distribuídos igualmente os benefícios não associados diretamente aos cargos.

Quando esse princípio não é aplicado a todos e grupos internos e externos são tratados de forma diferente, cria diferenças de posicionamento. Os colaboradores externos sentirão, intimamente, que não pertencem realmente ao todo; isso os impedirá de atingir seu potencial ideal ou demonstrar plena lealdade.

O feudalismo corporativo normalmente se estabelece quando uma empresa atinge a alvorada da estabilidade e da prosperidade, tendo crescido consideravelmente desde sua fundação e possuindo um grande número de colaboradores. Ele é uma consequência não da prosperidade em si, tampouco de funções sociais específicas, mas de um vasto e complexo conjunto de ações culturais — condutas, estilos de vestimenta, atividades recreativas, cerimônias, entre outras — que excluem, no nosso exemplo, os colaboradores externos do todo.

Utilizo o termo feudalismo porque, à semelhança do que ocorria nos feudos da idade média, a elite está dentro das muralhas e o povo, fora. O povo faz parte do todo e será protegido por seu senhor, adentrando as muralhas para sua rotina ou proteção, mas viverá fora delas. **O povo sabe que é parte do todo, mas, ao mesmo tempo, sabe que é apenas povo.**

Não pode haver possibilidade de sequer pensar em um percentual do efetivo como sendo a elite no sentido pejorativo da palavra; há apenas que se resguardar a hierarquia. E não se trata de equalizar salários, mas de praticar e exigir respeito.

Imagine uma empresa que possua um grande número de colaboradores — a maioria deles externos — e que promova regularmente cerimônias pomposas e atividades recreativas em horário de expediente, supostamente planejadas para toda a força de trabalho. Imagine ainda que tais atividades sejam amplamente divulgadas nos meios de comunicação corporativos. Agora imagine que, por serem realizadas em horário de expediente, só os colaboradores internos acabam por poder desfrutar de tais oportunidades. A propaganda ajudará a espalhar aos sete ventos como a empresa é boa para se trabalhar, mas será, como toda propaganda de guerra, falsa.

Esta empresa, se assemelha à justiça, pregando igualdade de direitos mas sendo totalmente cega e conveniente, agindo como cúmplice velado do fato de que alguns nunca poderão usufruir de tais benesses. **Uma enganosa utopia em que acreditam alguns gestores**, de que estariam realmente contribuindo para a melhoria do todo. Isto considerando que os líderes na elite o fizeram sem premeditação ou aceitação da desigualdade como regra. **Em ambos os casos, há uma cisão imaginária que cria duas empresas.**

Como no feudo, apesar de existir um todo a considerar, a elite privilegiada está cercada pelas muralhas. Isso será percebido e introjetado no subconsciente dos colaboradores externos, mesmo que as ações da liderança não tenham sido voluntárias. Se persistirem, tais políticas impedirão a produtividade ideal, podendo mesmo gerar levantes e revoltas.

Dependendo da estrutura empresarial, negociadores podem ter uma posição interna ou externa. Em qualquer caso, estes negociadores, devem coexistir em harmonia em ambos os ambientes, sempre aconselhando a realeza sobre a ocorrência de desigualdades com os demais colaboradores. **Nenhuma empresa será plena se não houver o sentimento real de que todos são um.**

Sabendo porque lutar

Só será possível determinar a solução mais eficaz se a dor do cliente for identificada com precisão. Qual é a pressão que está sendo exercida sobre o cliente por uma necessidade imediata ou futura? Quanto mais longínqua for a previsão de implantação da solução para a necessidade, menor será a pressão e maiores serão as suas oportunidades de preparar adequadamente o desenrolar do negócio. A melhor maneira de solucionar os problemas de seu cliente é sentindo suas dores. **Não há modelo de negócio que sobreviva sem resolver problemas e/ou satisfazer as necessidades do seu público-alvo.** Para isso, é necessário desenvolver empatia.

Empatia é um resultado emocional humano, resguardadas as devidas culturas, sendo considerado parte da inteligência emocional. Desenvolver a empatia significa dominar três componentes básicos relacionados a mente: afetivo, cognitivo e o domínio das emoções. Para complementar ainda este complexo assunto, sugiro fortemente a leitura do livro "Inteligência Emocional no Trabalho", do Dr. Hendrie Weisinger.

- O componente **afetivo** é a capacidade que possui o indivíduo, de experimentar reações emocionais alheias, por meio da observação. Fundamenta-se na captação de emoções ou experiências compartilhadas e no entendimento das condições emocionais de outros indivíduos.

- O componente **cognitivo**, apesar de ser considerado em alguns casos como sendo o mesmo que afetivo, na realidade compreende a perspectiva psicológica do outro, sendo a capacidade de deduzir sobre as condições emocionais de outros indivíduos.

- Em relação ao **domínio das emoções**, o negociador precisa sondar e administrar as variações nos seus próprios componentes emocionais, de forma que não exprime sentimentos ou comportamentos destoantes do que está percebendo. Seria como se um negociador se comportasse em uma reunião, com a mesma neutralidade emocional de um jornalista televisivo que notícia uma tragédia com centenas de mortos, e ao fim, já inicia outra notícia sorrindo.

Empatia é o entendimento, por mais limitado que seja, do que é pessoal a outro indivíduo. É uma atividade mental de, durante uma interação, compreender como a situação, relativa a necessidade, pode estar sendo vivida por outra pessoa. É a percepção dos sentimentos internos do outro: da maneira como o outro sente dor ou prazer, e dos motivos pelos quais o sente. É, em resumo, a capacidade de verdadeiramente reconhecer a outra pessoa.

Para desenvolver empatia, é necessário aprender a colocar-se no lugar do outro, sem perder de vista que você está se posicionando no lugar de alguém. Se conseguir, irá se identificar com o cliente e suas necessidades e o cliente perceberá isso. Esta ação só será plena, para a maioria das pessoas, se o negociador passou por alguma experiência semelhante a que está acontecendo com seu cliente. Para dizer "Sei o que está passando", realmente é necessário ter experimentado aquela situação.

Nas negociações, a empatia é a habilidade de identificar, não julgar e debater as emoções do seu interlocutor. O negociador, como qualquer outro bom guerreiro, tem empatia por seu cliente e compreende que a barreira do ceticismo é resultado da falta de conhecimento a seu respeito. É muito comum ouvir que devemos ter empatia pelos menos afortunados; isso, entretanto, é um erro. **Empatia não é um sentimento que pode ser vivenciado: é uma habilidade relacionada à percepção, e não deve ser confundida com a piedade.** Todos nós temos a habilidade da empatia, mas só alguns conseguem desenvolvê-la o suficiente para que se torne controlável. Quando o fazem, tornam-se capazes de compreender e reproduzir emoções de terceiros como se fossem suas — criando, assim, uma ligação.

Uma forma superficial de empatia é utilizada por muitos negociadores em primeiras visitas. Fazem comentários, por exemplo, sobre um ornamento cujas cores são as mesmas do time de futebol para o qual o negociador torce. O que gera comentários por parte do cliente e tende a diminuir a pressão inicial da visita, Começando assim, um relacionamento baseado em afinidade e, automaticamente, em empatia — que também é o reconhecimento de afinidades.

Essa técnica funcionará com a grande maioria, mas não com negociadores treinados. Para estes, será necessário se colocar realmente na pele do cliente e tentar conhecê-lo melhor, recorrendo ao conhecimento que tem de si próprio e evocando experiências que se relacionem às necessidades dele. **As pessoas compram não tanto porque gostam do nosso produto ou serviço, mas porque sentem que nós compreendemos suas necessidades.**

⭐ Se o trabalho do negociador for executado corretamente, a **aquisição pelo cliente será psicológica, mesmo que a justificativa que ele apresente internamente seja técnica** ou de outra natureza.

Se analisássemos, isoladamente, as necessidades empáticas de um grupo, talvez pudéssemos descobrir as necessidades reais do todo. Entretanto, dado o tamanho e a grande variabilidade da amostragem, o processo seria longo e suscetível a falhas. O ideal é pautar a investigação em uma amostragem qualitativa, e não quantitativa. Mais adiante, discutirei como realizar essa seleção a partir da técnica do Triângulo Harmonioso.

Para sentir as dores dos súditos, é preciso examinar a situação em que eles se encontram e o motivo pelo qual ali estão. É preciso observar quais são suas instalações e posses, quais problemas enfrentam, quais são seus propósitos, prioridades e tempos, desejos e aspirações.

É necessário, também, estudar quais as prováveis oportunidades conhecidas e a existência de supostas soluções já desenvolvidas pelo próprio cliente ou um concorrente, riscos de objeções, impactos de implantação e consequências da utilização e a satisfação em experiências anteriores.

A partir do uso do Triângulo Harmonioso, será possível, também, definir os papéis dos participantes; as condições de fechamento da negociação; o estado dos concorrentes e sua capacidade; seu avanço atual; suas influências; e, finalmente, a existência de informantes em potencial.

Feito isso, **é importante compartilhar com o cliente as informações que concernem ao bom andamento da negociação.** Trata-se de expor o que foi investigado e como os problemas encontrados serão solucionados, **de forma que não haja falsas expectativas de qualquer das partes.** Tal compartilhamento pode ser escrito ou verbal, dependendo da formalidade e do tipo de evento. Ao fim de uma importante reunião de definições, por exemplo, cabe bem uma ata ou relatório.

O olho que tudo vê.

O **Triângulo Harmonioso** é a técnica utilizada para identificar e envolver as principais partes interessadas, sejam elas cargos ou papéis especificamente importantes para a negociação. **Todos que possuam algum interesse no andamento e na conclusão das negociações, consciente ou inconscientemente, são considerados partes potencialmente interessadas e, portanto, importantes para o negócio.** Uma vez que elas podem afetar seus esforços futuros, as partes interessadas relevantes — internas e externas — devem ser registradas e engajadas; suas necessidades e influências — positivas ou negativas — devem ser identificadas. Tome cuidado, com as partes interessadas aparentemente irrelevantes: busque identificar se é possível que elas

Exemplos de partes interessadas

se tornem relevantes. A recepcionista, por exemplo, pode lhe servir como agente sendo uma parte interessada que deverá ser mapeada tanto quanto os concorrentes que se apresentarão ou ainda, o decisor no cliente.

As partes interessadas **internas** são aquelas que se encontram dentro de suas linhas e dentro de sua corporação, como superiores e o patrocinador; as **externas** se referem ao cliente, aos concorrentes e aos fornecedores. Como em um romance, nossa negociação se inicia sem que saibamos exatamente a quantidade de partes interessadas externas envolvidas.

No lado do cliente, por exemplo, poderá haver um único interlocutor, que exerça todos os papéis, ou vários, agindo de acordo com suas competências. É necessário identificar seus principais alvos e concentrar suas forças neles, essas serão as partes relevantes. Já as consideradas inicialmente como irrelevantes, devem continuar na condição de pessoa de interesse, tendo sua condição reavaliada regularmente. Em cada negócio, único como é, você encontrará uma nova configuração de partes interessadas.

◉ Caso consiga identificar e se relacionar profundamente com todos os componentes do Triângulo Harmonioso, **você possuirá onisciência da operação,** já que receberá informações de todos os pontos-chave e estará a par de qualquer alteração, necessidade do cliente ou movimentação do inimigo. Você poderá se antecipar e apresentar correções ou complementos, sempre no intuito de mostrar que a sua oferta é compatível e melhor opção para a necessidade do cliente.

Os arquétipos

Um arquétipo é uma **impressão sobre um modelo ou padrão de comportamento.** Enxergando semelhanças entre indivíduos e arquétipos, torna-se possível prever decisões e ações. Lembre-se, contudo, de que tais previsões, embora possam servir de parâmetro para o início de nossa investigação, não são inequívocas, fixas e pré-definidas pelas funções arquetípicas.

Para se posicionar e ser reconhecido como elemento compatível com um arquétipo, é necessário que a contribuição, conhecimentos e autoridade, sejam compatíveis com a descrição do arquétipo, Caso uma parte se auto proclame como sendo qualquer um dos arquétipos e o andamento das negociações não confirmar isso. Investigue e identifique a parte que seria o arquétipo correto. Isto pode soar estranho, mas é muito comum. Por exemplo, o contato coringa se auto proclamar decisor, mesmo que não o seja.

Arquétipos são a imagem primordial de cada uma das quatro funções chave. Pode haver uma identificação individual entre uma pessoa e um arquétipo ou, ainda, uma identificação mista, quando um ou mais elementos co-constroem um único arquétipo ou ainda quando um indivíduo acumula mais de um arquétipo, muito comum em empresas menores.

✪ **Até quatro podem ser os principais arquétipos de partes interessadas** no lado do cliente no campo de batalha, que podem vir a influenciar a decisão. **Sua missão inicial é fazer com que tais partes se tornem interlocutores diretos**. O necessário é identificar, nas partes interessadas do cliente, quem exerce qual função e se o faz isoladamente ou em grupos.

A partir desta identificação, é importante **tocar em todos os pontos-chave de interesse desses elementos de forma direcionada e no momento apropriado.**

- Em uma **empresa pequena**, uma única pessoa pode conter os quatro arquétipos.

- Em uma **empresa média**, o decisor pode ser também o financeiro e ser apoiado por um elemento técnico.

- Em uma **empresa grande**, um comitê pode decidir, diversas pessoas podem estar analisando tecnicamente e o comprador pode responder ao gerente de compras, podendo então ser em conjunto o arquétipo financeiro. A decisão final poderá ser conjunta, ou com aval de um executivo em especial, que será considerado o decisor.

Vamos a eles.

O Mago: diz respeito ao **elemento técnico**. Considera-se técnico aquele que possui o conhecimento específico necessário para a aplicação da solução oferecida, não obrigatoriamente ligado a alquimia, tecnologia ou nível de formação. O mago é aquele que sabe tanto **do que** a empresa precisa quanto **como** implementá-lo. Normalmente, indivíduos com esse arquétipo buscam conseguir o maior número de suprimentos e soluções possíveis, mesmo que não seja absolutamente necessário para compor a solução naquele momento. Para o mago, o que mais importa é a natureza da solução: ele precisa saber como ela resolverá os problemas, como será implantada, qual seu próprio papel, e o que poderá aprender no processo.

A Temperança: refere-se ao comprador ou **agente financeiro**. Como é responsável pelo pagamento, este arquétipo é um conhecedor prévio do que se dispõe a desembolsar. Para indivíduos com esse arquétipo, o que mais importa é o preço, ou como a solução será paga. Evidentemente, tendem a querer pagar o menor valor possível, mas podem aceitar um valor maior se uma forma de pagamento diferenciada for oferecida.

O Imperador: é o tomador de decisões, **aquele que vai proferir a decisão final**. Para fazê-lo, pode participar ativamente das negociações ou, em alguns casos, apenas assinar embaixo do que determinam seus assessores. Em qualquer caso, estará buscando a melhor solução para sua empresa, definida em termos de redução de tempo e aumento de qualidade, produtividade e rentabilidade.

O Coringa: é o **contato primário**. Nosso guerreiro pode se deparar com um quarto elemento na equação prevista inicialmente no **triângulo harmonioso** como possuindo apenas três: um coringa, que funciona como elo entre o negociador e os demais elementos. Podendo inclusive possuir realmente a missão de filtrar ou até mesmo impedir tentativas de contatos com os decisores.

Quanto maior a empresa e a importância da negociação, mais alto pode ser o cargo do coringa, que pode, inclusive, ser realmente um dos três elementos do triângulo harmonioso. Identifique rápido se o seu coringa é apenas um aprendiz que está apoiando a análise dos reais tomadores de decisão, assim, você poderá identificar os demais elementos do triângulo harmonioso, torná-los interlocutores diretos e agir de acordo com a personalidade e as necessidades de cada um deles.

Nunca se esqueça de que há, ainda, outras partes interessadas, exteriores a essa configuração proposta pelo triângulo harmonioso, que precisam ser mapeadas corretamente, detalhadas e monitoradas, mesmo que não haja comunicação entre você e elas. Alguns exemplos incluem seus concorrentes, as partes interessadas internas deles, órgãos governamentais, e as partes irrelevantes com potencial de relevância.

O propósito das partes interessadas

Todos temos propósitos — inclusive as partes interessadas participando na negociação por parte do seu cliente. **Um propósito claro, que reflita os interesses unificados do grupo, representa a necessidade da empresa.** Quando for possível identificar necessidades individuais, estas refletirão os anseios próprios e particulares dos interlocutores. Nesta seção avaliaremos somente possíveis propósitos da empresa, os anseios individuais trataremos especificamente no capítulo sobre os clientes.

Quando uma grande empresa necessita realizar uma aquisição, efetuará um processo de concorrência entre fornecedores, para determinar a melhor condição de fornecimento para sua necessidade, seja uma concorrência privada com regras bem mais flexíveis ou públicas, dentro dos rigores da legislação. Para isso serão elaborados documentos convocatórios e descritivos, consolidados em um edital, criando então uma licitação.

O propósito do coringa

As ações do nosso contato são sempre direcionadas por diversas motivações pessoais e, principalmente, pelo papel que ele exerce no processo de decisão. Quanto maior a influência do contato na decisão, mais complexa será sua participação. Por isso, é muito importante identificar o propósito e a motivação por trás do seu contato no cliente, mantendo em mente que **as pessoas compram por suas próprias razões e não pelas nossas.**

O mais banal dos propósitos é a **aceitação**: reflete uma alma fraca e condicionada, refém da própria existência covarde. Tal propósito é geralmente originado por um conjunto de motivações prioritariamente pessoais.

Para um indivíduo assim, as motivações funcionais não são facilmente compreendidas como diferencial competitivo, e pouco impactarão a tomada de decisões. Para se sentir bem, ele precisa que os outros percebam que fez uma boa escolha.

Um indivíduo guiado pela necessidade de aceitação evitará ao máximo qualquer questão que possa gerar dúvidas, conflitos ou controvérsias. Será avesso a riscos, principalmente se tiver que assumi-los sozinho. Normalmente possui natureza polarizada e, tende a realizar escolhas ou direcionar a conversa para assuntos e conceitos que estejam em voga, para demonstrar conhecimento. Tudo o que acontecer durante e após a conclusão do negócio que possa ser notado por, ou influenciar seus superiores, pares, subordinados e até familiares, lhe será muito importante.

Durante as negociações, um indivíduo assim bajula seus superiores, demonstra conhecimentos que não possui, e concorda com afirmações em que não acredita. À medida que a disputa se aproxima do fim, é bem provável que ele passe a bajular você, buscando o seu reconhecimento de que ele contribuiu favoravelmente. Mostre a esse contato como a implantação da sua oferta pode gerar impressões positivas; destaque como ele será bem-visto e, é claro, evite fazer comparações que denotem riscos.

"A verdade nunca perde em ser confirmada."
William Shakespeare

[Davi contra Golias

Certa vez, durante a execução de um projeto que atenderia diversas unidades de uma conceituada multinacional do segmento automobilístico, minha equipe compreendeu que o nosso contato era um comprador guiado pelo propósito da aceitação. Apesar do porte descomunal da empresa, notamos que ele seria o maior influenciador e participaria ativamente da tomada de decisão.

Isso ficou nítido quando identificamos a sua predisposição em fechar o negócio com nosso concorrente. Estávamos na reta final das negociações, havia apenas duas empresas na disputa, e o nosso oponente era, na época, a empresa número um em tecnologia do mundo. Tomando essa decisão, o comprador se apoiaria no nome e na tradição de uma multinacional consagrada, de histórico impecável. Caso algo de errado acontecesse, ele poderia alegar que havia comprado da melhor: "Como poderia prever que algo de errado aconteceria?"

Coube a nós, então, mostrar como seria o cenário de reconhecimento. Argumentamos que, se ele votasse a nosso favor, seria visto como ousado e comprometido com a redução de custos e aumento de performance, já que teria dedicado muito tempo à análise minuciosa de produtos, serviços, estrutura e histórico empresarial dos competidores. Isso lhe teria permitido determinar que, mesmo menor, nossa empresa seria a melhor escolha por possuir uma proposta 32% mais barata, trabalhar com um prazo de implantação menor, e possuir um histórico oficial de eficácia registrado nas entidades competentes e verificado em depoimentos de clientes. Isso lançaria um holofote sobre sua pessoa e sua carreira, tendo em vista a importância estratégica do projeto para a organização.

Por muitos meses, ter vencido a maior empresa do mundo em seu setor foi uma injeção de ânimo. O case se tornou uma história recorrente não só em treinamentos internos, mas também com clientes em negociações posteriores.]

Você também poderá se deparar com indivíduos guiados pelo propósito, tão pessoal quanto funcional, do **reconhecimento** — muitos dos quais demonstrarão potencial para se tornarem mestres em suas áreas de atuação. Todo ser humano busca, de alguma forma, no fundo do seu íntimo, o reconhecimento de seus pares. **Serão os mais honrados oponentes que você encontrará em sua jornada.**

Um indivíduo assim está sempre em busca de inovação, pioneirismo, diferenciação, notoriedade e respeito. Ele sonha em liderar uma implantação de grande importância para sua organização, ampliando e aplicando seu talento enquanto reduz custos, aumenta a produtividade e, para além de se tornar um exemplo ou obter alguma recompensa pessoal. Ele dá bastante importância a seu marketing pessoal, e é o cliente ideal para a aplicação de novos produtos e soluções.

Para aumentar suas chances, apresente uma proposta detalhada em linguagem de alto nível de detalhamento técnico, para o setor específico. Demonstre que ele terá grande e importante envolvimento na implantação. Ofereça visitas às suas instalações para contato prévio com solução, certificando sua estabilidade ou aderência com possibilidade de homologação. Permita acesso a materiais de pesquisa, simulação e testes. Por fim, inclua muito treinamento especializado, preferencialmente externo e com certificação.

Em contrapartida, há os que possuem o propósito de ativamente ampliar ou demonstrar sua **autoridade** — no sentido de poder, não de competência. Suas motivações são pessoais, mas também consideravelmente funcionais: precisam possuir controle e/ou responsabilidade sobre a informação, os processos e, é claro, as pessoas. Podem ser bem elitistas e arrogantes. No fim, o que indivíduos assim instintivamente buscam é o controle sobre si mesmos e a alta possibilidade de ganhos — mesmo que lícitos. Nesses casos, busque comprovar como os resultados serão alcançados. Ofereça opções. Apresente-o a outros clientes importantes, que possam enriquecer seu relacionamento. Demonstre que você está pronto para início imediato com ações cautelosamente calculadas para pontos críticos.

O contato mais perigoso é o que demonstra o propósito do **ganho pessoal ilícito**. Com todos os outros, persista; deste, fuja. Ele pode chegar ao absurdo de possuir motivações exclusivamente pessoais, não tendo interesse em nenhuma motivação funcional.

Para esses indivíduos, não importa se o empreendimento obtém ou não sucesso, tudo que conta é o seu próprio ganho. Se todos fizessem sua parte, com certeza viveríamos em uma sociedade melhor. Sua empresa pode não crescer tanto ou tão rapidamente como desejaria, mas será com certeza mais sólida, blindada contra investigações, suspensões, e mesmo contra o encerramento das atividades.

Como outros propósitos e atitudes do coringa são similares aos clientes em geral, abordaremos mais sobre elas no capítulo específico sobre os clientes.

Seja a mudança que você quer ver no mundo.
Mahatma Gandhi

[Quem não deve não teme.

Certa vez, um projeto de estação turística teve sua implantação paralisada em determinado momento. Investigações foram instauradas e pagamentos, inclusive vencidos, foram suspensos. Mais de dois longos e silenciosos meses se passaram até que recebêssemos alguma notícia. Longos porque os recursos continuavam exigindo custos constantes e não possuíamos previsão de retorno. Por mais que solicitássemos, a única resposta era que o empreendimento estava sob investigação sigilosa. O cenário nos causou grande apreensão em função de não ser possível renegociar os custos e o contrato acabar em prejuízo.

Certa noite, por volta das 20h, eu ainda estava no escritório quando o telefone tocou. Como estava sozinho, atendi e fui surpreendido por uma voz masculina que procurava exatamente por mim — a essa hora, eu esperava um telefonema da minha esposa questionando a que horas eu iria para casa. O homem se apresentou como diretor do nosso contratante para a estação turística, um dos maiores fundos de investimento.

Em tom imponente e arrogante, informou que as investigações haviam sido concluídas e que uma nova gerenciadora havia sido designada. Forneceu o contato do gestor responsável e, sem mais detalhes, solicitou que estivéssemos mobilizados no empreendimento, impreterivelmente, no dia seguinte.

Tentei explicar ao dito senhor que isso não seria possível por dois motivos. Primeiro: o horário avançado impedia o planejamento da mobilização para o dia seguinte. Segundo: não haveria mobilização até que o pagamento dos valores vencidos fosse realizado.

Não sei se foram os impedimentos ou a forma como falei, mas meu interlocutor ficou transtornado. O tom, que até então era apenas imponente, se tornou também estridente.

Ele perguntou se eu sabia com quem estava falando. Acredito que ele deveria estar sob um nível altíssimo de pressão, sobretudo dado o atraso de dois meses, mas minha inteligência emocional nunca foi muito boa para lidar com esse tipo de pessoa.

Sarcasticamente respondi que sim, já que ele havia se apresentado no início da conversa. A situação só piorou.

Em seguida, em voz ainda mais alta, ele me perguntou se eu sabia quantos escritórios de advocacia eles possuíam. Novamente em tom sarcástico, respondi que não; disse que nós só tínhamos contrato com um — muito subutilizado, por sinal —, mas que tinha certeza de que a lei ficaria ao nosso lado já que havíamos nos mobilizado inicialmente no prazo, entregue todo o material e cumprido todas as exigências contratuais até o momento da paralisação, quando o planejamento da execução já estava adiantado.

Acrescentei que estávamos há dois meses financiando custos não previstos, o que acarretara um desequilíbrio em nosso cronograma físico/financeiro. Tudo, observei, estava detalhadamente documentado. Afirmei que acreditava não haver interesse, de ambos os lados, nesse desenrolar. Por fim, informei que, se ele realizasse o pagamento dos valores vencidos no dia seguinte, em dois dias nossa equipe estaria no empreendimento. Ele simplesmente desligou o telefone.

Imediatamente, consultando nossos arquivos físicos e digitais, dei início à seleção de todos os documentos que poderiam vir a ser necessários em nossa defesa. Meu intuito era, no dia seguinte, deixar os advogados cientes e preparados logo cedo.

Entretanto, cerca de 20 minutos depois, o telefone tocou novamente: era nosso amigo diretor elitista, informando que o pagamento seria realizado no dia seguinte e exigindo a presença da equipe em dois dias, sob ameaça de penalização.

Agradeci pela demonstração de boa vontade em realizar o pagamento e pela reafirmação da confiança em nossos serviços; declarei que, se a confirmação do pagamento fosse realizada em horário comercial no dia seguinte, nossa equipe estaria certamente presente.

Ele novamente desligou o telefone, mas o pagamento foi realizado e nós retomamos os trabalhos.

Ao longo dos dias seguintes, soubemos, à boca miúda, que haviam sido detectadas anomalias no projeto e que diversas empresas, em todos os níveis, haviam sido desligadas. Apenas duas prosseguiram — uma das quais era a nossa. No fim das contas, não conseguimos saber exatamente o que aconteceu, mas concluímos o projeto com sucesso e lucro, sendo isso, o que realmente importava.]

Construa confiabilidade

Para dar andamento concreto a uma negociação, solidificando a relação e potencializando as possibilidades de vitória, é necessário que esta relação seja estabelecida com base na confiança e estabelecida a partir de 4 elementos, demonstrando que a parte intangível da construção de confiabilidade está fortemente centrada no seu comportamento.

Um dos termos-chave — e que inclusive está em evidência no mundo da organização empresarial —, é **a conformidade**. A palavra em si pode mudar, mas o conceito sempre será o mesmo, visto que sempre esteve e sempre estará presente em qualquer relacionamento humano.

Conformidade é a sua capacidade de atingir as expectativas pessoais e corporativas projetadas pelo cliente sobre você e sobre a sua empresa. Ao fazê-lo, você demonstra ser uma opção adequada e inicia um relacionamento pautado em confiança. Um detalhe interessante é o abismo que existe entre quem luta para adquirir conformidade e se torna adequado e o conformista que se prostra aceita tudo passivamente.

☑ Vista roupas adequadas. Possua as ferramentas de apoio corretas, como: notebook, tablet, mini-projetor, dispositivos para conexão com TVs ou telas, apresentações eletrônicas, vídeos, panfletos, catálogos e cartões de visita. Mesmo na era digital, catálogos ainda são uma grande ferramenta. Utilize um discurso bem fundamentado. Tenha em mente que o cliente acabou de conhecê-lo e ainda não confia em você ou na sua empresa.

☑ Possua perfis em redes sociais adequados a sua função.

Principalmente se a pressão da convivência ainda for alta, boas maneiras e respeito à hierarquia são muito bem-vindas. Peça permissão para entrar, aperte a mão do cliente com firmeza e, mais uma vez, peça autorização para sentar-se e apoiar qualquer material na mesa. A mesa do cliente é uma área crítica do território e, como tal, só pode ser usada sob autorização. Como ocorre com uma donzela plebeia, ou um jovem plebeu que treinam para se tornar parte da realeza ou um privilegiado escudeiro, será necessário muito cuidado até que essas práticas se tornem instintivas. Ao se despedir novamente saia cumprimentando seu cliente e solicitando permissão para se retirar de seu território.

Pontualidade é outro sinal de respeito para com o cliente que reforçará sua conformidade. Ele está dedicando parte de seu tempo a você e, caso você não valorize esse fato, seu comportamento será, de uma forma ou de outra, classificado como desrespeitoso. Isso contará negativamente contra você. Se, por algum motivo, você precisar se atrasar, informe ao cliente a duração do atraso e o motivo. Permita que ele reagende, caso necessário, se o caso não for de uma reunião por exemplo, mas de uma visita de reconhecimento. Brasileiro já nasce atrasado, atraso para nós é cultural, mas como negociador, poderá lidar com culturas que não toleram atrasos, podendo ser desclassificado por este pequeno detalhe.

Nunca tive muitos problemas com isso. A educação de berço, reforçada pela doutrina militar, sempre tornaram essas ações realmente instintivas, mesmo na presença de presidentes da república que inauguraram três dos projetos em que trabalhei, presidentes de multinacionais com que negociei, importantes autoridades brasileiras, emissários estrangeiros, ou até de um casal Real.

Daremos o nome de **concordância** à sua capacidade em identificar interesses, valores ou experiências em comum e utilizá-los a seu favor ao abordar as necessidades atuais do seu cliente, sempre com o foco na solução e não no problema.

Para possuir uma boa concordância, será fundamental identificar a motivação das partes interessadas. Sua perícia em transmitir suas intenções de forma que a percepção do cliente sobre seus objetivos seja clara e positiva transmitirá seu **propósito**. Por mais inexperientes que sejam em negociações, os clientes conseguem perceber se o objetivo final de uma empresa é obter lucro ou gerar valor e ajudá-los de verdade. Se houve um posicionamento inicial errôneo, reconheça o erro e recomece.

Por último, mas não menos importante, sua **habilidade** de obter resultados representa a principal expectativa do cliente em relação à sua empresa.

[Sem direito a recurso.

Sempre foi tradição em nossa empresa, propostas de grandes projetos, principalmente de licitações públicas, serem finalizadas em cima da hora, quando, se necessário, recebíamos as partes devidas de outros departamentos para concatenação, revisão, impressão, encadernação, check list de entrega, envelopamento e disposição de lacres. E desta vez não foi diferente, neste caso em especial, uma concorrência na em um órgão governamental do setor de transportes. Para não desonrar a tradição, as partes de texto, seriam enviadas por e-mail, altas horas da noite anterior, quando fossem concluídas. Os envolvidos no negócio foram informados previamente para chegar mais cedo no dia seguinte, quando iniciamos os trabalhos às 7:30h na manhã de entrega prevista para às 10h. Isto porque as plantas e catálogos, já haviam chegado por malote no dia anterior.

Mesmo com todos os colaboradores não envolvidos que iam chegando posteriormente também ajudando, só conseguimos estar com os envelopes prontos para entrega as 9h. Alguém comentou: não vai dar tempo, já que eu e o executivo da conta, teríamos que estar até as 10h na sede do órgão, em um bairro que com transito livre, de carro, levaríamos vinte minutos para chegar, mas em horário de rush e saindo do centro, poderia levar até 1:30h.

Pensei então em ir de moto e sozinho, entendendo ser a única forma de chegar a tempo, apesar de não ser uma moto tão pequena e que poderia ficar retida também em algumas situações, mas rerdi preciosos minutos do escritório ao estacionamento em outro edifício.

Mesmo de moto, a jornada foi demorada, em tempos ainda de perimetral, com trânsito muito intenso e diversas retenções. Novamente minutos preciosos e eternos eram perdidos no deslocamento entre o estacionamento e a sala onde seria realizada a licitação, cuja localização eu conhecia bem. Mesmo assim, com todo esse esforço eu cheguei às 10:17h.

Quando você já está a alguns anos no mercado e entra em uma sala dessas, é bem plausível que você não conheça todos os membros presentes da comissão de licitação, mas os concorrentes serão provavelmente rostos bem conhecidos, a escapar um ou outro avulso, seja porque participou com eles em outras licitações do mesmo segmento, seja porque em algum momento precisou levantar seus perfis. Em alguns casos, muitos deles que se tornaram inclusive amigos.

O presidente da comissão de licitação se dirigiu a mim e perguntou se eu estava presente para a licitação. Eu respondi rápida mas serenamente que sim, na esperança que ele fosse condescendente com meu atraso. E ele foi. Lavou as mãos e deixou a cargo de meus concorrentes decidirem se eu poderia participar. Para ele na realidade, quanto mais concorrentes e possibilidades melhor, mas ele não poderia ser arbitrário e ferir a lei de licitações consentindo que alguém participasse não chegando no horário previsto. Só ia permitir que esse pleito fosse anulado por recursos posteriores dos derrotados, com enorme prejuízo de prazos. Se fosse permitido unanimemente entretanto, ele registraria em ata e daria prosseguimento aos trabalhos.

Nesse momento eu olhei para meus concorrentes e me transportei mentalmente para um bilhar com eles, todos amigos, jogando a partida com um deles, e os demais assistindo gaiatamente a cena de derrota certa. Sendo a vez de meu oponente jogar, derrubando a última bola que já estava na boca da caçapa, de forma que cairia apenas com um sopro. Ele iria me eliminar, os outros ironizar e eu só poderia ouvir calado com um sorriso amarelo desconcertado e com o orgulho ferido. A reação de um cavaleiro, a derrota incontestável em um jogo de regras claras.

Perdi o jogo, sem direito a recurso. Mas eles não ganharam, nós é que perdemos. Não foi o caso de um trabalho de desenvolvimento de solução em parceria com o cliente, apenas estávamos participando de uma licitação em nossa especialidade. Imagine se fosse?]

Regras de ouro da conformidade

- Tenha senso de humor;
- Antes de agir, pergunte-se: "como eu gostaria de ser tratado na mesma situação?";
- Analise-se continuamente;
- Saiba ouvir;
- Não prometa o que não puder cumprir;
- Não humilhe ou diminua as pessoas;
- Cuide de sua apresentação pessoal;
- Fale *com* as pessoas e não delas;
- Tenha cuidado no tratamento;
- Surpreenda-se fazendo as coisas certas;
- Sorria mais;
- Abuse da educação, utilizando palavras como: por favor, com licença e obrigado;
- Desenvolva-se constantemente;
- Ofereça e saiba receber Feedback;
- Demonstre interesse na comunicação, inclusive na linguagem cinestésica;
- Ouça primeiro o que estão falando com atenção para depois proferir sua resposta ou outro questionamento, sem mudar bruscamente o assunto que estava sendo tratado pelo interlocutor;
- Saiba o que falar, se preparando previamente com conhecimentos sobre o cliente e conhecendo bem suas ofertas;
- Trate as pessoas de formas diferentes, respeitando a sua individualidade sem ferir o princípio da igualdade.

Possuir as competências necessárias, a destreza para utilizá-las e uma visão de todos os fatores controláveis — preços, prazos, condições, etc, lhe dará **o domínio**. Para manter esse estado de coisas, é necessário se antecipar e contornar quaisquer fatores incontroláveis que possam obrigar o cliente a mudar suas escolhas, como alterações na legislação, alterações bruscas ou graves na economia, calamidades e jogadas desesperadas do concorrente. O objetivo é governar os rumos da situação a partir do controle das ações.

[Berço de tradições.

Houve apenas um episódio em que me senti fortemente pressionado pelos códigos de conduta. Isso aconteceu em uma visita de reconhecimento referente a um projeto em uma importante escola militar, entidade centenária que forma líderes e pela qual passaram muitas figuras ilustres.

Já que fui praça em uma tropa de elite da Força Aérea Brasileira, ser convidado para almoçar à mesa de um general foi um momento inesquecível para mim. Caso você não tenha tido a honra de passar por uma formação militar, dificilmente entenderá o sentimento. Foi como se um padre tivesse a privilégio de almoçar com o Papa.

Apesar de não haver admiração pela pessoa — que me era desconhecida — e de não pertencer mais às Forças Armadas, o respeito se fazia presente em meu íntimo: eu o entendia como devido e me tolhia um pouco mais que o normal, buscando subconscientemente uma conformidade enraizada.

Precisava mesmo assim, manter o foco na missão, inquerindo o general e o capitão responsável pelo projeto, sobre todos os detalhes necessários. Foi uma conversa bastante agradável. Posteriormente o general se despediu, agradecendo nossa presença e continuamos o levantamento acompanhados pelo capitão.

Se sentir ansioso em momentos importantes, é uma reação que lhe acompanhará por toda a carreira, seja você de exatas, humanas ou ainda das artes. Isso sempre acenderá o alerta de que está havendo respeito a audiência.]

❧ III ❧

Vitória e derrota

Como regra geral, é melhor conservar um concorrente intocado que destruí-lo. Pratique as artes da argumentação, calcule a força de seus adversários, faça com que percam seu ânimo e direção de maneira que a equipe concorrente, mesmo intocada, se torne imprestável. **Isso é ganhar sem desgaste.**

Se a equipe concorrente for imobilizada logo no início e seus líderes estiverem incapacitados, acione imediatamente suas estratégias, reúna uma equipe e conquiste o cliente. **Isso é ganhar pela força**.

Aqueles que ganham todas as negociações a qualquer custo não são realmente profissionais. **Os que conseguem, sem persistir em excesso, fazer com que a equipe adversária se renda são os melhores mestres da arte da negociação**, pois venceram com menores custos e melhores relações.

Os mestres da negociação abordam enquanto os concorrentes estão projetando seus planos e logo desfazem as prováveis alianças.

O que luta pela vitória com base em propostas padrão não é um bom negociador, mas age como um recém-formado: teórico e sem expertise, está pensando dentro da caixa.

Estratégia de ataque

Nunca se deve interpelar um cliente intempestivamente. O assédio e o encurralamento são as piores táticas possíveis e só devem ser usadas como último recurso, pois demonstram falta de planejamento, estratégia ou até desespero. Mesmo que você só possa fazer uma simples pesquisa prévia, separe tempo suficiente para preparar suas propostas e coordenar os recursos que o levarão à abordagem correta.

⭐ Um verdadeiro mestre da arte da argumentação derrota as forças adversárias sem barganhar, e incapacita o concorrente sem empregar tempo e recursos em excesso.

Um mestre experiente na arte do comércio desfaz os planos dos concorrentes, enfraquece suas relações e alianças, corta os recursos ou impede seu investimento. Vence a partir do uso dessas táticas, dispensando a necessidade de ceder mesmo que em pequena parte.

◉ Uma vitória completa se produz então, quando a equipe não se desgasta, o cliente não é assediado, o embate não se prolonga por muito tempo e, em cada etapa, o concorrente é vencido pelo emprego da estratégia.

As forças devem ser utilizadas de acordo com as seguintes regras:

- Se suas forças são dez vezes superiores às do adversário, cerque-o;
- Se são cinco vezes superiores, ataque-o;
- Se são duas vezes superiores, divida-o;
- Se suas forças são iguais em condições, lute;
- Se suas forças são inferiores, mantenha-se continuamente em guarda, pois a menor falha trará as piores consequências. Resguarde-se, evitando ao máximo enfrentamento aberto.

Sua prudência e firmeza podem gerar desgaste no oponente e ajudar você a dominar a situação. Essa prática se aplica nos casos em que todos os fatores não são equivalentes, entre os seus recursos e os do oponente. Se suas forças estão em ordem enquanto as do concorrente estão imersas no caos; se seu líder e suas forças estão com ânimo e os adversários desmoralizados, então, mesmo que eles sejam mais numerosos, pode-se forçar o encerramento da negociação.

Se seus colaboradores, seus recursos, sua estratégia e seu poder de barganha são inferiores aos do seu adversário, então é necessário bater em retirada e buscar uma saída. Se a equipe, embora menor, é obstinada, pode-se ainda assim vencer. Mas atenção: se uma pequena equipe não calcular corretamente seu próprio poder e se atrever a se tornar adversária de uma grande corporação, por mais firme que seja sua defesa, inevitavelmente será derrotada. O mesmo ocorrerá se a equipe não puder ser nem forte, nem resistente.

Os líderes são servidores dos colaboradores. Quando a liderança é completa, o colaborador é forte. Quando a liderança é falha o colaborador é incapaz. Existem **três maneiras pelas quais um líder leva o negócio ao desastre.** São elas:

- Quando um líder, ignorando a situação, ordena que sua equipe avance ou que se retire quando não devem fazê-lo. Isso se chama **imobilizar a equipe**;

- Quando um líder ignora os assuntos de negociação, **não tomando para si responsabilidade da liderança** e a compartilha em pé de igualdade com outros membros, os colaboradores acabam confusos sem saber a quem seguir;

- **Quando o líder ignora como levar a cabo os negócios descartando estratégias claras**, porém compartilha por igual sua decisão em direção nebulosa, os colaboradores se tornam vacilantes.

Uma vez que a equipe está confusa e vacilante, iniciam-se os problemas procedentes dos adversários. **A derrota ocorre porque o aspecto dos negócios foi transtornado.** Se por exemplo ficar determinado que o general dará todas as ordens, é dizer que um gerente precisa solicitar permissão a um diretor ou ao conselho, para reduzir uma margem de lucro e poder fechar um negócio. Quando receber a autorização, em função da demora dos processos de autorização, já não restarão senão cinzas da negociação. A autonomia que seria devida ao cargo de gerente, na realidade não existe.

Pior ainda seria utilizar os métodos operacionais que são estáticos para dirigir uma negociação que é dinâmica por essência, tornando confuso o fluxo das ações.

Por outro lado, há **cinco maneiras de conhecer o futuro vencedor**. Triunfam aqueles que:

1 - Sabem quando negociar e quando não;

2 - Sabem discernir quando utilizar muitos ou poucos recursos;

3 - Possuem equipes cujas categorias superiores e inferiores têm o mesmo objetivo;

4 - Enfrentam, bem preparados, os concorrentes desprevenidos;

5 - Possuem líderes competentes e não são limitados por seus próprios métodos.

⭐ **Se você conhecer os concorrentes e conhecer a si mesmo, nem mesmo em cem negociações correrá perigo**. Se você não conhecer os adversários, mas conhecer a si mesmo, perderá uma negociação e ganhará outra. Se não conhecer aos demais nem a si mesmo, correrá perigo em todas as negociações.

Levantamento do terreno

O levantamento do terreno é imprescindível para a boa condução da negociação. Só através de uma boa investigação será possível determinar a solução mais aderente e tornar o fechamento muito mais simples. É hora de ser objetivo nas perguntas, ouvir mais do que falar, e observar atentamente. Não sugira soluções antes de concluir a investigação. Muitas derrotas são causadas por levantamentos ineficientes.

Antes de se dirigir ao cliente, faça uma pesquisa sobre a empresa: aprenda sobre o nicho de mercado em que se encontra; estude sobre holdings e filiais; identifique os gestores e colaboradores importantes ao negócio. Isso lhe dará uma ideia da missão e dos valores nos quais a empresa tem baseado sua história, e você descobrirá um modo de pensar que deverá ser validado na investigação. Registre todas as informações desde o início, principalmente se a solução for desenvolvida por outrem — o que é muito provável em negociações corporativas. Possua e utilize padrões e modelos de investigação, sejam quais forem os suportes: uma planilha ou um poderoso CRM. Isso acelerará o desenvolvimento da solução, facilitando a compreensão por parte de todos os envolvidos. Pense na viabilidade da solução, e não da venda. **A chave é fazer as perguntas certas**. Como será necessário extrair informações relevantes de muitos clientes, suas questões devem ser apresentadas de forma que obriguem o cliente a elaborar respostas que permitam ser definida como verdadeira ou falsa.

Muitas dessas questões poderão ser respondidas por documentos formais, fornecidos pelo cliente antes ou durante a visita inicial. Órgãos governamentais utilizam editais; multinacionais preferem RFPs — Request for Proposal —; e empresas nacionais de grande porte, ou com uma cultura interna tropicalizada, favorecem o uso de solicitações de propostas. Muitas destas respostas também poderão ser estipuladas por sua empresa, com base em consequências óbvias do que está sendo solicitado, ou em condições que serão impostas ao cliente, isso será descoberto ao longo da investigação.

Lendo esses documentos ou ouvindo o que o cliente diz, você poderá identificar com facilidade as necessidades previsíveis, mas só uma investigação revelará possíveis necessidades em potencial — as quais, em licitações públicas ou privadas, podem não ser ofertas complementares, mas adicionadas como valor agregado.

Não se permita oficializar o caos — essa não é uma solução plausível. Aplicar novas soluções mantendo os atuais processos débeis levará a insatisfação, porque não solucionará por completo o problema. Além de identificar *o que* é necessário, é fundamental entender *como* sua solução será utilizada. Durante a investigação, é importante vislumbrar que nas entranhas da necessidade, podem haver erros processuais ou procedimentais, que necessitarão ser corrigidos na implantação para que a solução implantada possa ser utilizada em sua plenitude.

Investigando a Situação Atual

Feito seu dever de casa, é hora de confirmar e concluir a identificação completa da empresa e das partes interessadas. Estão todas situadas no mesmo local? São acessíveis? Quais são suas funções e propósitos? Verifique a solução atual e constate: por que se faz necessária a aquisição? Reconheça os problemas funcionais, distinguindo-os das dificuldades operacionais, limitações pessoais ou suas respectivas causas; diferencie-os, por exemplo, de falhas solucionáveis em processos. Isso será muito importante e permitirá que você compreenda se a oferta mais adequada seria, por exemplo, uma consultoria de processos, e não a aquisição de produtos.

Identifique a documentação existente: plantas; manuais; normas e leis; fotos e desenhos. Descubra quais são as questões ambientais, regionais ou culturais obrigatoriamente aplicáveis; os concorrentes e sua situação atual; os riscos conhecidos; as mudanças sazonais; os protocolos de comunicação e segurança existentes. Examine as oportunidades de relacionamento a longo prazo, com desdobramentos em projetos futuros; estude decepções anteriores e determine o fator determinante para a decisão de aquisição.

Esse levantamento pode ser feito formalmente, durante uma visita inicial ou informalmente, em um encontro individual com o cliente. Pode, ainda, haver uma visita obrigatória de reconhecimento, com a presença de todos os concorrentes.

Condições

A aquisição sempre se justifica em termos de alguma necessidade perceptível. O levantamento das informações pertinentes permitirá a elaboração de uma solução que, podendo incluir produtos e serviços, atenda essa necessidade. No processo, sua experiência permitirá que você identifique potenciais necessidades ainda desconhecidas, complementares ou não à necessidade inicial. Não há dúvidas de que essa é uma missão bastante desafiadora e abrangente. Além das necessidades, é muito importante estar atento às condições.

Condições são características, aspectos ou sentidos que podem determinar circunstâncias limitantes. Elas podem ser relacionadas à solução, ao orçamento, à proposta comercial, à implantação ou, ainda, aos processos de execução, faturamento e encerramento. As condições devem ser identificadas durante a investigação, e muitas serão apresentadas logo no contato inicial. Podem ser tão impactantes ao ponto de impedir a continuidade do negócio. Desconsiderando, por um instante, os propósitos pessoais das partes interessadas, que não deixam de ser condições intangíveis a serem consideradas, haverá grande variabilidade de condições formais e informais, dependendo do seu setor, da sua oferta, e da inexistência de uma solicitação de proposta que já informará claramente algumas destas condições. Seja qual for o caso, é necessário identificar, as diversas condições.

⊙ É importante ainda diferenciar condições de riscos. **Condições são fatos** apresentados ou descobertos durante a investigação, que afetarão o processo de alguma forma. **Riscos**, por outro lado, **são incertezas** até que se concretizem — quando, se for o caso, serão classificados de outra forma.

As condições exclusivas podem ser técnicas, de acordo com as especificações da solução identificadas claramente na investigação, ou estratégicas — quando, ao fim das investigações e apresentadas internamente todas as informações do negócio, um comitê ou gestor responsável decidirá se o negócio é válido ou não. Caso negativo, será solicitado ao negociador que não avance mais.

Por muitos motivos, uma empresa pode decidir não ir à frente com um negócio. Pode estar havendo leilão de preços, o negócio possui porte aquém dos objetivos atuais da empresa, dentre muitos outros.

Muitas vezes mesmo com a não aprovação da participação no negócio, muitos negociadores insistem sequência, seja porque não conseguiram compreender o motivo pelo qual o negócio não é estratégico para a empresa, ou seja porque muitos deles podem estar lutando apenas pela possibilidade de lucros pessoais em função de suas comissões, sem considerar o que é melhor para o todo.

[Quando te derem um limão, faça uma limonada

Certa vez, atendendo a um convite de uma grande indústria alimentícia brasileira, minha equipe se deparou com uma solicitação de atendimento a um contrato de prestação de serviços de mão de obra especializada.

Em uma análise superficial, parecia um ótimo negócio. Durante a entrevista inicial com o contato, fomos informados de duas condições: (1) a mão de obra contratada deveria ser obrigatoriamente a que já estava prestando serviços naquele momento; e (2) os trabalhadores deveriam receber treinamentos técnicos oficiais de fabricantes, as chamadas certificações, das quais deveria participar, também, o responsável do cliente pelo contrato. Foi-nos dito que o contrato com a empresa atual não seria renovado, mas que nós deveríamos assumir seus funcionários sob o pretexto de que, se uma nova equipe fosse introduzida, todo o conhecimento adquirido a respeito da estrutura e da cultura interna seria perdido, e os novos profissionais levariam muito tempo para alcançar o mesmo patamar de produtividade.

Fui contra a sequência normal deste negócio dentro da empresa, porque meus instintos diziam que eram falsas as justificativas. O objetivo claro, era manter funcionários conhecidos, quiçá apadrinhados, no quadro, mas com os riscos funcionais alocados em uma empresa terceirizada. Isso acontece por vários motivos, nem sempre ligados a custos. O cliente age de má fé e esses funcionários nunca serão seus realmente, nem em relação a respeito hierárquico. Estes gestores vão buscar se aproveitar da sua prosperidade e reconhecimento no mercado, utilizando sua empresa para manter uma situação que lhe é muito favorável e confortável, desenhando uma situação onde os reais propósitos não serão informados e riscos inicialmente não visíveis poderão lhe trazer prejuízo.

Trata-se de uma relação na qual não há respeito ou comprometimento da parte da contratante e dos funcionários alocados para com a contratada. Esses colaboradores, se é que podemos chamá-los assim, se contentam com salários um pouco menores e buscam obter valores de rescisão anual, seguros etc., que são utilizados como compensação por seu real patrão. Um simples ajuste salarial interno da contratante do setor de alimentos, que não fosse acompanhado pelo sindicato da sua empresa e não se refletisse nos salários desses funcionários, colocaria sua empresa no lugar daquela que teve o contrato cancelado.

Diante a insistência da negociadora da conta, coloquei duas opções à disposição: nosso plano A seria NO-BID; o plano B, pensando em não desistir sem lutar, possibilitaria a participação com as mesmas armas de dissimulação e um orçamento que não permitisse prejuízo. Neste ponto se apresenta o problema. Um orçamento que não permita prejuízo já é conhecido e estabelecido como meta pelo cliente, que já realizou suas métricas e optou por realizar a terceirização em função delas. O que este cliente busca, escondendo algumas informações, é que o orçamento esteja abaixo de uma linha de corte por ele estabelecida.

Para que participássemos do negócio com o plano B, nossa proposta deveria, portanto,

- Levar em consideração os custos normais e todos os riscos possíveis e imagináveis em relação a problemas com a justiça do trabalho;

- Incluir a contingência para um funcionário, caso algum dos membros da equipe fosse incapacitado;

- Considerar que esse contrato duraria apenas 01 (um) ano, com suas consequentes despesas de contratação e rescisão;

- Considerar os custos de certificações reais, formais, já que o ato de certificar está condicionado ao cumprimento dos requisitos estipulados por fabricantes ou entidades de formação, ou, ainda, às normas de entidades reguladoras. Isso precisaria ser formalizado em ata, para que não houvesse comparação de ofertas distintas.

- Extrapolar o prazo de entrega, para que nenhum concorrente pudesse conhecer suas condições e o cliente estivesse pressionado com o prazo;

- Aguardar até o limite possível da pressão do cliente para receber nossa proposta, para que ele por sua vez, também estivesse pressionado com prazos.

Nossas chances de ganhar eram muito baixas. A proposta possuía um valor alto porque retratava a realidade, e não o cenário apresentado. Entretanto, haviam dois pontos a nosso favor: o cliente cometera uma falha estratégica ao nos informar da falta de tempo para buscar outra alternativa e, além disso, uma certificação oficial poderia exercer influência sobre os propósitos pessoais dos envolvidos.

Funcionou. O único concorrente havia considerado, como certificação, apenas cursos não oficiais — talvez porque, as demais empresas tenham vislumbrado a mesma dissimulação que eu percebi e não participado da negociação em consequência de provável prejuízo.

Vencemos. O contrato durou um ano, e em seguida como previsto, fomos substituídos, mas obtivemos lucro. É necessário agir de acordo com a postura do cliente, mas sem jamais infringir prejuízo financeiro a empresa ou a ações imorais aos negociadores. Em contrapartida, em outro caso do mesmo tipo de prestação de serviços, dessa vez para a sede de uma grande mineradora, todas as condições e minúcias apresentadas pelo cliente foram claras e transparentes. Por sua clareza, o cliente obteve uma proposta que cumpria todas as exigências, e excedia suas expectativas em relação à economia. Com isso, um serviço de altíssimo nível, regularmente elogiado e posteriormente renovado, pôde ser prestado.]

Condições da solução

São todas aquelas que possam afetar o desenvolvimento da oferta adequada a solução dos problemas e aderente à cultura organizacional do cliente, objetivando melhoria na qualidade de processos e automaticamente de vida, aumento de produtividade, qualidade e rentabilidade. São as que afetam a pré-venda e o fechamento, como por exemplo e não se limitando a:

- **Prazos, horários e condições da entrega** de propostas. Um cliente pode exigir por exemplo que as propostas sejam entregues em cinco envelopes separados e lacrados contendo: a proposta técnica, a proposta comercial, e a proposta de preços, sendo técnica e a comercial apresentadas em duas vias;

- **Documentos de qualificação** de entrega obrigatória em conjunto com a proposta;

- Necessidade de apresentação da proposta em **outros idiomas**.

Condições orçamentárias

São todas aquelas que podem afetar a determinação dos valores da proposta, que sempre tem como objetivos a satisfação mútua e o lucro da empresa. Incluem, por exemplo:

- Possíveis ideias preconcebidas sobre a solução;
- Obrigatoriedade de marcas e modelos;
- A existência de um orçamento definido;
- Formato de apuração e cobrança, retenção contratual mensal e documentos vinculados à liberação de pagamentos;
- Tecnologia, ciclo de vida e obsolescência de componentes atuais;
- Habilidades e limitações atuais dos colaboradores e sua necessidade de treinamento ou certificação;
- Impactos previstos e, se possível, quantificados na produtividade interna e de terceiros, na qualidade e na rentabilidade;
- Obrigatoriedade de vistorias ou levantamentos formais e oficiais;
- Prazos e horários para assinatura de contrato;
- Necessidade de profissionais e formações específicas, exames médicos específicos e cotas de mão de obra local;
- Necessidade de prestação de serviços de operação e manutenção;
- Garantias a serem recolhidas como seguro fiança, seguro de performance ou calção financeiro;
- Garantias estendidas em relação a produtos e serviços;
- Possíveis cláusulas de multa e seus percentuais ou valores condizentes por parte da contratante;
- Responsabilidade e formato do frete, CIF ou FOB;
- Existência de locais para a equipe, os materiais e suas condições de segurança;
- Responsabilidade de guarda dos materiais entregues quanto a perda, roubo e furto;
- Requisitos para a entrega, como testes, treinamento, documentação e operação assistida.

Condições de implantação

- São todas aquelas que podem afetar a execução do projeto, podendo acarretar atrasos e punições — o que alteraria o equilíbrio financeiro estabelecido e, consequentemente, o lucro. Incluem, por exemplo:
- Prazos e horários para mobilização, integração, início e conclusão;
- Procedimentos e equipamentos de segurança, previsão de custos relativos a periculosidade e insalubridade;
- Necessidade de integrações, permissões e seus prazos;
- Subordinações e responsabilidades durante a execução;
- Endereços de entrega, armazenamento, execução e cobrança;
- A previsão de liberação de áreas e seu cronograma;
- A possibilidade de entregas parciais.

Condiçoes Comerciais

Condição que diz respeito a aceitação pelo cliente da proposta entregue. As condições comerciais estabelecem como, onde e quando, a empresa se propõe a realizar a entrega ou a implantação da solução. Elas devem ser objetivas e transparentes porque, quando ou anexadas aos contratos, assumem aspecto jurídico. As condições comerciais são aspectos cruciais que influenciarão a decisão final do cliente.

São definidas durante a orçamentação e baseadas em práticas regulares da empresa ou em informações específicas colhidas ao longo do orçamento. Precisam ser respeitadas porque, caso contrário, afetarão o bom andamento do negócio. Podem conter ainda condições impostas por fornecedores ou prestadores de serviços terceiros que estão sendo repassadas.

Algumas dessas condições poderão possuir algum excedente em prazo ou valor, do qual se poderá ou não, lançar mão durante uma provável negociação, mas precisam possuir limites mínimos conhecidos para que o negociador não se engane e aceite condições abaixo das mínimas previstas. Outras não, por possuírem provavelmente origem em um fornecedor, que independem do controle da empresa e que obrigam seu cumprimento, por já terem sido oferecidas no limite mínimo.

Por exemplo, se você utilizou componentes do fornecedor XYZ que em sua proposta de fornecimento e informou que o prazo mínimo para entrega é de 15 dias, essa é uma condição que não poderá ser alterada, porque não é de seu controle e o fornecedor já informou que é o prazo mínimo.

São condições comerciais comuns: preço e moeda, forma de pagamento, prazo de entrega, prazo de mobilização, prazo de implantação, condições de transporte, frete, seguro e garantia. São, em suma, todas aquelas que podem afetar o controle da saúde financeira do projeto e que são apresentadas pela sua empresa, e não pelo cliente. Exemplos incluem:

- Os prazos e as condições de reajuste, assim como os índices financeiros aos quais tais parâmetros estão vinculados;
- Os prazos de garantias e sua forma de aplicação;
- Possíveis cláusulas de multa ao contratante, seus percentuais ou valores condizentes por parte da contratada;
- O cronograma de entregas parciais de materiais;
- Exclusões.

Algumas condições orçamentárias costumam ser confundidas com condições comerciais. Vamos tomar como exemplo a necessidade de prazo de garantia estendida. É simples determinar a diferença: basta considerar se a condição afetará o valor da proposta ou o equilíbrio financeiro do contrato. A garantia normal possui um valor conhecido, estipulado pelo fabricante e incluso em seu preço de fornecimento para nossa empresa, já considerado no orçamento e na proposta. Uma garantia estendida, por outro lado, será um adicional que necessariamente deverá ser consultado, tornando-se parte integrante do orçamento. Como tal, necessariamente comporá ao valor a ser cobrado constante na proposta, o que demonstra o seu status de uma condição orçamentária.

Exclusoes

São todas as condições que deixam claro o que não faz parte da execução: os fatores que, se ocorrerem, podem afetar o controle da saúde financeira do projeto, sua produtividade e seus prazos, mas que não serão cobertos pelo contrato. Como as condições comerciais, devem ser apresentadas por sua empresa na proposta comercial.

É muito comum o cliente solicitar que sejam realizados serviços ou entregues produtos não considerados em contrato e isso pode acontecer normalmente em quatro situações:

- Quando o cliente cria um relacionamento informal com os funcionários e não obedece a cadeia de comando estabelecida para as comunicações, solicitando diretamente a eles a realização de serviços;
- Se uma empresa gestora é contratada para administrar o empreendimento e uma de suas metas é a redução de custos;
- Quando um consórcio é, ao mesmo tempo, contratante e gestor, buscando duas vezes a redução de custos, uma no fechamento do negócio outra na implantação;
- Quando o contratante é governamental e quer evitar aditivos.

Em todos os casos acima citados, os responsáveis estarão buscando reduzir custos a partir da eliminação de aditivos. Isso fará com que os contratados executem serviços ou cedam material para demandas não previstas em seus contratos. A solicitação pode ser amigável, mas também feita sob indução ou coação.

Se essas situações foram previstas antes do fechamento e constam na proposta e no contrato, será simples contorná-las; senão, a exclusão precisará ser determinada por eliminação perante o que foi claramente previsto.

⭐ Não há obrigação de realizar o que não foi previsto em contrato. De fato, tais ações não devem ser realizadas a não ser por aditivo contratual. Uma necessidade não prevista não se legitima porque produziria um desequilíbrio do contrato, o que seria prejudicial para uma das partes.

Um contrato é um acordo de vontade entre as partes, de caráter oficial e *legal*. *Não inclui, obrigatoriamente, todas as partes interessadas; apenas aquelas necessárias para dar teor e valor ao documento e viabilizar sua execução. A tais partes é devido apenas o que está contratado. Uma entidade patrocinadora, por exemplo, pode não constar em contrato, mas terá voz ativa sobre o contratante durante o andamento do projeto.*

O contrato deverá ser implantado como foi previsto, sem acréscimos ou retiradas. É nesse ponto que muitos gestores e negociadores pecam. Se houver uma solicitação de alteração por parte do cliente, ela não deve ser direcionada aos funcionários de execução, mas aos líderes e gestores; isso deve ficar claro, desde o início, em um documento intitulado **matriz de responsabilidades.**

Para que os seus colaboradores não sejam convocados regularmente para executar o que não está previsto — o que poderia prejudicar em muito a produtividade, os prazos e o equilíbrio financeiro —, a proposta deve discriminar claramente quais são as **exclusões**, bem como as **responsabilidades da contratada e da contratante**. O contrato, posteriormente elaborado, deve espelhar essas condições.

Encargos e Responsabilidades

São as obrigações das partes contratada e contratante, regidas pelo contrato.

Exemplos de encargos e responsabilidades da contratada:

- Responder integralmente pelos resultados da solução apresentada, aprovada e implantada;

- Obedecer rigorosamente às normas, especificações, desenhos e detalhes fornecidos pela Contratante;

- Responder integralmente por todos os encargos trabalhistas dos recursos humanos alocados no projeto;

- Acatar e cumprir integralmente as normas e prevenções de segurança estabelecidas pela fiscalização da contratada e pela legislação;

- Garantir a qualidade dos materiais e equipamentos definidos e aceitos, sejam eles de fabricação própria ou de terceiros;

- Apresentar ART — Anotação de Responsabilidade Técnica — da execução dos serviços contratados;

- Fornecer o resultado final dos testes e comissionamento;

- Realizar medições regulares de andamento dos serviços e aplicação de materiais e devidos documentos vinculados;

- Apresentar documentação final e relatório de encerramento.

Exemplos de encargos e responsabilidades da contratante:

- Liberar as áreas para execução dos serviços de maneira livre e desimpedida, sob pena de não serem cumpridos os prazos previstos no cronograma;

- Fornecer condições adequadas para a realização dos trabalhos;

- Fornecer segurança pessoal e material, mesmo fora dos horários de trabalho.

Seguros e garantias

Em praticamente todos os projetos de vulto, são exigidas garantias como forma de assegurar a plena execução do contrato. Essas garantias normalmente são apresentadas sob a forma de operações bancárias, transferíveis e irrevogáveis, emitidas por seguradoras previamente aprovadas pela contratante. Muitas dessas modalidades não comprometem o capital de giro ou o limite bancário; trata-se, na verdade, de operações em que a contratante pagará à instituição apenas uma parcela do valor total assegurado, da mesma forma que é realizado o seguro de um carro. Em caso de não cumprimento de suas obrigações por parte do contratado, a seguradora poderá assumir a execução e concluir o serviço ou pagar o seguro, desde que esta alternativa esteja prevista no edital. Seguros e garantias podem ocorrer, dentre outras formas, nas seguintes modalidades:

Caução — Em dinheiro ou títulos da dívida pública, é uma garantia financeira cujo valor equivale a um percentual, acordado entre as partes, do valor contratado. Deve ser efetuado em conta específica, com correção monetária em favor do contratante.

A forma de apresentação se altera de acordo com o procedimento de cada instituição financeira. Em geral, o calção é emitido entre a data de entrada em vigor do contrato e a data do primeiro pagamento.

Fiança bancária — Consiste em um contrato em que uma instituição financeira exerce o papel de fiador. Resguarda o cumprimento do contrato firmado entre o afiançado e seu credor, possuindo um prazo de execução que normalmente equivale ao prazo da implantação. Normalmente, é um dos seguros de mais demorada obtenção, posto que o desenrolar da análise de crédito depende muito da relação da contratada com seu banco.

Garantia de adiantamento — No caso de pagamentos antecipados, a contratada pode apresentar à contratante um seguro-garantia, ou uma garantia bancária correspondente ao valor do adiantamento. O seguro deve possuir validade compreendida até a data da entrega prevista de conclusão do contrato, ou até que o pagamento adiantado tenha sido totalmente compensado por valores devidos.

Garantia de fiel cumprimento do contrato — Também conhecida como *performance bond* ou seguro de garantia de performance, pode ser apresentada pela contratada à contratante. O valor equivale a um percentual do valor do contrato, acordado entre as partes, e deve ser apresentado em um determinado período, também acordado, entre a assinatura do contrato e a data do primeiro pagamento. Esta garantia entra em vigor na data de entrada em vigor do contrato, podendo permanecer válida por um período posterior à conclusão e à entrega do projeto.

Seguro Garantia Contratual — Também conhecido como *maintenance bond*, deve ser apresentado à contratante em conjunto junto com a última cobrança do contrato, e permanece em vigor até o final do prazo de vigência da garantia contratual.

Seguro de Materiais — O seguro da estocagem dos materiais no local da implantação precisa ter sua responsabilidade acordada durante as negociações, podendo ficar a cargo de qualquer uma das partes. Pode haver interesse da contratante em assumir esse seguro no intuito de reduzir os custos que seriam cobrados e anexados ao orçamento da contratante. É um seguro que será formalizado no contrato.

Seguro de Riscos de Engenharia e Responsabilidade Civil — É um seguro específico a determinados projetos, sendo obrigatórios pela legislação e não opcional, como os anteriores. Em geral, já está incluso no BDI de projetos específicos.

Seguro de responsabilidade civil por danos decorrentes de ataques cibernéticos — Também é um seguro específico, prevendo as implicações da lei geral de proteção de dados, em decorrência dos detalhes do projeto. Protegerá a contratante contra reclamações de terceiros, decorrentes da violação ou do vazamento de dados causados por manipulação, culposa ou dolosa, por parte da contratada ou de seus parceiros, em um período a ser acordado, entre a assinatura do contrato e a data do primeiro pagamento. Esta garantia entra em vigor na data de entrada em vigor do contrato, podendo permanecer válida por um período, também a ser acordado entre as partes, posterior à conclusão e à entrega do projeto.

Analisando Expectativas

A satisfação do cliente diante do nosso nível de serviço ou do valor percebido será diretamente proporcional à diferença entre os resultados que entregamos, as expectativas que comunicamos, e aquelas consciente ou inconscientemente criadas pelo próprio cliente. **É comum que façamos perguntas apenas para confirmar o que pensamos, e não para descobrir as reais necessidades.** Lembre-se: mantenha sempre a mente aberta.

Se as perguntas certas forem feitas, e diante das respostas poderemos identificar que expectativa devemos atingir ou, talvez, descobrir que não conseguiremos chegar ao patamar de excelência desejado — que, inclusive, pode estar diretamente ligado e além do que o cliente está disposto a pagar. Será então necessário esclarecer, comunicar e compatibilizar o resultado.

Existem muitos casos em que, durante um levantamento, deparamo-nos com uma ideia preconcebida de solução. Essa ideia pode ter sido desenvolvida por um membro da equipe do cliente, ou mesmo por um concorrente que chegou antes.

Em outras situações, como vimos anteriormente, não só fornecer ou alterar a necessidade será a solução, sendo necessário também alterar processos de trabalho a fim de não oficializar o caos.

Trégua e o tratado de paz

Uma forma de manter o combate suspenso, não perder posições ou terreno e continuar avançando é estabelecer uma trégua baseada em um tratado de paz, que pode tomar a forma de um **acordo de expectativas** formal, um acordo verbal de cavalheiros, ou uma **ata de reunião.** Para tanto, é necessário que todos compartilhem de um mesmo entendimento. Sempre **visando à compreensão mútua**, comunica-se a respeito da situação atual e da desejada, estabelecendo os próximos passos a serem seguidos. Isso lhe trará a tranquilidade de saber que você está correto em suas definições e proverá o tempo necessário para a elaboração da proposta.

Uma trégua só poderá ocorrer em situações em que não haja prazos formais definidos. Ela se manterá válida até que a primeira meta do acordo seja alcançada ou que uma próxima reunião aconteça, restabelecendo a união e a confiança. Na ocasião, dependendo do que ocorreu até então, o tratado poderá ser renovado automaticamente, alterado em função de novas diretrizes, ou cancelado.

Em tempos de levantamento, um tratado de paz é um documento informal, registrado ou não, que produz apenas uma obrigatoriedade moral. Sua principal função é esclarecer e compartilhar um entendimento acerca do caminho à frente; como tal, ele dispensa assinaturas. Em tempos de implantação, por outro lado, o tratado adquire total formalidade, inclusive jurídica, podendo haver penalidades caso não seja cumprido.

*Em muitos casos, é no momento do acordo de expectativas que se consolida uma oportunidade de vendas. Se possível, vá ainda mais longe, formalizando um documento de **intenção de compra**.*

Após o tratado de paz, a oportunidade de conquistar se apresentará de acordo com a sua capacidade de entregar a solução desejada, atendendo o maior número possível de expectativas do cliente e demonstrando estratégias superiores às do inimigo.

Prestação de serviços continuados

Contratos de prestação de serviços continuados costumam ser ótimos negócios para as empresas que sabem trabalhar com eles. Muitas empresas implementam grandes projetos e abandonam o cliente, deixando para trás um terreno fértil e totalmente livre para que outra se aproveite. Por que não continuar a trabalhar com o cliente, oferecendo-lhe serviços continuados? Se parar para observar, sua empresa possui contratos que de tão habituais nem são notados, como por exemplo os de fornecimento de energia e telecomunicações. Um contrato Service Level Agreement — SLA — em português é representado pela sigla ANS, que significa **Acordo de Nível de Serviço** — documento responsável por formalizar os termos de serviço entre as partes.

Contratos de prestação de serviços são:

- Consensuais, com formato totalmente livre;
- Bilaterais, estabelecendo obrigações e subordinações entre ambas as partes;
- Ocasionalmente expansíveis, ou seja, podendo acrescentar serviços equivalentes ou complementares;
- Sempre diferentes quando prestados por empresas diferentes, por mais que pareçam iguais, sejam executados no mesmo ambiente e possuam as mesmas descrições;
- Onerosos, estabelecendo uma cobrança recíproca e constante de direitos e deveres;
- Intangíveis, se não forem pautados em valores mensuráveis;
- Improdutivos, se não forem gerenciados;
- Inerentes ao consumo específico, seja em materiais ou serviços;
- Possibilita meios para alcançar objetivos principalmente dos contratantes, não havendo posse ou propriedade dos recursos físicos e humanos, a não ser que de um provável resultado.
- Regulados pela legislação trabalhista, pelo Código do Consumidor, pelo Código Civil ou por outras leis específicas.

Fundamentalmente, esses contratos podem ser de três tipos, definidos em relação ao objeto:

- **Especialização**: quando envolvem a operação, manutenção ou transferência de conhecimento, normalmente relativa a um projeto implantado recentemente. Contratos assim são elaborados quando a contratante não possui um setor, colaboradores ou o conhecimento necessários para manter a solução em funcionamento após a implantação. Aplicam-se bem a empresas integradoras, montadoras ou fabricantes que comercializam produtos e serviços. São eficientemente gerenciados com base em planos de trabalho e controle de prazos;

- **Terceirização** de departamentos: ocorrem quando a contratante deseja reduzir custos. São extremamente comuns em contextos como *call centers*, departamentos de TI e setores de produção de conteúdo. São dominados por empresas especializadas na terceirização de mão de obra e, para que sejam bem gerenciados, é preciso levar em consideração indicadores de desempenho.

- **Consultoria**: são utilizados quando a expertise da contratada é que está em jogo e a expectativa é que haja transformações profundas. São mais bem gerenciados se considerados os resultados. Um verdadeiro consultor se compromete a receber com base nos resultados obtidos.

Nada impede que haja competição, mas, por conta da especialização, as empresas de terceirização de mão de obra tendem a perder para os integradores no caso de contratos de manutenção. Os integradores, por sua vez, tendem a perder para as empresas de terceirização de mão de obra no caso de contratos de terceirização, nos quais o custo é o principal critério sob análise.

Contratos de prestação de serviços podem ser classificados de duas formas em relação ao local da prestação:

- **Internos**: quando a prestação ocorre dentro das instalações da contratante; são comuns em casos de terceirização de limpeza ou em departamentos de TI;

- **Externos**: quando a base de atuação são as instalações da contratada; exemplos incluem contratos de *call center*, advocacia e contabilidade.

131

A terceirização de um departamento ou de funções específicas nem sempre resulta em redução de custos sem queda de qualidade. Quando os profissionais envolvidos podem ser compartilhados em vários clientes, torna-se possível o rateio de seus custos, gerando maior lucro para a empresa e menor custo para cada contratante.

Definiremos *serviço* como qualquer atividade realizada por uma empresa que não possa ser transferida — apenas consumida — e que responda às expectativas e necessidades de outras companhias. Caso você vislumbre que a sua empresa é capaz de realizar contratos de prestação de serviços continuados, defina quais são seus diferenciais e suas competências essenciais especializadas; estabeleça como elas podem agregar valor em uma relação bilateral. Dê forma ao seu serviço transformando-o em um produto muito bem descrito e com atrativos para o público alvo. Já quando for negociar um contrato, tenha na investigação inicial sua ferramenta fundamental para que não caia em armadilhas de pseudo terceirizações, cujo único objetivo é transferir riscos. Siga sempre as mesmas orientações referentes à investigação de projetos.

Em casos de contratos governamentais, a nova legislação prevê que contratos de serviço continuados poderão ser realizados por 2 anos e renovados por quatro vezes, em um total de 10 anos.

◉ Qualquer que seja o contrato, é necessário que se entregue valor ao contratante, e quando encerrar, proceda sempre de forma a manter portas abertas.

A entrega, por sinal, é um importante sinalizador para que não se confunda a prestação de serviços com um projeto. Se, por exemplo, a contratante precisa realizar uma contratação para que seja desenvolvido um sistema que, ao fim, será de sua propriedade, então estamos diante de um caso de projeto. Se ela precisa contratar profissionais para operação de seus sistemas, estamos diante da prestação de serviços.

Empreitadas

Se a sua empresa conseguir se estruturar administrativamente, usando os controles e conhecimentos tributários necessários, poderá oferecer suas soluções no formato de **empreitada global**, distinguindo-se dos concorrentes que anunciam propostas de preço fixo ou materiais e serviços.

Temos uma empreitada global, ou integral, quando é possível fornecer a implementação de um projeto, em sua integralidade, com o preço certo em um **formato de faturamento específico**. Todas as etapas, serviços e materiais necessários ficam sob inteira responsabilidade da contratada até a execução. Na ocasião da entrega, a solução deve contemplar as condições preestabelecidas no contrato, permitindo que se possa iniciar imediatamente as operações. Negociadores devem estar atentos ao fato de que órgãos governamentais geralmente diferenciam entre empreitadas globais e integrais e as empresas privadas nem sempre as diferenciam.

Se, por exemplo, é necessário contratar serviços para implantar um projeto de alta tecnologia, no qual estão inclusos produtos, mas a contratante está mais interessada na expertise do contratado e em uma solução *turn-key* do que propriamente na comparação de valores de listas de materiais, a oferta de uma empreitada global é perfeita.

Operacionalmente não existirá a emissão de notas fiscais de materiais. Estes materiais serão enviados ao cliente com nota fiscal de remessa para aplicação e faturados posteriormente, sendo discriminados no corpo da nota de serviços. Isso ocorrerá normalmente nas notas fiscais mensais relativas às medições do projeto que apuraram o material entregue, utilizado e os serviços realizados. Essa prática, inteiramente prevista na legislação, reduz consideravelmente a carga tributária, podendo ampliar seu lucro na casa dos dois dígitos.

Para que esse recurso possa ser utilizado, é fundamental que o cliente esteja ciente e de acordo, e que haja conhecimento e aprovação dos departamentos relevantes. Caso contrário, é possível que, logo no primeiro faturamento, o departamento financeiro não entenda ou informe que não pode pagar naquelas condições. Muito provavelmente, será necessária uma reunião para esclarecer a modalidade de faturamento, fundamentando-a na legislação, demonstrando os impostos incidentes em cada caso e mostrando onde se enquadra a base de cálculo de retenções.

O faturamento será realizado da seguinte forma:

- **Serviços de administração, supervisão e desenvolvimento de projeto:** x% do valor total do projeto, ou o valor medido no período em nota fiscal de serviços;

- **Serviço de aplicação de materiais:** x% do valor total do projeto, ou o valor medido no período em nota fiscal de serviços;

- **Materiais:** x% do valor total do projeto ou o valor medido no período, discriminados no corpo da nota fiscal de serviços.

Essas informações deverão constar na ata da reunião — que de preferência envolva o departamento financeiro —, na proposta e no contrato, com os devidos esclarecimentos sobre os percentuais, a legislação aplicável e os documentos de cobrança — que relacionarão os pagamentos devidos pela contratante com a legislação aplicável.

Alianças em tempos de paz

Estabelecer alianças com outros impérios, que sejam alinhadas aos seus objetivos, pode criar um cenário de prosperidade e facilitar o cumprimento de suas metas. Exemplos incluem parcerias entre empresas de sistemas e contadores; empresas de mobiliário e arquitetos; farmacêuticas e médicos; e entre empresas de materiais de construção e empresas de engenharia, que, por sua vez, farão parcerias com incorporadores.

Os parceiros setoriais estarão sempre trabalhando com seu público-alvo e podem realizar indicações de negócios que você não encontraria por recursos próprios — principalmente se a sua corporação atende a vários segmentos, nos quais poderá identificar parceiros diferenciados. Outra vantagem é que, recebendo indicações, sua jornada até a vitória será mais fácil, principalmente quando o parceiro for responsável, também, pelas aquisições.

Caso a parceria se consolide e um laço de confiança seja formado, você poderá ser visto como um consultor especializado nas demandas correspondentes aos seus produtos e serviços; estes, por sua vez, podem se tornar referenciais de aplicação e de preços, sendo considerados por seus parceiros em suas ofertas.

É importante considerar as expectativas do parceiro, mesmo que eles não estejam em conjunto, para que o resultado esperado seja alcançado. Alguns nada desejam além da satisfação do cliente, a obtenção de descontos ou a facilitação de seu trabalho. A grande maioria, por outro lado, é motivada por algum tipo de recompensa, e isso deverá ser considerado durante a orçamentação. Ainda, pode ser necessário criar diferentes níveis de recompensa, diferenciando quem apenas indica de quem influencia a decisão, e de quem realmente decide. Como forma de manter um longo e próspero relacionamento, retribua as recomendações com indicações de negócios que você conheça e que possam vir a ser atendidos por seus aliados.

[Cada cabeça seu guia.

Uma vez, durante o planejamento anual, eu buscava incansavelmente diferenciais que pudessem ajudar no cumprimento das metas que estava estipulando para minha equipe de executivos. Naquele momento, vislumbrei como automáticas, as operações rotineiras em que nossos executivos visitavam, além de clientes, arquitetos para criar ou manter parcerias. Nessas visitas, procedíamos de forma idêntica a todos os nossos concorrentes: mecanicamente, oferecíamos cartões, catálogos, mostruários e atualizávamos os parceiros sobre novos produtos. Como todos os outros, oferecíamos os mesmos "diferenciais": recompensas mais atrativas, catálogos mais luxuosos e mostruários mais práticos para verificação ou exposição.

Esse contexto ilustrava a máxima de que, se todos têm as mesmas ideias, ninguém está pensando. Ocorreu-me, então, a concepção de como mudar isso. Era um período em que, apesar de os arquitetos já estarem acostumados a utilizar o computador e o CAD, não havia interações com outras ferramentas. Criei, então, o Guia do Arquiteto: um CD com os mesmos blocos CAD — pequenas porções de desenho em duas e três dimensões — utilizados internamente por nossos arquitetos, já incluindo o design de nossos produtos — o que facilitaria em muito o desenvolvimento dos projetos pelos arquitetos. O CD continha, também, dezenas de documentos modelo a serem utilizados nos textos de suas propostas e, ainda: inúmeros catálogos, fotos isoladas de produtos e contatos para apoio em caso de dúvidas.

O sucesso foi tanto que nenhum executivo queria sair do escritório sem os guias e até arquitetos com quem não tínhamos nenhum relacionamento ligavam, solicitando uma cópia do CD. Foi um período de boas indicações, mas, como toda boa ideia, a estratégia foi copiada pouco tempo depois, o que, confesso, acariciou o meu ego.]

❧ IV ❧

Sobre a firmeza

A frase "Que a força esteja com você", da saga Star Wars, é muito mais profunda que a simples fantasia transmitida nos filmes. Força é a energia acumulada ou a que se percebe e isso é muito mutável. Os mestres são capazes de vencer o oponente ao criar uma percepção favorável neles e, assim, **obtêm a vitória sem necessidade de combater**. Da mesma forma em relação a liderança, dirigir muitas pessoas como se fossem poucas é uma questão de dividi-las em grupos ou setores e exige força mental e organização.

A força

Energia derivada do esforço

Se muita energia estiver sendo desprendida do esforço para o combate, ou seja se os competidores estiverem exigindo muito uns dos outros, marcando longos encontros e solicitando constantemente mais informações, provavelmente a batalha estará sob controle, durará pouco e **métodos ortodoxos podem ser empregados**, ainda que sob vigilância.

Se, por outro lado, **estiver sendo utilizada pouca energia**, é provável que esta batalha se parecerá com a estratégia de sitiar uma cidade, perdurando por longos períodos, com pouca ou nenhuma informação e parecendo fora de controle. Existirá dificuldade em ver o cliente, medir suas forças ou não poder ser encontrado.

Além disso, há a possibilidade da batalha acontecer em outro local, com a presença de outro oponente privilegiado e seus informantes e guerreiros não possuírem as informações corretas. Neste caso, a qualquer momento, **métodos heterodoxos podem ser necessários.**

Negociar contra um grande número de adversários como se fossem apenas um é uma questão de demonstrar estratégia, significa conseguir uma percepção de força e poder na oposição. O campo de negociação refere-se às estratégias e ferramentas utilizadas para organizar a equipe e coordenar seus movimentos, para que a **força possa fluir com muita energia e pouca pressão.** Neste momento a força estará com você!

⊙ Cada negócio possui seu tempo e seu ritmo e resta ao negociador colocar mais energia, que derive do esforço realizado entre as partes, para que o ritmo acelere e o período seja reduzido.

Dessa forma, metas serão cumpridas, e assim o negociador, ou seu líder, se tornará **o senhor do tempo.** Da mesma forma que uma catapulta necessitaria de mais força para atingir maior altitude em menos tempo.

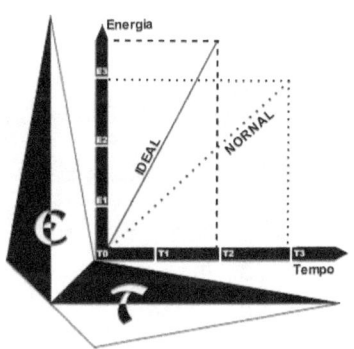

Pressão derivada da convivência

Para um hábil guerreiro, **combater em terreno conhecido torna-se uma tarefa com quase nenhum stress** ou pressão, quando é tratado informalmente, desarmado e se comunicando abertamente.

Todavia uma **grande pressão psicológica o possuirá se for enviado para o desconhecido**, sua mente fará com que tome atitudes mais cautelosas: ficará mudo, avançará lentamente, de espada em punho por trás do escudo, reconhecerá barreiras e identificará pontos frágeis. Similarmente aos casos dos níveis de energia derivada do esforço e onde métodos ortodoxos e heterodoxos poderão ser utilizados.

Então, **a missão do guerreiro é reduzir a pressão da convivência com as partes interessadas** a um ponto em que pareçam amigos de longa data - sem se assemelhar a Judas Iscariotes - sempre tendo em mente os limites a serem respeitados. Posto que, as amizades, nos círculos profissionais, se alicerçam no respeito e na confiança.

⊙ Quanto mais rápido conseguir reduzir essa pressão, mais facilmente encontrará informações e fechará os negócios.

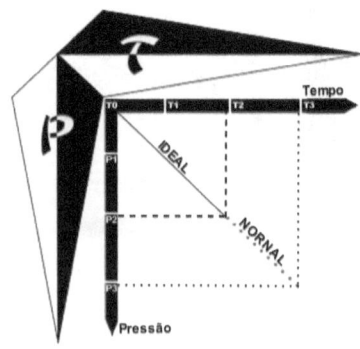

Ordem derivada dos métodos

Conseguir que a equipe seja capaz de negociar contra o adversário sem ser derrotada, com variações de energia e pressão, requer empregar métodos ortodoxos ou heterodoxos e cabe aos mestres analisar tais fatores. A ortodoxia e a heterodoxia não são elementos fixos que se utilizam como um ciclo. **Em situações de alta energia e baixa pressão, métodos ortodoxos dominarão; já em casos com baixa energia e alta pressão, métodos heterodoxos prevalecerão.**

◉ É importante manipular as percepções dos adversários sobre o que é ortodoxo e heterodoxo e, depois, abordar, inesperadamente, combinando ambos os métodos até convertê-los em um, tornando-se assim indefinível para o concorrente. A criatividade é sentida no que é inesperado.

Ortodoxos são todos os métodos que seguem as regras e os ensinamentos preestabelecidos. **Heterodoxos** são os métodos impelidos pelo instinto e pela percepção apurada, que podem estar fora das formalidades e do que é esperado.

Que o efeito das forças seja como o de pedras colocadas sobre ovos, ou seja, é uma questão de vantagem e desvantagem. Por exemplo: quando induzido pelos adversários na negociação com o cliente, sua força sempre estará em desvantagem, mas enquanto não concorrer com eles no que são melhores, sua força sempre estará em vantagem. **Atacar com a desvantagem contra a vantagem é como colocar ovos sob pedras,** com certeza se quebrarão. Quando se inicia uma negociação de maneira direta, ganha-se por surpresa. A negociação direta é ortodoxa. A negociação indireta é heterodoxa. Só há duas classes de abordagem na negociação: o extraordinário por surpresa e o direto ordinário, porém suas variantes são inumeráveis. O ortodoxo e o heterodoxo originam-se reciprocamente, como um círculo sem começo nem fim. Quem poderia esgotá-los?

- Quando a velocidade do valor agregado que flui, alcança o ponto em que pode mover as pedras, esta é a **força direta**.

- Quando a velocidade e manobrabilidade do negociador é tal, que pode abordar e ganhar, isto é **precisão**.

O mesmo ocorre com os mestres da negociação, sua força é direta, sua precisão certeira. Sua força é como disparar uma catapulta, sua precisão é a de acertar no objetivo previsto e causar o efeito esperado.

Da desordem chega-se a ordem, da covardia surge o valor, da incapacidade brota a força e pode-se ainda optar por fingir desordem para convencer os seus adversários e distraí-los primeiramente. A ordem deve ser estabelecida, porque só então poderá criar a desordem artificial. Se em determinado momento quiser fingir incompetência para conhecer a estratégia dos adversários, primeiro deve ter sido extremadamente competente, porque só então poderá atuar como tímido de maneira artificial. Se quiser fingir incapacidade para induzir que seus concorrentes sejam arrogantes, da mesma forma deverá, em algum momento, ter sido extremamente capaz porque só então poderá ser incapaz eficazmente. **A ordem e a desordem são questões de organização, a covardia é questão de valentia e de ímpeto, sendo ainda a força e a incapacidade questões de estratégia na negociação.**

Quando uma equipe tem a força do ímpeto, o tímido torna-se valente e quando se perde esta força, o valente volta a ser tímido. Nada disso está fixado nas leis do trabalho, essas competências se desenvolvem sobre a base da intensidade do ímpeto. Com astúcia, pode-se antecipar e conseguir que os adversários se convençam como proceder e se mover. Ajude-os a seguir pelo caminho que será traçado por você, fazendo os concorrentes moverem-se com a perspectiva do triunfo, para que sejam vítimas da própria esperteza.

Os bons mestres da negociação buscam a efetividade a partir da força do ímpeto e não dependem só da capacidade de seus colaboradores. São capazes de escolher a melhor equipe, empregá-los adequadamente e deixar que a força surja intensa e entusiasmante, logrando seus objetivos. **Quando há entusiasmo, convicção, ordem, organização, recursos e compromisso dos colaboradores, haverá a força do ímpeto e o tímido será valoroso.** Assim, é possível classificar os negociadores por suas capacidades, habilidades e apresentar-lhes metas adequadas.

O valente pode negociar; o cuidadoso pode auditar e o inteligente pode pesquisar, analisar e comunicar - todos são muito úteis, necessários e complementares, seja externa ou internamente. Fazer com que os colaboradores negociem permitindo que a força do ímpeto faça seu trabalho é como fazer fluir a água. A água permanece imóvel quando está represada, porém segue um caminho em um sulco inclinado, fica fixa se congelada, voa se vaporizada e se espalha se liberada. Portanto, quando se conduz os homens à negociação com astúcia, o impulso é como a água que se precipita montanha abaixo. **Esta é a força que produz a vitória.**

Canalizando a força

Canalizar é a forma de concentrar a energia para utilizar a força, suportando muita pressão, para atingir mais rápida e eficazmente um objetivo.

Considere-se como um navio com necessidade de singrar o oceano do seu negócio. Seriam necessários muitos homens para tirar o navio da inércia e forçá-lo a romper a força das águas. Imagine agora que ao invés de utilizar a força desses homens para mover o navio com a utilização de remos, as velas serão levantadas para abrir sua mente e os ventos do seu conhecimento serão utilizados. Quanto mais da mente você se aproveitar e mais fortes forem seus conhecimentos, mais distante e mais rápido o navio irá. Suas competências guiarão o leme e seguirá direto para o objetivo.

Canalizando aspectos de si mesmo de forma reflexiva, seu navio estará no lugar certo e na hora certa se seus conhecimentos e suas habilidades forem combinados, de forma específica, para cada negócio. **A isso chamamos eficácia.**

Canalizando espontaneamente, de forma regular, também funcionará como processo de descoberta de necessidades de adquirir conhecimento ou desenvolver habilidades.

❧ V ❧

Disposição dos recursos

Em tempos antigos, os mestres da negociação tornavam a si mesmos invencíveis em primeiro lugar e depois aguardavam para descobrir a vulnerabilidade de seus adversários. **Tornar-se invencível significa conhecer-se profundamente reforçando seus pontos fracos.**

Aguardar para descobrir a vulnerabilidade do adversário significa estudar e conhecer os concorrentes e suas ofertas, e isso poderá ser realizado antecipadamente, para concorrentes que possam ser recorrentes e assim possuir conhecimento mais amplo, ou pontualmente, para novos entrantes, que se apresentem "de forma inesperada" em alguma negociação.

Inesperado um novo entrante não deveria ser à um bom mestre, já que é esperado que conheça seu mercado e seus concorrentes, ou ainda, o possível perfil de um novo concorrente, tornado esperado qualquer novo oponente.

A invencibilidade está em ti mesmo, a vulnerabilidade no adversário. Por isso, os negociadores podem ser invencíveis, porém não podem fazer com que seus adversários sejam vulneráveis. Se o adversário possui a requisição de proposta para buscar as informações, as ofertas para atendê-las, o valor agregado necessário e não há negligências ou falhas das quais aproveitar-se, como poderá vencê-los buscando suas vulnerabilidades, ainda que esteja bem preparado? **Por isto se diz que a vulnerabilidade pode ser percebida, porém não fabricada.**

Invencibilidade e vulnerabilidade

Invencibilidade é uma questão de abordagem, a vulnerabilidade é questão de oferta. Enquanto não conseguir observar vulnerabilidades na ordem de negociação dos adversários, oculte sua real formação de ofertas e prepare-se para ser invencível, com a finalidade de preservar-se. Quando os adversários têm propostas vulneráveis, é o momento de abordá-los. A defesa é para tempos de escassez, o ataque é para tempos de abundância.

Os especialistas em defesa se alocam nas profundezas da empresa, já os especialistas em manobras de ataque devem ser lançados nas mais arriscadas entranhas da batalha. Desta maneira, as empresas podem proteger-se e alcançar a vitória total. Especialistas em defesa e colaboradores saídos das escolas de formação, que são teóricos em ataque, podem tomar atitudes que afetem o bom andamento do negócio, porque não possuem a expertise para isso. Para o bem maior, oriente-o a sugerir e não agir até que possua a experiência necessária.

Em situações de defesa, cala as vozes e elimina os cheiros - escondidos como fantasmas e espíritos sob a terra - invisíveis para todo o mundo. Em situações de ataque, o movimento deve ser rápido e o grito retumbante, velozes como o relâmpago e o trovão, para que seus adversários não possam se preparar, mesmo que venham do céu.

Prever a vitória, quando qualquer um pode conhecer, não constitui verdadeira destreza. Todos elogiam a vitória ganha em longa negociação, porém essa não é realmente tão boa. Todos também elogiarão a vitória na curta negociação, porém o verdadeiramente desejável é poder ver o mundo do sutil e vislumbrar o universo do oculto, até o ponto de ser capaz de alcançar a vitória onde não existe forma. Não requer muita força para levantar um fio de cabelo, não é necessário ter uma visão aguda para ver o sol e a lua, nem é necessário possuir audição apurada para ouvir o retumbar do trovão.

O que todo mundo conhece não se pode chamar de sabedoria. A vitória obtida, por meio da longa e custosa negociação, deve ser amplamente comemorada como qualquer outra, mas não se considera realmente uma boa vitória. Na antiguidade, os que eram conhecidos como bons mestres da negociação **venciam quando era fácil vencer porque eles tornavam fácil, em pouco tempo e com poucos recursos.** Não obstante, longo trabalho é sim exigido na preparação de um novo cliente alvo de grande vulto. Este trabalho iniciará no ponto onde não há realmente necessidade, até o ponto que esta surja ou seja criada, sendo posteriormente investigada, culminando com uma negociação controlada. **Assim é a vitória por domínio** e cabe a grandes mestres ou negociadores bem orientados vencerem.

Se só for possível assegurar a vitória depois de enfrentar um adversário em um embate técnico, essa vitória é uma dura vitória. Se for possível ver o sutil e vislumbrar o oculto, irrompendo antes da abertura da negociação, a vitória assim obtida é uma vitória fácil. Em consequência, as vitórias dos bons mestres da negociação se destacam por sua inteligência ou sua bravura. Assim sendo, **as vitórias obtidas em negociação não são devidas à sorte, não são casualidades, são devidas a terem se situado previamente em posição de poder ganhar com seguridade,** impondo-se sobre os que já haviam perdido de antemão. A grande sabedoria não é algo óbvio, o grande mérito não se anuncia.

O caminho e suas leis

Quando houver a capacidade de ver o sutil, será fácil ganhar. Que tem isso a ver com negociações inteligentes ou com bravura? Quando se resolvem os problemas antes que surjam, quem chama isso inteligência? Quando há vitória sem negociação, quem fala de bravura? Conclui-se, então, que **os bons mestres da negociação tomam posição em uma frente que não podem perder e não deixam passar as condições que fazem seu adversário inclinar-se à derrota.**

Em consequência, uma equipe vitoriosa ganha primeiro e inicia a negociação depois. Uma equipe derrotada luta primeiro e tenta obter a vitória depois. Essa é a diferença entre os que têm estratégia e os que não têm planos premeditados. Alguns dizem que as **negociações são como investigações na medicina, nada é, tudo pode ser.** São como estudantes que transformam em loteria uma prova para a qual não se prepararam. Aqueles mestres, que utilizam boas propostas, cultivam o caminho e observam as leis. Assim, podem governar prevalecendo sobre os ineptos. É necessário:

- Servir-se da harmonia para desvanecer a oposição;

- Não atacar uma equipe vencida;

- Não criar falsos testemunhos sobre o adversário;

- Não fazer conchavos ou tomar propinas;

- Não cortar as árvores nem contaminar os rios;

- Purificar os locais dos clientes no caminho que atravessar;

- Não repetir os erros de civilizações mortas ou decadentes.

A tudo isso, chama-se o caminho e suas leis. Quando a empresa está estritamente disciplinada, a ponto dos colaboradores sentirem ansiedade antes de desobedecer às ordens, as recompensas e as penalidades merecem confiança, estão bem estabelecidas e os líderes são capazes de atuar desta forma, podendo então vencer até um concorrente corrupto.

Ampare os feridos

Durante uma guerra ou após a derrota em uma batalha, um guerreiro poderá sair ferido. Esse ferimento pode ter ocorrido, não por sua incompetência, ao contrário, pode ser resultado de sua extrema dedicação e sacrifício. Muitos deles tentaram em vão esconder seus ferimentos, seja por tentativa vã de curá-los sozinho, seja por vergonha de não estarem conseguindo se entregar por completo ao combate.

Se for esse o caso, e como líder terá a obrigação de saber, é importante entender a origem de seus ferimentos e curá-los, apoiando este guerreiro continuamente, até que se recupere.

Um guerreiro apresentará alguns sinais como:

- Menor comunicação;

- Menor locomoção;

- Pouca força;

- Desânimo;

- Baixa autoestima;

- Estará claramente infeliz.

Identificada a raiz, treine, motive, acompanhe e **faça tudo o que for necessário por um bom guerreiro.**

Henri Dunant entendia que era um dever primordialmente humano promover alívio ao sofrimento e com esses valores fundou a Cruz Vermelha. A mesma humanidade deve possuir um líder para seus subordinados.

[Uma soldada ferida

Uma ocorrência me vem à mente. Fazia parte da minha equipe, uma negociadora dedicada, honrada e muito hábil em abrir novos negócios. Sua carteira sempre era a maior em número de novas negociações, mas em determinado momento passou a dar demonstrações de baixíssima autoestima e eu já imaginava o porquê.

Acompanhei a distância o andamento, respeitando sua individualidade e seu espaço, na esperança que o cenário se alterasse. Como não houve, em uma segunda feira, após a reunião semanal, os resultados consolidados mais uma vez reforçavam minhas suspeitas, perguntei se eu poderia lhe pagar o almoço.

Já à mesa de um restaurante fora da empresa, era nítida a alta ansiedade no semblante da negociadora. Fiz algum mistério falando de outros assuntos que estavam nas manchetes da época, até que nosso pedido chegou e iniciamos a refeição. Enquanto cortava um belo bife, perguntei sem olhar: "Você tem dificuldade em fechar certo?" Então olhei firmemente para ela que já estava me olhando e antes que ela respondesse complementei. "É hora de abrir o coração, estou aqui para lhe ajudar." Não era a primeira vez que eu usava aquela frase, já parecia discurso até para mim mesmo e me preocupava, pela minha própria falta de eficácia ao longo do tempo utilizando essa frase. Tamanha foi minha surpresa ao me deparar com uma pessoa totalmente desarmada, ciente de sua fraqueza e aberta a receber ajuda.

Conversamos por algum tempo para que eu detalhasse e entendesse melhor a dificuldade. Ficou claro que na grande maioria de seus negócios, após um ótimo desenvolvimento desde sua abertura, ela ficava esperando ser comprada, não conseguia orientar a conclusão a seu favor e possuía grande receio de estar importunando o cliente.

Após algumas orientações pontuais e acompanhamento presencial as visitas aos seus clientes, com posterior análise da situação real, participando com ela - inclusive em um fantástico fechamento - os resultados começaram a aparecer e o sorriso fácil tornou-se constante.]

Fique atento a retaguarda

Caso o ferimento de um guerreiro seja tão profundo que venha a incapacitá-lo para o combate, ou ainda, a demanda da batalha faça com que necessite aumentar suas forças, dentro de suas próprias tropas, em funções de assistência na retaguarda, poderão existir potenciais guerreiros ainda vistos apenas como escudeiros. Estes poderão ser muito úteis e tendem a se manter leais.

A exemplo do Pony Express, um serviço de mensagens à cavalo criado em 1860 nos Estados Unidos da América, que atravessava territórios hostis e que cujos componentes possuíam a admiração do povo, mas não o devido reconhecimento do exército. **Alguns escudeiros de suas forças podem possuir sangue nos olhos, as competências e habilidades necessárias para serem sagrados guerreiros.** Certamente, isto já será conhecido por ter sido identificado ao longo do tempo durante o acompanhamento regular das atividades de sua retaguarda. Características como evolução, comprometimento e a fibra com que travam as sucessivas batalhas diárias em busca da sobrevivência, superação e cumprimento do dever com visão clara da missão, serão os sinais.

Tenha em boa conta todo aquele que trabalhe com sinceridade, esteja o líder por perto ou não, e que se remeterá a execução da missão confiada, sem estúpidos questionamentos, sem a intenção de não executá-la ou procrastinar o quanto puder. A este há de se reforçar as competências e conceder a oportunidade.

[O que importa é o comprometimento.

È comum a necessidade de ampliar o quadro ou repor negociadores e para todas, sempre preferi realizar eu mesmo o recrutamento e seleção. O meio como chegaram os currículos e até a forma como atenderiam ao telefone, pesariam em minha decisão. A possibilidade de receber centenas de currículos não me incomodava, porque não levaria mais de oito segundos para descartar os incompatíveis com meus anseios.

Em determinado momento, apresentei a necessidade de ampliar o quadro em função do sucesso que a equipe demonstrava e da possibilidade real, confirmada em meus cálculos, do aumento nas vendas, se a quantidade de negociadores fosse ampliada. Aceita a demanda, me preparei para realizar o recrutamento quando recebi a sugestão de que o recrutamento e a seleção inicial fossem realizadas por uma empresa de recursos humanos terceirizada, que pertencia a um amigo de um membro do conselho diretor.

Inicialmente a solicitação me causou estranheza, mas dei andamento conforme sugerido. Precisamos manter a mente aberta e sair da nossa zona de conforto em busca de outras visões, caso não, a zona de conforto deixa de ser um ambiente de relaxamento mental, para se tornar uma opção de fuga. Minha única condição foi que ao invés de entrevistar 3 como é comum ao fim desses processos, eu gostaria de entrevistar 12. Apesar de questionada, a condição foi aceita. Essa condição obrigaria a empresa de Recursos Humanos a ampliar seu espectro de coleta para chegar a 12 candidatos prováveis. Destaquei o dia marcado na agenda de negócios e compareci à consultoria de RH para a escolha final. Ao fim do dia, eu não tinha selecionado nenhum e a consultoria ficou de agendar nova rodada de entrevistas.

De volta a empresa no dia seguinte, fui abordado pelo membro do conselho que havia indicado a consultoria, questionando por que não teria escolhido nenhum candidato. A resposta foi segura e simples. Nenhum atendia as necessidades. Em minha mente, entretanto, pairava novamente a questão do conflito de interesses. Perguntei se teria disponibilidade de alguns minutos e o convidei à sala de reunião. Expliquei então, com mais detalhes, a qualidade da amostra de candidatos que me foi apresentada e que culminou com a minha decisão de não selecionar nenhum. Repliquei-a as minhas orientações a empresa ao fim da fracassada tentativa, deixando claro meus critérios e anseios, lembrando que, inicialmente, a consultoria de RH não questionou as minhas necessidades e trabalhou apenas baseada em uma descrição de cargo.

Deixei muito claro que para mim, o que mais importava seria perceber no candidato o comprometimento, o que a consultoria colocava como sendo muito difícil de levantar - acredito que por uso de demasiados testes e formulários e menos olho no olho.

Senti alívio com a resposta e o posicionamento do conselheiro. Resumindo, manifestou seu entendimento de que no caso de um novo retorno sem haver novamente escolhido nenhum candidato, saberia que teria sido a melhor decisão para a empresa. Ao mesmo tempo, senti remorso por ter pensado que pudesse haver conflito de interesses, me conformando apenas por saber que, para quem é orientado a ver riscos, seria uma conclusão normal]

O roteiro dos negociadores

O roteiro dos negociadores possui cinco etapas: estimativa, valoração, cálculo, comparação e vitória. O cliente dá lugar às estimativas, essas dão lugar às valorações, as valorações aos cálculos, esses às comparações e as comparações dão lugar às vitórias. Mediante a comparação das valorações será possível conhecer onde há vitória ou onde há derrota. Consequentemente, uma empresa vitoriosa é como um quilo comparado a um grama e uma empresa derrotada é como um grama comparado a um quilo.

Quando o líder consegue que seus colaboradores vão à negociação como se fossem uma grande corrente de água ao longo de um rio raso, isto é, uma questão apenas de ordem de negociação, poderão ser rápidos e eficazes, mas transparentes em estratégia e de forma clara. Podendo ser vistos também pelos inimigos. Quando o valor agregado, entretanto, se acumula em um rio profundo, ninguém pode medir sua quantidade a não ser que explicitada a quem de direito, nossa defesa não mostra sua forma e a proposta precipita-se para baixo como uma enxurrada e de maneira tão irresistível como deve ser nossa própria oferta, o objetivo é rapidamente alcançado.

⊙ A velocidade do fluxo da negociação é diretamente proporcional à energia do esforço e inversamente proporcional a pressão da convivência. **Quanto mais próximo e exigido pelo cliente, mais rápida será a definição.**

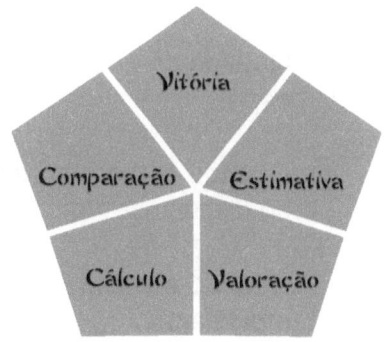

❧ VI ❧

Vantagem e desvantagem

Os que se antecipam e se preparam chegam primeiro ao campo de negociação e esperam o adversário, e estarão em posição vantajosa. Os que chegam por último ao campo de negociação e improvisam iniciando a barganha acabam esgotados e em desvantagem.

Os bons mestres da negociação fazem com que os adversários venham a eles e, de nenhum modo, deixam-se atrair para fora de seus domínios. Se sua condução faz com que os clientes procurem-no para negociar, sua força estará sempre em vantagem. Se não, será necessário sair para negociar e sua força estará sempre em desvantagem, considerando de negociações já iniciadas. **Esta é a arte de colocar em desvantagem os adversários.**

O que impulsiona os clientes a procurá-lo por própria decisão é a perspectiva de reduções, benefícios e valor agregado. O que os desanima é a probabilidade de despender recursos desnecessários ou falta de benefícios sobre a necessidade.

- Quando os adversários estão em posição favorável, canse-os;

- Quando estão bem apresentados, obstrua os fundamentos do discurso;

- Quando estão descansando, faça com que se ponham em movimento.

Negocie inesperadamente, fazendo que os adversários se esgotem e corram para salvar seus empregos. Interrompa as revisões, arrase as fundamentações técnicas e corte as possibilidades de novas negociações. Apareça em lugares críticos e negocie de onde menos esperam, e faça com que tenham que acudir ao resgate do cliente. Apareça onde não possam ir, tome um café da manhã com o cliente, dirija-se para onde eles nem imaginariam.

Posicionamento

Se quer negociar muito sem cansaço, atravesse territórios de menor concorrência e encontre tesouros menores. Abordar um cliente em campo aberto, não significa só um cliente em que o concorrente não tem presença, enquanto sua relação não for concreta e o cliente não esteja resguardado. Os concorrentes se alternarão à sua frente, como se o cliente estivesse exposto. **Para conquistar, infalivelmente, o que deseja, ataque onde não há defesa. Para manter uma relação infalivelmente segura, defenda até onde não há oferta**. Assim, seus concorrentes não saberão por onde começar.

Quando se cumpre as instruções, as pessoas são sinceramente leais e comprometidas, os planos e preparativos para a defesa são implantados com firmeza, sendo tão sutis e reservados que não revelam as estratégias de forma alguma, os adversários sentem-se inseguros e sua inteligência não lhes serve para nada.

Seja extremamente sutil e discreto, a ponto de não ter forma. Seja completamente misterioso e confidencial, até o ponto de ser silencioso. Desta maneira, poderá dirigir o destino dos seus adversários. Para avançar sem encontrar resistência, invista nos seus pontos débeis. Para retirar-te de maneira esquiva, seja mais rápido do que eles. As situações de negociação baseiam-se na velocidade. Chegue como o vento, mova-se como o relâmpago e os adversários não poderão te vencer.

⊙ Portanto, quando quiser entrar em uma negociação com o adversário entrincheirado em posição defensiva, não poderá evitar barganhar se abordar pontos onde deverá acudir, irremediavelmente, ao resgate.

Argumentos fracos pedem resgate muito rapidamente. Quando não quiser entrar em negociação, trace a meta com cliente que quer conservar, o adversário não poderá negociar porque não verá necessidade. Isto significa que quando os adversários chegam para abordar, não debaterá com eles, estabelecerá uma mudança estratégica para confundi-los e encher de incertezas. Consequentemente, quando se leva outros a se apresentarem, enquanto estamos sem forma, estamos concentrados, enquanto que o adversário está dividido.

Faça com que os adversários vejam como extraordinário o que quer que seja ordinário e faça com que vejam como ordinário o que é extraordinário para ti. **Isto é induzir o concorrente a efetuar um posicionamento.** Uma vez vista a formação do adversário, concentre suas estratégias contra ele. Como seu posicionamento não está à vista, o adversário dividirá certamente suas forças.

Estando concentrado terá foco, enquanto o concorrente estará dividido em diversas prováveis frentes. Se com foco, puder abordar o cliente com poucos recursos, desanimará qualquer que seja o número dos seus adversários. Quando, por sua vez, estiver fortemente relacionado, estará forte atrás de boas barricadas e não deixará passar nenhuma informação sobre suas vantagens competitivas. Apareça sem estratégia precisa, aborde e conquiste de maneira irrestrita.

De onde se pretende liberar a negociação, não deve ser conhecido, porque na falta deste conhecimento serão necessárias muitas frentes de vigilância e no momento que se estabelecem numerosos postos, o ponto focal terá menos vigilância. Sendo assim, quando a vanguarda está preparada, sua retaguarda é precária e quando a retaguarda está preparada, a vanguarda apresenta pontos frágeis.

O foco na sua equipe de vendas significará carência em sua equipe de orçamento, porém, o foco por todas as partes significará ser vulnerável por todas elas, já que na realidade não haverá foco. Isso significa que quando a equipe está atenta em muitos pontos, estão, forçosamente, espalhados em pequenas unidades, logo, ficarão a mercê do inimigo.

Quando se dispõe de poucos recursos e se está na defensiva contra o adversário, o que dispõe de muitos faz com que o concorrente tenha que se defender. **Se sua equipe se compõe de apenas um, que seja.** Se lutar contra legiões reais do adversário, faça com que seu negociador se sinta uma equipe e traga literalidade a palavra legião. **Ensine como utilizar a estrutura da empresa como sua extensão e parecer mais forte que realmente é.** Quanto mais estratégias seu concorrente for induzido a adotar, mais debilitado ficará. Assim, se o lugar, o momento e a data da negociação forem conhecidos, será possível participar mesmo que se esteja a mil quilômetros de distância. Se não se conhece o lugar e o momento da negociação, então o marketing não poderá salvar vendas, sua vanguarda não poderá salvar sua retaguarda e sua retaguarda não poderá salvar a sua vanguarda, nem mesmo em um cliente de poucas demandas estratégicas.

Se a empresa é detentora de muito mais relacionamento e estratégias que os concorrentes, como este fator pode ajudar a obter a vitória? Se, por exemplo, o lugar e o momento da negociação não são conhecidos, mesmo que sua equipe seja mais numerosa e possua mais recursos, como poderá garantir que ganhará? Sendo assim, **diz-se que a vitória pode ser criada**, a batalha pode acontecer sem o inimigo participar, faltando domínio da relação por parte dele. Levando os adversários a não saber o lugar e o momento da negociação, sempre poderá vencer. Mesmo que os concorrentes sejam numerosos, poderá fazer com que não entrem na negociação. Realize suas estatísticas sobre eles para averiguar seus planos e determine que estratégia de defesa terá êxito e qual não terá. Incite-os à ação para descobrir qual é o esquema geral de seus movimentos e descanse.

Faça algo a favor ou contra seus adversários, apenas para obter sua atenção, de maneira que possam ser atraídos a tentar descobrir suas estratégias de abordagem e de defesa. Mantenha-os ocupados. Induza-os a adotar padronizações, para que seja simples conhecer seus pontos fracos.

Isto significa utilizar muitos métodos para confundir e perturbar o concorrente, com o objetivo de observar suas formas de resposta. Depois de ter observado, aja em sequência, de maneira que possa saber que situações significam ganhar e quais significam perder. Teste-os para averiguar seus pontos fortes e seus pontos fracos.

Portanto, o ponto final do combate a uma equipe concorrente é a individualidade de planos e estratégias. **Quando não se possui forma definida, os informantes não podem descobrir nada e sem a informação não podem criar uma estratégia.** Cada ente agirá como defendesse a própria existência. Uma vez que não se possui forma perceptível, não se deixará informações que possam ser utilizadas, os informantes não encontrarão nenhuma fresta por onde olhar e os que estão a cargo do planejamento, não poderão estabelecer nenhum plano realizável. O que parece óbvio, mas poucas vezes bem aplicado, é que a vitória sobre concorrentes mediante estratégias precisas deverá ser desconhecida destes.

Todo mundo conhece a técnica que resultou no vencedor, porém ninguém conhece a estratégia que assegurou a vitória. Em consequência, a vitória em negociações não é repetitiva ou padronizada, é necessário adaptar a estratégia continuamente. Determinar as mudanças apropriadas significa não repetir simplesmente as estratégias prévias para obter a vitória. Para consegui-la, deve-se possibilitar a adaptação, desde o princípio, a qualquer estratégia que os adversários possam adotar.

As estratégias são como o valor agregado. O ambiente propício para o valor agregado está em evitar o alto e ir para baixo. No ambiente das empresas é evitar a vantagem do oponente e atacar a desvantagem. **O fluxo do valor agregado é determinado pela necessidade e a vitória é determinada pelo adversário.** Sendo assim, uma empresa não tem estratégia constante e o mesmo acontece com o valor agregado que não possui forma constante. Chama-se gênio quem possui a capacidade de obter a vitória alterando e se adaptando conforme as ações do concorrente e do cliente.

Registro de oportunidade

O registro de oportunidade é um procedimento utilizado quando não se é o fabricante da solução e se possui relacionamento com fornecedores de larga escala. Nele são registradas as informações de um determinado cliente e a oportunidade que que está sendo apresentada por ele. Em alguns casos, se você for o primeiro a informar, receberá todo o apoio necessário e os melhores preços disponíveis — principalmente se já for parceiro do fornecedor e estiver propondo a substituição de soluções do concorrente. Em outros casos, o fornecedor pode comparar as solicitações de registro de oportunidade e apoiar o parceiro que, por conhecimento prévio ou demonstração de domínio no relacionamento, possui maior possibilidade de vitória.

Nos casos de registro de oportunidade, recursos de todos os tipos serão disponibilizados pelo parceiro para enriquecimento da relação, apoio no andamento e solidificação do negócio. Esses poderão ser recursos financeiros, materiais, ou ainda, de pessoal de apoio. No entanto, não se deslumbre: muitos desses recursos funcionarão como espiões e o fornecedor não hesitará em passá-lo para trás esfaqueá-lo pelas costas se deduzir que, com outro parceiro ou mesmo vendendo direto, venha a garantir o negócio. E nessa atitude, não há distinção entre pequenos ou grandes fornecedores.

Ao registrar uma oportunidade no fornecedor e nos posicionando antecipadamente e adequadamente como conselheiros do cliente, isso resultará em grandes vantagens: faz com que nos tornemos perante este fornecedor, como aqueles que mais prontamente conhecem o ambiente, a cultura organizacional, os problemas e a provável solução.

Ao montar sua agenda semanal, sempre priorize o desenvolvimento do relacionamento com um novo grande cliente, por mais que ele não possua nenhum negócio conhecido. Coloque-se à disposição dele e demonstre o quanto pode ser útil. Lembre-se, contudo, de que apenas se apresentar e dizer o que a sua empresa comercializa, não o levará a lugar nenhum. Prepare-se, fazendo a investigação como se fosse atender a uma oportunidade real e, durante sua apresentação, posicione-se como solução para possíveis problemas, demonstrando conhecimento e consistência. Certamente, quando a necessidade aparecer, o cliente o convidará e poderá então realizar um registro de oportunidade, porque possui o relacionamento que sustente sua solicitação.

Comunicações

A comunicação é o núcleo do relacionamento humano, diferente não seria em relação às negociações. Os negociadores passam a maior parte do tempo comunicando-se e mantendo a ligação entre as diversas partes interessadas. Juan Bordenave em seu livro "O que é Comunicação", afirma que "**Literalmente, nada acontece sem que haja prévia comunicação**", mesmo que não entendida, não percebida ou não recebida.

A cada grupo de partes interessadas que dispõe dos mesmos interesses chamaremos de círculo. Existem três tipos de círculos em relação a aplicação das comunicações: amplo, restrito e confinado. A classificação de cada grupo dependerá da conformação do negócio.

- No que tange a comunicação interna do próprio círculo, **todos os círculos são restritos por natureza.**
- Pode haver **interseção** entre dois ou mais círculos restritos e confinados.
- Ao **amplo**, não se divulgará informações que tragam risco de ser mal interpretadas, frustração desnecessária ou que não tenham sido ainda validadas;
- Ao **restrito**, as informações pertinentes a seu conhecimento, mesmo que suposições carentes de investigação;
- O **confinado** não se comunicará com o cliente;
- Círculos restritos e confinados estão **contidos** no círculo amplo;

No exemplo **extremo** de conformação ao lado, até o departamento de orçamentos seria confinado. Por algum motivo estratégico, apenas o departamento comercial poderia se comunicar com o cliente. Então, o comercial faria, por exemplo, com que o cliente não necessitasse saber de um risco de atraso na entrega que já foi contornado. O orçamentista receberia do fornecedor o conhecimento de como fazer, estipularia o tempo necessário para execução, que seria comunicado ao cliente pelo comercial.

◉ **Comunicação é troca de entendimento, é o cerne das negociações** e irá se definir pela forma como será empregada, as características dos emissores e receptores. Para que essa comunicação seja favorável, é necessário levar em conta as diferenças culturais, organizacionais, níveis de conhecimento, as diversas perspectivas e suas intenções. **A grande maioria dos problemas de comunicação tem origem no emissor**, por desconhecer esses detalhes.

Diferente do que a maioria acredita, se comunicar não é apenas falar, ouvir, enviar ou receber uma mensagem, é participar ativamente de um processo de troca de entendimento de forma escrita, simbólica, verbal ou não verbal. Lidar com as comunicações, inclui tudo aquilo necessário para assegurar que as informações sejam apresentadas de maneira proveitosa.

*"Todo homem toma os limites de seu próprio campo de visão
como os limites do mundo"
Arthur Schopenhauer),
Livro da Filosofia, 2011, P 186*

A comunicação é bidirecional, por mais que haja mais de dois elementos envolvidos comunicando-se ao mesmo tempo, milésimos de segundos podem ser utilizados para alternar entre os vários interlocutores e diversos tipos de linguagens, de forma que a comunicação mantenha-se bidirecional. Se isso não for possível, não haverá entendimento e o melhor a fazer então, é solicitar que se comuniquem um por vez, seja em uma comunicação ou em suas atividades diárias, um negociador será ora emissor ora receptor das mensagens que estarão circulando ao seu redor.

Um negociador é necessariamente um elemento diferenciado. Para que isso seja um fato, ele não pode se deixar envolver no generalismo determinado por Schopenhauer. Deve adquirir o entendimento de que para comunicar corretamente, por mais falante que seja, irá requerer um conjunto de habilidades. Um individuo prolixo, por exemplo, apesar de produzir muita informação, é reconhecidamente um péssimo comunicador. Essas habilidades desenvolvidas pelo negociador, não representam apenas a forma como transmitirá ou receberá informações, mas também como as decodificará, estabelecerá as porções relevantes, definirá seu objetivo e utilizará esta informação qualificada.

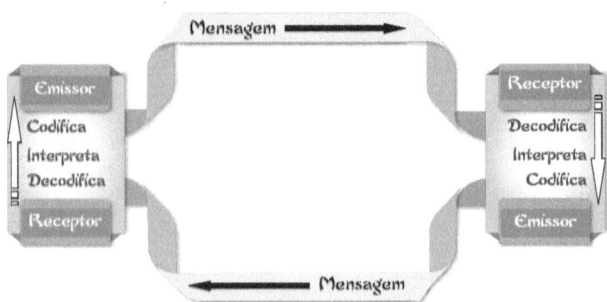

Assim será imprescindível que você possua as habilidades de:

- **Captar** a informação, recebendo-a eficiente e seletivamente para identificar ou confirmar, questionando e discutindo sugestões e opções para garantir um melhor entendimento;

- **Decodificar** as mensagens em todas as linguagens que possam estar sendo utilizadas, como simbólicas, verbais e cinestésicas.

- **Interpretar**, considerando os diversos idiomas, deduzindo perante o contexto, conhecimentos, regionalidade e cultura.

- **Codificar** novas mensagens no mesmo contexto, idioma, regionalidade e cultura utilizados, adicionando elementos de conhecimentos que lhe possam permitir coletar confirmações.

- **Direcionar** mensagens em forma de conceito a fim treinar e de ampliar o conhecimento da equipe, tornando-a mais eficaz;

- **Utilizar** a informação como forma de definir ou controlar as expectativas;

- **Manejar** o conteúdo para persuadir uma pessoa, equipe ou organização a executar uma ação;

- **Motivar**, **encorajar** ou **reassegurar** através de palavras;

- **Monitorar** os dados para melhorar o desempenho e alcançar os resultados desejados;

- **Criar acordos** mutuamente aceitáveis entre as partes;

- **Esclarecer conflitos** para evitar impactos negativos;

- **Alimentar o raciocínio lógico**, resumindo, recapitular e identificando fatos.

Essas comunicações poderão possuir âmbito apenas interno a organização ou externo - estando disponível mesmo que direcionada apenas ao cliente com acesso ilimitado. Poderão ainda possuir o teor:

- **Oficiais** como: editais, cartas convite, RFPs e solicitações de propostas;

- **Formais** como: solicitações de orçamentos e coletas de preços;

- **Informais** como: e-mails, mensagens de texto e discussões argumentativas.

Por essas e outras, é importante definir a **matriz de responsabilidades** desde o início das negociações. Este é o documento que define o responsável que irá fazer o que em relação a quem para cada tarefa, como: executar, consultar, aprovar, definir ou ser informado.

Por exemplo: a responsabilidade de consultar sobre uma alteração na execução é do cliente, para a qual o negociador e o gerente do projeto darão seus pareceres, a empresa solicitará a aprovação do orçamento e o cliente dará a definição final.

✪ Para ser efetivo em suas conclusões, um negociador não precisa de respostas e sim de confirmações.

[**O mestre Francês**

Para confirmar pessoalmente que todos os problemas haviam sido realmente solucionados no contrato do centro de distribuição de uma importante multinacional europeia, que estava próximo de ser concluído e onde recentemente havíamos passado por alguns percalços, realizei uma visita ao projeto.

Estava ao fundo da área administrativa, um amplo salão muito claro e agradável, quando avistei entrando neste mesmo salão, no lado oposto ao que eu estava, uma comitiva de 9 pessoas, dentre as quais reconheci um negociador da minha equipe e responsável pela conta. Olhei imediatamente meu celular e pude notar duas ligações dele perdidas, provavelmente buscando me avisar. Não sei como não percebi, mas em um ambiente de implantação realmente há momentos onde os decibéis sobem.

Um francês altamente competente que viria posteriormente se tornaria o diretor internacional de vendas corporativas da maior multinacional de telecomunicações na Europa. Junto com ele, reconheci também o vice-presidente da multinacional, que não era nosso contato direto, mas que nós conhecíamos bem por ser ele o principal responsável e decisor em relação aquele projeto.

Ao longe pude observar quando o vice-presidente se dirigiu a um técnico que estava abaixado próximo a entrada e o questionou sobre algo. A reação do vice-presidente a resposta foi uma grande gargalhada, os demais se olhavam como se surpreendidos e o negociador francês levou as duas mãos à cabeça.

Dirigi-me rapidamente ao encontro deles e o negociador francês se antecipou à comitiva e me questionou o que teria acontecido. Eu me surpreendi como os outros componentes da comitiva e respondi com outras perguntas, para que ele me explicasse melhor o que havia acontecido. O negociador francês respondeu que não entendeu, não conseguia repetir, mas achava que era algo muito ruim.

Cumprimentei o vice-presidente, os componentes da comitiva e pedi licença para me ausentar por um momento, antes de qualquer questionamento.

Passei direto pelo técnico e quando estava fora da área de visão da comitiva, chamei-o reservadamente e pedi que ele me repetisse com as mesmas palavras, o que o vice-presidente tinha perguntado e o que ele tinha respondido. Meus colaboradores sabiam que poderiam confiar em mim e que eu nunca puniria ninguém que tivesse cometido um erro por equívoco.

Então, em um dialeto carioca, que eu só pude decifrar por também ser do Rio de Janeiro o técnico repetiu: "O patrão perguntou: 'Está tudo bem garoto?' Eu respondi: 'Ai chacota, vou te mandar a geral. Babou'." Traduzindo para o bom português: "Olha senhor, vou lhe falar a verdade. Estamos com problemas."

Por sorte, os receptores não foram capazes de decodificar e interpretar a mensagem e, nesse momento, veio à tona a experiência de quem não é vice-presidente de uma multinacional à toa e está sendo regularmente informado dos problemas. Ele, provavelmente, levou em conta a desinformação do técnico, por ele não pertencer ao círculo onde as informações sobre os problemas e suas soluções estavam circulando. Não deu atenção e providenciou que a comitiva continuasse andando.

Quando voltei a eles, instantes depois, o vice-presidente me cumprimentou e sorrindo repetiu a pergunta: "Está tudo bem?" Com a visão periférica, por estar olhando para o vice-presidente, pude notar a feição aflita do negociador francês um pouco atrás. Respondi firme e entusiasticamente: "Está tudo bem. Confirmo as informações do último relatório. Vamos realmente entregar na semana que vem, cinco dias antes do previsto." Traduzida agora essa mensagem, imediatamente por nosso negociador, principalmente aos europeus na comitiva. Ai sim, sorrisos fartos e tapinhas nas costas foram distribuídos.

Para que você entenda, nós havíamos sim tido um problema sério com um equipamento importante no dia anterior em outro setor do centro de distribuição e com outra equipe especializada, que poderia impedir a entrega do projeto no prazo previsto. Entretanto, esse risco havia sido previsto, o plano de contingência acionado e, naquele mesmo dia, pela manhã, o problema havia sido solucionado. Era esse um dos motivos que haviam me levado a fazer aquela visita.

Esse francês é a prova que nem sempre é o líder ensina ou tem razão, aprendi muito com ele, pena que foram poucos anos. Não foram poucas as vezes e não esqueço os momentos em que ele me chamava atenção falando calmamente com aquela educação europeia: "Você não pode estar em todo lugar a todo tempo, vai à reunião com o cliente, vai ao levantamento, vai à implantação do projeto. Os clientes vão achar que esta é uma empresa de um homem só." Mesmo diante da enorme quantidade de profissionais que trabalhava conosco, em diversos níveis, o que impediria o cliente de ter essa impressão e do que reconhecia ser meu esmero em acompanhar, ou validar, certas — muitas — ações que achava importantes, entendia a necessidade do meu amigo francês em querer preservar um símbolo de autoridade para momentos decisivos nas negociações.

Aquele técnico, aprendeu a lição e hoje provavelmente, a energia que abastece a sua residência ou sua empresa, é de responsabilidade dele e de sua equipe incansável.]

Retorno

Retorno ou feedback é o processo de fornecer informações colaborando para atingir objetivos mútuos. **O retorno necessita ser imparcial, apresentar a realidade dos fatos** e não sua opinião não fundamentada, anseios, expectativas fora da realidade, projeção de problemas próprios ou informação manipulada.

Refletirá o momento em que foi gerado, o momento presente, atual ao feedback, e não terá validade se utilizado posteriormente, quando as condições ou o fundamento se alterarem. Será um compromisso imprescindível e inadiável, se for uma formalidade registrada em contrato, seja por regularidade ou por demanda de fatos acontecidos.

Será **ativo e aberto** quando captado por meio de observação ou monitoramento, sendo expressado documental ou verbalmente, mesmo que de forma informal. **Ativo velado** quando a ação é apenas de observação. Aqui pode haver dúvida do porquê de se estar recebendo informação, através da observação seria ativo, mas o que deve ser levado em conta é a ação de observar. Será receptivo, quando a informação lhe for fornecida.

O ideal é que possa evidenciar os fatos constitutivos, reforçando comportamentos benéficos ao empreendimento, ajudando a compreender e desencorajando os prejudiciais. Já retornos negativos, por mais que construtivos, não costumam ser bem aceitos, podendo consequentemente gerar conflitos, principalmente, de apresentar críticas negativas, pontos de vista diferentes que possam vir a influenciar tomadas de decisão e seu conteúdo não deixar clara sua imparcialidade. Dentro de um empreendimento, poderá soar como a possibilidade de falhas ao andamento e a arranhões à imagem da parte interessada.

Culturalmente, tendemos a ser grupais e uma colocação crítica negativa sugere, de forma abrupta, que simplesmente não podemos vislumbrar ameaças à nossa própria existência dentro do grupo. Isso constrange, magoa e até revolta pessoas não focadas e preparadas.

Em relação ao desenvolvimento do guerreiro, é muito comum ouvir de nossos subordinados e até de alguns pares que a vida não lhe é grata. Entende este que não há reconhecimento de seus esforços e de seu trabalho. O quanto cada indivíduo quer e necessita de reconhecimento é uma variante universal, entretanto, a manipulação e a verdadeira falta de reconhecimento são percebidas mesmo por aqueles que não são movidos a este sentimento. Importante é entender se está realmente acontecendo a falta de reconhecimento ou não há autoconhecimento suficiente para saber que não se é produtivo.

O sentimento ou a verdadeira falta de reconhecimento são problemas que afetam direta e fortemente a produtividade de uma corporação. Há aqui de salientar a necessidade constante de monitorar estas insatisfações, seja de forma individual, por meio dos gestores; seja de forma global, sob a cortina de avaliações 360 graus e pesquisas de clima. Estes resultados permitirão avaliar a necessidade de campanhas motivacionais.

De acordo com pesquisas, mais de um terço da força de trabalho considera a falta de reconhecimento como o maior obstáculo para sua produtividade. Segundo esses colaboradores, recompensas e reconhecimento por realizações ampliam sua motivação e produtividade. Esta falta de reconhecimento pode ser assimilada pelo colaborador de várias formas: como uma simples desmotivação regular, um colapso após o recebimento do resultado de uma avaliação ou um simples retorno de um superior.

O colaborador que não sabe previamente o resultado de sua avaliação, novamente é como o estudante que vai a uma prova sem estar preparado. O resultado é uma loteria. Este tipo de postura é muito comum nos níveis mais baixos da hierarquia.

Não habitamos mais o universo onde "tempo de casa" resulta em promoção, é necessário no mínimo estar um patamar acima em execução do medido na avaliação anterior. Não se promove para atribuir. Se atribui, colhe resultados e, então, promove. O colaborador precisa entender o comportamento de liderança. Por um lado, pode haver uma tolice que premiará a quantidade de trabalho e não seus resultados; por outro seus resultados serão premiados quando alinhados com metas e objetivos. Saímos de uma era de produtividade serializada e supervisionada para vivermos a era da superação, em que teoricamente seu sucesso e vitória dependem, exclusivamente, de você e da constante evolução que será cobrada de cada indivíduo.

Para a maioria daquele um terço comentado, a desmotivação é pura falta de compreensão do que seria realmente necessário para motivar o reconhecimento. Isto porque, em muitas empresas, realmente não se deixa claro o que se espera do colaborador e, em níveis mais baixos hierarquicamente, isso não funciona. Em tempos de crise, feedback e reconhecimento podem ser uma excelente ferramenta para manutenção da produtividade e custos se bem utilizados.

Como colaborador, entenda que se há uma cultura real de falta de reconhecimento em sua empresa, desligue-se de seu caso e análise o todo. Se houver, procure outras paragens.

Organizações eficientes, cultura de gestão de talentos e retorno constante geram condições de aproveitamento do lastro de engajamento da força de trabalho. Tal fato criará a propulsão necessária para a motivação do todo, eliminando a rotatividade por insatisfação e criando um filtro de produtividade.

Retorno é um presente tão valioso para quem sabe reconhecer, que deveria ser solicitado regularmente e não aguardado.

O Idioma do íntimo

"Os olhos conversam tanto quanto as línguas que utilizamos, com a vantagem de que o dialeto ocular, embora não precise de dicionário, é entendido no mundo todo".
Ralph Wando Emerson

Previamente ou, ao longo da carreira, um bom negociador irá, de forma obrigatória, adquirir conhecimento de diversos idiomas além do nativo. Existe, entretanto, um outro idioma que, apesar de também poder ser considerado nativo, o indivíduo entenderá razoavelmente instintivamente, mas talvez desconheça a existência deste segundo idioma, por não ser verbal.

Sem a necessidade de divagar muito sobre a importância de se conhecer outros idiomas, vamos nos prender àquele segundo idioma, que falamos fluentemente, provavelmente entendemos pouco e é bem possível que essa situação seja desconhecida.

Estamos falando da **linguagem cinestésica**, a forma que o corpo tem de comunicar o que está realmente acontecendo através dos instintos.

Outrora, vimos que nada acontece sem que haja alum tipo de comunicação, mesmo quando essa não é entendida. Pode-se pensar que uma negociação foi perdida sem aviso pelo cliente. Na realidade foi avisado, apenas não foi entendido porque não se deu atenção ao que o cliente falou através da linguagem cinestésica.

É necessário distinguir a linguagem cinestésica, enquanto linguagem não verbal, da Língua Brasileira de Sinais. LIBRAS, como é mais conhecida, é uma linguagem gestual — não verbal — brasileira, em que também o corpo fala e que da mesma forma que nosso idioma pátrio, irá se diferenciar dos idiomas gestuais de outros países ou regiões, LIBRAS no Brasil apresenta seu conjunto de sinais que será diferente se comparado ao conjunto de sinais dos EUA ou Portugal.

Já a linguagem cinestésica que é expressada por um conjunto de reações **universais** do corpo ao que estamos sentindo, também é não verbal, mas instintiva e abrange, principalmente, reações que são captadas através de postura, gestos, expressões faciais, que incluem fortemente o movimento dos olhos e ainda o espaço do entorno do indivíduo. Está ligada a uma das áreas primitivas do cérebro e diversas ciências e não ciências a estudam desde Darwin.

Apesar de universal, pode haver "sotaques", ou seja, pontos particulares de determinadas regiões, relacionados à cultura ou ao contexto histórico familiar do indivíduo. Se bem utilizada, pode reforçar a comunicação, seja na **transmissão — voluntária ou não, ou na recepção de informação ou intenções.**

A maior parte das pessoas tem clareza que a palavra verbalizada constitui o método usual de comunicação frente a frente, concluindo que este é o meio mais eficiente de trocar informações. Contudo, isto dependerá muito da competência dos interlocutores em expressar seu propósito de forma precisa e do receptor em interpretar de modo seletivo e eficiente o que está totalmente "à parte" da compreensão da mensagem.

A mensagem verbalizada é controlada conscientemente pelo emissor e pode então passar uma ideia clara enquanto a linguagem cinestésica é o contrário. "Para quem souber ler, pingo será letra.", como relata um ditado popular.

Uma pessoa pode passar vários minutos falando e mentindo e, em apenas alguns segundos, isso pode ser identificado através da análise das expressões faciais e corporais. Então, da mesma forma que em um texto, a quantidade não influenciará a qualidade da informação.

Basicamente, o processo de comunicação se constitui por uma necessidade e que provoca a geração de uma mensagem, oriunda em um emissor e transmitida ao receptor através de um meio de transmissão — pessoalmente, ligação de voz ou vídeo — e existem outros componentes, que nesse caso, não é relevante abordar.

A maior parte dos erros na comunicação tem origem no emissor. Quando esse não consegue, de forma clara e objetiva, dar sinais concretos aos seus pensamentos e ideias, gera uma quebra de expectativa.

Albert Mehrabian em seus estudos sobre a importância das mensagens verbais e não verbais, mensura o peso da informação durante a comunicação da seguinte forma:

- **07% da comunicação está nas palavras**, ou seja, o que a pessoa diz;
- **38% no tom de voz**, inflexão, ou seja, a maneira como fala;
- **55% no corpo**, olhos, mãos, braços, pernas, dedos, ou seja, expressão e gestos.

O negociador não pode ficar alheio à linguagem corporal e aos efeitos benéficos que pode gerar, quando bem utilizada. Saber emitir e compreender a linguagem não verbal do interlocutor é muito importante, pois se nos pautamos apenas pela informação falada, o processo estará incompleto. Acompanhe e registre mentalmente os detalhes das reações corporais dos clientes, a essa prática chamaremos: **leitura do cliente.** Faça essa leitura constantemente e verá que as atitudes podem contradizer as palavras. **Não subestime de forma alguma a posição do cliente na comunicação.** Enquanto receptor, o cliente também pode captar os sinais nas suas ações e reações, e considerará importante que elas sejam favoráveis pois influenciarão nas decisões tomadas por ele.

◉ Quanto mais alta for a necessidade da convivência, mais contidos seremos, tomando muito mais cuidado com nossas atitudes. A princípio, nas reuniões será mais difícil ler o cliente, tente não pressionar tanto, busque fazê-lo relaxar, seja empático.

[Idioma como arma de exclusão.

Certa vez, após meses de negociações, já na reta final, quando restavam apenas dois concorrentes, tive a sensação que foi realizada uma tentativa de utilizar o idioma como arma de exclusão.

Era uma terça feira à tarde, recebi a notícia da equipe, que na negociação em andamento de uma outra importante multinacional europeia, seria obrigatória a entrega de uma cópia da proposta em inglês até, no máximo, o dia do fechamento, que seria na próxima sexta. A informação teria vindo de nosso contato formal e foi colocada como exigência de sua matriz. A cópia seria enviada a eles, posteriormente ao fechamento da negociação, como apoio a auditoria, e que a não entrega seria fato impeditivo a participação. Estava claro para mim, a influência estratégica de uma multinacional, nossa concorrente neste negócio. Éramos nós, tupiniquins, contra o idioma nativo americano que, por acaso, estava sendo exigido por uma empresa francesa. Comentei então com a equipe: "Vejam o lado bom, eles poderiam ter solicitado que a proposta fosse entregue em russo."

Como a proposta em português já estava pronta e a técnica inclusive já entregue – que contou com a participação e elaboração de mais de dez pessoas - o desafio se materializou em replicar a proposta completa em outro idioma, com ampla utilização de linguagem técnica. Essa proposta era composta por um conjunto de duas pastas formato A4 com cerca de 10 cm de espessura, continha as propostas técnica e comercial, plantas e diagramas.

Ironicamente falando, seria fácil como fritar um pastel, afinal era necessário apenas traduzir o idioma coloquial e técnico de uma proposta de tecnologia de ponta; com acréscimo de esclarecimentos culturais, legais e tributários locais; realizar a correspondência do orçamento em dólar, imprimir, dobrar as plantas, intercalar tabelas e depois encadernar tudo em um prazo 64 horas. Alguns e, principalmente nosso concorrente, entenderam que seria impossível.

Já acostumado a virar noites elaborando propostas com prazos apertados — ou que se apertaram no final, principalmente para editais governamentais, eu sabia que essa tarefa não seria fácil. A executiva da conta não demonstrou interesse em realizar o trabalho até porque o inglês técnico para ela seria uma grande dificuldade, apesar do seu idioma ser fluente e o meu não. Nenhum colaborador, em qualquer filial ou na matriz, estava "disponível". Em uma época em que não havia Google Translator ou vídeo conferências, e não seria possível induzir ninguém a fazê-lo, porque sem comprometimento, o trabalho não seria concluído.

Eram cerca de 3 horas da tarde e gostaria de saber se você, leitor, é capaz de presumir o que eu fiz diante desse cenário?

Fui embora. Fui para casa, me preparei psicológica e fisicamente para a batalha, retornei à empresa no dia seguinte: uma bela quarta feira, às 8h da manhã. Tirei o paletó, afrouxei a gravata e me alojei na mesa com um único pensamento: "Eu não poderia perder! Eu era o líder! O responsável pela equipe e pelo negócio." O resultado foi que saí em definitivo da mesa, apenas na sexta às 9h da manhã, após ter duas cópias de cada pasta nos dois idiomas. Foram 37 horas de trabalho árduo, sem dormir, tomar banho ou comer uma refeição tranquilo. Tive o grande apoio da equipe no horário comercial, realizando impressões, encadernações e dobraduras. Passei o material à negociadora para entregar e senti uma sensação de dever cumprido.

No fim, ganhamos e a negociadora ficou feliz com sua comissão. Era um projeto de implantação e o consequente contrato de manutenção, em diversas unidades do cliente. Posteriormente o contrato de manutenção ainda foi ampliado e renovado.]

Sinais da linguagem cinestésica

A quantidade de sinais possíveis é enorme, seu uso, separadamente ou em conjunto, precisa ser avaliado e para isso existem diversas publicações que abordam a linguagem cinestésica, seja especificamente ou inclusa em outros conteúdos como a programação neurolinguística. Indico fortemente que leia alguma delas.

- **Abertura** — Aperto de mão inicial firme;
- **Alerta** — Mãos na cintura;
- **Aprovação** — Aperto de mão final firme, conduzir a saída, sorrir francamente ao se despedir;
- **Autoconfiança ou superioridade** — Uma das mãos sobrepondo a outra fechada, reclinar com as mãos atrás da cabeça, contato visual firme;
- **Desconfiança** — Mãos cruzadas em oração, apertar os lábios;
- **Desconforto** — Mãos nos bolsos;
- **Desinteresse** — Reclinar sem relaxar, escrever ou desenhar sobre outro assunto;
- **Dúvida** — Mãos no rosto, inclinar a cabeça, coçar o rosto, o olho ou a orelha, olhar por cima dos óculos, esfregar a mãos, nariz ou testa;
- **Falsidade** — Desviar olhar enquanto fala, brincar com objetos, desviar a atenção ou morder os lábios;
- **Frustração** — Balançar ou bater ou punhos fechados contra a coxa;
- **Hostilidade** — Mãos fechadas, testa franzida;
- **Interesse ou atenção** — Inclinar para a frente, virar de frente, levantar a cabeça;
- **Intimidação** — Não piscar e elevar o tom de voz;
- **Tédio** — Apoiar o rosto, bater o polegar contra uma parte do corpo ou um objeto, balançar as pernas, olhar vazio ou indiferente, postura relaxada demais.

O ambiente onde estão os interlocutores também pode influenciar as razões de suas ações. Se a reunião acontece em um ambiente conhecido ou pessoal estarão mais relaxados e se comunicarão mais cinestésicamente.

É interessante analisar o conjunto de sinais num todo e não os sinais isoladamente, em determinados períodos de tempo, já que alguns podem ser semelhantes para diferentes sentimentos e os sentimentos podem variar ao longo do tempo. Por isso, é importante realizar a leitura constante do cliente, identificando seu sentimento atual e trabalhando para alterar, se necessário. Em 30 minutos, é possível transformar o desinteresse em interesse, caso isso seja identificado, rapidamente mude sua estratégia de abordagem.

Reconhecendo a mentira

Antes de iniciarmos o reconhecimento do que pode levar ao entendimento da prática de má-fé, vamos discutir um pouco sobre a verdade, sendo ela o principal elemento dedutivo do fato.

A verdade é um conceito e não possui definição clara e única, sobre o qual a maioria dos mestres concordam. De acordo com alguns, a verdade seria inclusive subjetiva e independente de nossas crenças, se essas não estiverem sendo o foco da discussão.

O que pode ser verdadeiro ou falso, independente do que pensamos e como julgamos isoladamente. Quando uma pessoa dá testemunho de acontecimento, duas ou mais pessoas admitem essa explicação singular, um entendimento sobre o evento e sua vivência começa a ser desenvolvido. Quando se torna compartilhado e aceito por diversas pessoas e suas comunidades passa a ser considerada a verdade para esse grupo que divide a mesma cultura. Exemplificando em menor escala, isso é muito comum em tribunais, onde um grupo de jurados determina o que é ou não verdade após o testemunho de uns e outros.

Não há verdade claramente definida, como claramente definidos não estão o certo e o errado, o bem e o mal se diversas condições não forem consideradas.

Assim, um grupo específico pode possuir um conjunto de verdades, que outro não acatará, por incompatibilidade de ideias ou crenças. Isso faz com que diferentes coletividades possuam diferentes perspectivas da realidade, principalmente a que estiver fora de seus limites. Este é um dos motivos de por que o relacionamento nas negociações necessita considerar a cultura do cliente. Poderá haver negociações com funcionários expatriados residentes no Brasil, mas com cultura muito diferente, que precisa ser levada em consideração, e que aumentará a pressão da convivência durante o relacionamento.

Algo não pode simplesmente ser considerado verdade apenas pela transmissão de informação de uma pessoa a outra, por mais sincera e franca que venha a ser. A natureza única e tendenciosa de cada pessoa, somada a possibilidade de engano, faz com que a certeza não possa ser facilmente acatada. A impossibilidade de se concluir a real verdade, não sendo uma origem ciente, sugere que não existirão verdades além do que resultar da concordância de um grupo com os mesmos critérios culturais. Normalmente existe a versão A, a versão B e a objetivada e inacessível verdade - que dificilmente será completamente conhecida. Faz-se necessário ao guerreiro ser pragmático, já que muitas vezes o fato se confundirá com a verdade e a realidade, podendo ainda ser um.

Sendo a mentira, um fator fundamental para o entendimento da situação e o controle do bom andamento da negociação, vamos dedicar um pouco mais de tempo a ela.

Como vimos, a verdade é um conceito dependente do consenso de um grupo, consequentemente a mentira também o é? Não obrigatoriamente. **O indivíduo, quando mente, é seu único júri e juiz**, não necessita de consenso para determinar a si mesmo que está mentindo. O veredito tem origem no fato de que ele é conhecedor de informações divergentes da que está expondo.

⭐ Aquele que falta com a verdade, tem ciência desse veredito instantaneamente no seu íntimo, por ser premeditado e passará a apresentar, inconscientemente, uma série de sinais que refletirão sua culpa e que poderão denunciá-lo. **A própria culpa o condenará, e não nós**. Seus lábios e seu corpo testificam contra si mesmo, evitará inclusive contato visual com o interlocutor.

Poderá ainda utilizar as mãos para esconder o rosto, cobrir a boca ou coçar o nariz ao falar.

Pode se retrair encolhendo braços e pernas, tentando ocupar pouco espaço, como se isso não fosse chamar atenção. Diminuir a comunicação ao colocar pouca ênfase no que está dizendo, reduzir a expressividade e a oratória e responder com muitas das mesmas palavras utilizadas no questionamento, reformuladas nas suas respostas. Se acuados, percebendo que podem ser descobertos, poderão apresentar mudanças bruscas de humor, com demonstrações de emoção anômalas, mais prolongadas ou curtas que o normal.

Para um bom observador, um mentiroso seria um péssimo dançarino, porque a simetria entre gestos e falas são erráticos. Por exemplo: se um cliente sorri após dizer que adorou um brinde recebido, um lapso temporal entre o sorriso e a sentença ou a abertura dos olhos, o denunciarão. Caso desconfie da presença de má-fé é porque ele está se sentindo acuado, é necessário que você mude de assunto rapidamente. Um mentiroso exibirá certo alívio, porque seu stress é impelido porque seu foco está na próxima resposta e não há uma preocupação real com o contexto. Por outro lado, quem diz a verdade tende a responder demonstrando tensão, uma vez que não verá lógica na mudança.

É necessário que o negociador seja realmente analítico, inserindo esses sinais em um conjunto, de forma a possibilitar a análise do todo, em razão de não cometer julgamentos precipitados, já que algumas vezes as pessoas podem projetar reações físicas, apenas, por exemplo, para lembrar-se de algo. **Tenha muito cuidado com o óbvio**, lembre-se da seletividade da informação e da identificação dos fatos, caso não o faça, **poderá ser ludibriado pela melhor mentira, aquela que possui um fundo de verdade, por menor que seja.** Por conseguinte, detalhes verdadeiros podem ser embutidos no discurso de forma a torná-lo convincente, apesar de falso. Você pode também não fazer as proposições, mas induzir com que o cliente as faça, o que ampliará suas chances de que apresentem afirmações falsas pois ele necessitará sair da posição defensiva – a área de conforto.

Por isso, o silêncio é especialmente desconfortável para os agentes de má-fé, que sofrerão de alto stress e ansiedade, pela suspeita de terem sido descobertos e estarem sendo analisados. Se não puder ficar em silêncio com sinais de alta atenção, fale mais pausadamente e mantenha esses sinais. Isto deixará o mentiroso bastante desconfortável. Faça muitas perguntas, algumas pessoas, apesar de tentarem mentir por alguma necessidade, por princípios têm dificuldades com isso e acabarão se contradizendo.

❧ VII ❧

Enfrentamento direto e indireto.

A regra ordinária para a atuação da equipe de negociação é que a liderança receba ordens dos círculos superiores e depois reúna e concentre a equipe, mantendo-a unida.

Nada é mais difícil que a negociação em alto nível. Negociar com outros cara a cara para conseguir vantagens é o trabalho mais árduo do mundo.

A dificuldade da negociação em alto nível é obter confiabilidade e converter os problemas em oportunidades. Enquanto pareça estar muito distante, inicie a jornada e chegue antes do concorrente.

Portanto, faça que sua estratégia seja abrangente, atraindo-o com a esperança de ganhar. Quando se entra na corrida, depois dos adversários, e se chega antes deles, é porque se conhece estratégias para encurtar os caminhos. Sirva-se da posição da equipe ou sirva uma oferta incompleta para driblar o concorrente, atraindo-o a uma falsa perseguição, fazendo-o crer que os seus limites estão próximos.

Então, lance uma estratégia surpresa que te coloque à frente, ainda que tenha iniciado em desvantagem.

Por consequência, **a negociação em alto nível pode ser proveitosa para o mestre ou perigosa para o inexperiente.**

Mobilização de recursos

Mobilizar todos os recursos para a negociação de forma a obter alguma vantagem tomaria muito tempo, porém negociar por uma vantagem com uma proposta incompleta teria como resultado a falta de recursos. Se as mobilizações forem realizadas rápida e consecutivamente dia e noite, recorrendo ao dobro da alocação habitual, lutando para obter alguma vantagem em diversos clientes, seus líderes ficarão desmotivados porque os resultados tendem a ser parcos.

Os colaboradores que forem fortes chegarão primeiro, os mais cansados chegarão depois. Como regra geral: só o conseguirá um em cada dez, não havendo coesão. Quando a jornada é longa a equipe se cansa, desgastam suas forças na mobilização, chegam esgotadas enquanto seus adversários estão íntegros. Assim sendo, é certo que serão vitimadas.

Em negociações corporativas privadas não há padrão. Criar estratégias genéricas para obter vantagens em 70% dos clientes, frustrará os planos da liderança e como regra geral, só a metade dos negociadores na realidade conseguirá resultados, por possuir as competências necessárias para adequar a estratégia genérica a necessidade específica que encontrará.

Criar estratégias para obter vantagens em 50% dos clientes, só dois de cada três negociadores o farão, porque a quantidade de estratégias genéricas foi reduzida e um maior número de específicas foi criado. Sendo assim, **uma equipe perece porque não está treinada, não tem recursos ou não tem coesão** e estas três coisas são necessárias.

Não se pode negociar para ganhar com um colaborador não treinado, sem recursos ou coesão. Quanto maior for a abrangência do leque de ofertas objetivadas, maior será o número de manuscritos e treinamentos a realizar.

Em contrapartida, quanto menor a abrangência, menor pode ser a quantidade de treinamentos, apoiando-se em competências individuais dos guerreiros. É por isso, que comumente se setoriza equipes para ampliar a aderência das estratégias com os clientes alvo. Por outro prisma, se forem ignorados os planos de seus rivais, não conseguirá estabelecer alianças precisas.

A menos que sejam conhecidos os concorrentes e suas estratégias, os clientes e suas necessidades, as ânsias do mercado e o valor agregado de seus produtos, não será possível realizar uma negociação de alto nível.

Se não acompanhar e estudar o cliente, não poderá captar as necessidades. Só quando for conhecido cada detalhe da condição e do cliente, será possível conduzir e negociar. Em consequência, lançando mão de uma equipe de negociação segundo a estratégia prevista, há a mobilização mediante a esperança de recompensa e a adaptação mediante a necessidade. Ressaltando que uma equipe não se compõe apenas por quem está em campo, haverão internamente apoiadores fundamentais para o sucesso.

Uma negociação se estabelece por intermédio da estratégia, no sentido de que distraia o concorrente para que não possa conhecer qual é a situação real e não possa impor sua possível supremacia. **Mobiliza-se mediante a esperança de recompensa,** no sentido de que se entre em ação, quando se vislumbra a possibilidade de obter uma vantagem. Revisar e tornar a apresentar combinações diferenciadas do leque de ofertas é essencial para confundir o adversário e observar como reage na sua frente. Desta maneira, pode-se adaptar mediante a necessidade para obter a vitória. Sendo assim, uma equipe:

- É rápida como o vento no sentido que chega sem avisar;
- Desaparece como o relâmpago após ofuscar o inimigo com sua luz;
- É como uma plantação porque tem uma ordem;
- É voraz como o fogo que devasta uma planície sem deixar para trás sequer um ramo;
- É imóvel como uma montanha quando se incapacita;
- É tão difícil de conhecer como uma silhueta na escuridão;
- Seu movimento é como um trovão que retumba forte fazendo tremer as estruturas.

178

Para ocupar vários clientes, divida a atuação da sua equipe. Para expandir em um cliente, multiplique benefícios e mantenha a equipe. A regra geral das negociações é desprover o concorrente de vitórias, em todas as frentes possíveis. Em territórios em que não há muitos clientes, é necessário dividir a equipe em grupos pequenos, ou até batedores, para que possam conquistar diversas frentes, já que só assim terão espólios suficientes para se beneficiar.

O negociador lutará pela empresa, mas sempre pensará no butin e em sua sobrevivência. Distribua os territórios com base no planejamento de dados referentes a sua oferta. Atue somente depois de ter feito estas estimativas.

É necessário repartir um quinhão dos lucros entre a equipe para mantê-la motivada e suportar o que foi conquistado, não deixando que o concorrente o recupere.

Maior chance terá o que reconhecer primeiro as reais necessidades e obter credibilidade, esta é a regra geral da negociação em alto nível. O primeiro que faz o movimento se assemelha a um convidado e o último a um visitante, sempre respondendo às ações. Ser o convidado é mais difícil mas reverte em melhores resultados, já o visitante atua mais facilmente porém terá menor probabilidade de vitória, por faltar iniciativa e controle.

Conhecimento e desconhecimento significam esforços. Elevada autoestima, autoconhecimento, força e satisfação surgem da energia do esforço preparatório que resulta em conhecimento. O cansaço, a desmotivação e a ansiedade surgem da pressão da convivência durante a negociação e são resultados da falta de desconhecimento.

As palavras, muitas vezes, não são ouvidas, por isso se utilizam os símbolos e os tambores. A necessidade de propaganda e marketing é consequência da ausência de visibilidade do cliente. Catálogos digitais ou impressos, prospectos, e-mails, sites, redes sociais e outros são utilizados para concentrar e direcionar os ouvidos e os olhos dos clientes. Uma vez que estão direcionados, o valente não deve atuar só, nem o tímido pode retirar-se. **Esta é a regra geral do emprego de um grupo.**

Sinais de fumaça nas nuvens podem ser vistos a grandes distâncias, se e apenas se, estiverem na direção correta. É necessário unificar os ouvidos e os olhos dos colaboradores de forma que ouçam, olhem em sintonia e não caiam na confusão e desordem.

Deve-se utilizar os sinais para indicar direções e impedir que os indivíduos de irem onde bem quiserem. Assim sendo:

- **Em negociações de grande porte:** utilize equipes presenciais, dispositivos eletrônicos para apresentação, demonstrações, catálogos e sites;

- **Em negociações de pequeno e médio porte**: serve-te de prospectos, E-mail marketing, site, loja on-line e redes sociais, para manter direcionados os ouvidos e os olhos dos clientes.

Utilize muitos recursos on-line orientados ao cliente, mas que confundam as percepções do concorrente. Faça-o superestimar seu temível poder comercial e sua estrutura, desta forma, desaparecerá a energia de seus adversários e as estratégias serão suplantadas.

"Um site sem divulgação é como um outdoor no porão, ninguém vê."
Jerry Yang, Fundador do Yahoo.

Leis das negociações.

É necessário ser capaz de manter firme teu próprio coração, só então poderá suplantar as estratégias concorrentes. Por isto, a tradição diz que os habitantes de outros tempos possuíam a firmeza para superar as antigas leis dos que conduziam negociações, afirmando que **quando a mente é original e firme, a energia fresca é vitoriosa. A isto, chama-se lei da inovação.** São essas mentes que dominam a energia. **Não se negocia hoje como foi ontem e não se negociará amanhã como é hoje.** Somente mentes com essa energia positiva poderão se adaptar às mudanças dos tempos.

Todo tolo é um oráculo do passado e qualquer frouxo no mundo se dispõe a negociar em um minuto, caso se sinta animado. No entanto, quando se trata realmente de tomar os recursos e caminhar para a batalha tendo no raio de visão apenas neblina, é necessário ser possuído pela força. Quando esta força desvanecer, o negociador irá se deter, estará assustado e se arrependerá de ter começado. É importante vislumbrar que os grandes ataques acontecem ao amanhecer porque a energia da manhã está em vantagem de ardor, a do meio-dia decai e a noite se retira. Consequentemente, os especialistas no manejo das propostas preferem a energia entusiasta, negociando pela manhã e atacando o decadente que se porá em retirada. À noite, as trevas são ocupadas pelos agentes da má-fé. **Esta é a lei do desgaste.**

Utilize a ordem para enfrentar a desordem, utilize a calma para enfrentar os que se agitam, isto é aplicar a **lei do domínio do coração.** A menos que seu coração esteja totalmente sereno, e sua mente em ordem, não será capaz de adaptar-se a responder sem limites, a manejar os acontecimentos de maneira infalível, enfrentar dificuldades graves e inesperadas sem se perturbar, conduzindo cada ação em sua ordem.

O **domínio da força** é a lei que nos faz esperar os retardatários, aguardando com relacionamento os que se desgastaram e com informações os desinformados. Isto é o que se quer dizer quando se fala em atrair os adversários até onde se esteja, ao mesmo tempo, impedi-los de serem induzidos a ir onde estejam.

Evitar a confrontação contra especialistas de negociação bem ordenados e não atacar recursos em maior número constitui a **lei do domínio da adaptação**. A regra geral das negociações é não enfrentar de peito aberto uma equipe de negociação articulada, nem se opor ao concorrente dando as costas para ele. Isto significa que se os adversários estão em uma posição privilegiada, não se deve abordar sem estar preparado e que quando efetuarem uma ofensiva, não se deve fazer oposição. Não persiga os concorrentes quando simularem uma redução de preços, nem aborda equipe experiente sem estar preparado.

Se os adversários fogem de repente antes de esgotar sua energia, claramente há artifícios esperando para surpreender sua equipe. Neste caso, deve-se deter os negociadores para que não se lancem em perseguições. Não utilize informações não certificadas de seus concorrentes. Se o concorrente abandona de repente suas propostas, estas devem ser minuciosamente avaliadas antes de serem consideradas, porque podem estar deturpadas.

Não tente deter nenhuma equipe inimiga que esteja a caminho da sua negociação. Sob estas circunstâncias, um adversário negociará até a derrota. É necessário inviabilizar antes que se mobilizem ou deixar uma saída para um adversário acuado. Mostre uma maneira com que eles possam salvar seus empregos, de forma que não estejam dispostos a negociar até a derrota e assim será possível aproveitar a indecisão e concluir. Não pressione um concorrente desesperado, um animal ferido seguirá lutando, pois essa é a **lei do ambiente**.

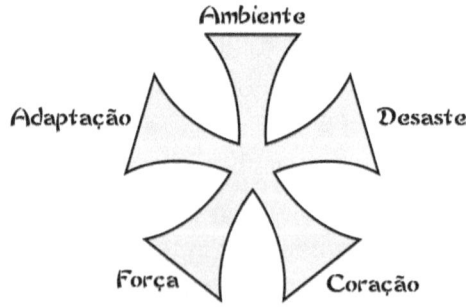

❧ VIII ❧

Mudanças

No geral, as negociações estão sob ordens de um líder para dirigir a equipe. Sendo assim:.

- Um líder não deve entrar em uma negociação que possa ser prejudicial;

- Deve deixar que se estabeleça por seus negociadores relações diplomáticas nos clientes;

- Não deve permanecer em uma relação não saudável;

- Quando se achar diante da derrota, deve lutar;

- Quando se encontrar encurralado, deve criar uma estratégia e se mover.

Encurralado significa dizer que existem informações flutuantes, que rodeiam por todas as partes e existe falta de domínio da relação. Isto permite que o concorrente tenha mobilidade e possa ir e vir com liberdade, porém para você será difícil sair e voltar porque não firmou uma posição.

◉ Cada estratégia deve ser estudada para que seja a melhor.

Há processos que não devem ser usados, setores que não devem ser abordados, clientes que não devem ser incomodados, terrenos onde não se deve negociar e solicitações que não devem ser obedecidas.

183

Seja um negociador não um vendedor, um guerreiro não um caçador. Apresente a solução, a melhoria do processo ou ainda o conjunto, não o produto ou o serviço. Afinal, negociadores que conhecem as variáveis possíveis para apresentar soluções ao cliente sabem como manejar negociações.

Se o líder não sabe como adaptar-se de maneira vantajosa, mesmo que conheça a condição do cliente, não poderá tirar proveito dessa vantagem. Se está à frente de uma equipe, porém ignora as artes da total adaptabilidade, mesmo que conheça o objetivo a alcançar, não poderá fazer que os colaboradores lutem por esta meta.

Se é capaz de ajustar a campanha de modo que mude conforme o ímpeto das forças, então a vantagem não muda e os únicos que são prejudicados são os concorrentes. Por esta razão, não existe uma estrutura permanente. Se é possível compreender totalmente este princípio, pode-se fazer com que os colaboradores atuem na melhor forma possível.

Portanto, **as considerações de uma pessoa inteligente sempre incluem analisar objetivamente o benefício e o prejuízo. O que falta? E o que pode dar errado?** Quando se considera o benefício, sua ação se expande? E quando se considera o prejuízo, seus problemas podem se resolver? O benefício e o prejuízo são interdependentes e os sábios têm-nos em conta. Por isso, o que retira os adversários é a visão do prejuízo, o que os mantêm ocupados é a ação e o que lhes motiva é identificar o benefício.

Canse os concorrentes mantendo-os ocupados não os deixando respirar. Porém, antes de lográ-lo, é necessário realizar previamente seu próprio labor. **Esse trabalho consiste em desenvolver uma equipe forte, com colaboradores prósperos, em uma empresa harmoniosa e uma maneira ordenada de trabalhar.**

[Dívida de gratidão.

Ao longo de sua carreira, pode ser que experimente um dia a honra que tive.

Em determinado momento, montei uma equipe tão aguerrida que em um ponto próximo ao fim de um período, vivenciei um sentimento de dívida para com ela, em função de sua evolução, união, comprometimento e desempenho. Neste ano, alcançamos um crescimento de 70% enquanto o mercado cresceu apenas 10%, ampliando em muito a participação de mercado da empresa, o que reforçou a tradição e a marca.

Essa bela história começou quando assumi uma equipe cambaleante e desgastada por uma sucessão de gestões ineficientes. Fui recebido com bastante descaso, facilmente notado na linguagem corporal dos profissionais de uma equipe que incluía negociadores de campo mais maduros e apoiadores internos no auge da juventude.

Na semana seguinte, realizei uma avaliação inicial, deixei nas entrelinhas que o pulso seria firme mas objetivando justiça e apesar da sinalização da direção de possivelmente dispensar um dos negociadores, mantive inicialmente toda a equipe, sem tirar nem pôr.

Impus uma rotina de trabalho exigente, com reuniões semanais para toda a equipe que incluíam: avaliação dos resultados da semana anterior, cruzando com a linha do tempo para validar a obtenção das metas; lições aprendidas da semana anterior; treinamento continuado de vendas corporativas; contato diário individual com todos os membros ao fim do dia para avaliação de metas diárias e performances; visita aos clientes sob demanda de negócios prioritário ou para acompanhar a forma de atuação individual, alteração de processos visando maior produtividade, aplicação de novas ferramentas de controle e análise e ampliando a equipe em função da demanda derivada dos resultados crescentes.

Nas reuniões semanais apresentava ainda: campanhas motivacionais com o objetivo de atingir as metas em determinado ciclo, premiando o desempenho. Fechamos o ano com resultados razoáveis e uma equipe estabilizada. Minha decisão de manter o negociador marcado mostrou-se acertada, pela volta do alcance de metas. Para o ano seguinte, estabeleci metas que foram consideradas audaciosas pela própria direção. Durante o período, era visível a transformação da equipe, do seu empenho, do desejo de vencer e crescer. Tenho a audácia de dizer: até da alegria de viver. O universo passou a conspirar a nosso favor, já que todos estavam fazendo, e muito

185

bem, a sua parte.

Lá pelo meio da temporada, ao chegar à empresa pela manhã em um belo dia, não encontrei minha equipe no departamento e fui informado que estavam em reunião emergencial com a diretoria no local onde eram realizados os treinamentos.

Encaminhei-me ao setor e deparei com uma festa surpresa e uma frondosa mesa de café da manhã que mais parecia o banquete de um sultão. Sinceramente, eu não esperava uma recepção como esta para o meu aniversário. Fui informado por uma das sócias, minha superiora imediata, que os custos foram bancados exclusivamente pelos membros de minha equipe, que a ideia tinha sido deles e que uma situação como esta nunca havia acontecido na empresa que já estava em sua terceira geração. Foi além e afirmou que poderíamos dispor de todo o tempo necessário. O melhor presente naquele dia foi um cartão com assinatura e votos de todos. Ainda guardo esse cartão com muito carinho.

Ao fim do período, recebi um prêmio formal da empresa que dediquei à equipe. Este prêmio, para mim, que sempre fui motivado pelas realizações, materializou o sentimento de dívida com a equipe. Sentimento esse que já estava experimentando a algumas semanas por consequência dos objetivos audaciosos terem sido, em muito, suplantados.

Montei algumas equipes de sucesso e sempre vi isso como um de meus maiores feitos. Treinei muitos que viriam a se tornar profissionais de sucesso incluindo; sócios de prósperas empresas, diretores eficazes e até um vice-presidente continental, mas essa foi de longe a melhor equipe subordinada com que trabalhei. O interessante é que nos primeiros treinamentos, eu citava a equipe do Capitão Kirk de Jornada nas Estrelas como o símbolo de equipe perfeita. Uma equipe que possui diversidade étnica, religiosa e cultural em seus membros naturalmente imperfeitos por serem, em sua maioria, humanos. Exímios em suas competências pessoais complementares ao todo, que respeitam as normas e a hierarquia, e que apesar de tudo isso, são amigos.

Muitos mestres dizem que chefes não têm amigos. Eu sempre achei que é possível ter, desde que se conduza o processo corretamente.

Saudades.]

Objeções

Objeções são grandes norteadores da negociação, elas nos mostram que caminhos que estão se definindo e são excelentes sinalizadores durante o percurso como placas em uma estrada. Aproveite-os bem, são obstáculos sim, mas em sua maioria, possíveis de serem contornados. Se encarados como oportunidades, lhe darão mais tempo e visibilidade para expor suas vantagens competitivas. Receba os comentários do cliente sempre como uma sugestão ou dúvida, não como uma interrupção ou perda de controle da situação.

São ações para as quais o negociador inexperiente não está preparado, porque traçou em sua mente todo o cenário e desconsidera um ouvinte passivo. Objeções vão apresentar sua real situação, caso tenha subestimado a necessidade, o cliente ou o concorrente. Podem, ainda, refletir anseios e decepções, além de serem desculpas camufladas.

Assim que começarem as objeções, faça perguntas de confirmação para ter certeza que está compreendendo corretamente e preste muita atenção a linguagem cinestésica quando o cliente estiver apresentando suas objeções. Isso expressará atenção e respeito, além de colher importantes detalhes não verbalizados.

Possua muita segurança nas respostas, gere confiança a partir de informações claras e palpáveis, diferente de apresentar uma facilidade de sua solução, crie ideias em um ouvinte ativo e estará discursando sobre uma ideia preconcebida na mente do seu cliente. Verifique a adequação de suas respostas, se o cliente responder afirmativamente, siga em frente; se ao contrário, ele parecer hesitante ou inseguro, pode significar que sua resposta não foi satisfatória.

Para se preparar, caso já não seja uma conta conhecida de sua carteira, levante informações sobre os hábitos do cliente e recorra ao registro de lições aprendidas, caso seja um atual ou ex-cliente.

Durante o contato, preste atenção na linguagem cinestésica e nos detalhes das perguntas do cliente, eles poderão lhe mostrar o caminho da resposta, identificando insegurança, motivação ou interesse. Demonstre respeito, utilize a entonação adequada.

Procure as confirmações negativas, que podem ser, por exemplo, reações do cliente a percepção de prejuízo, ou por não conseguir reconhecer os benefícios da sua oferta. Um problema criado pela sua incapacidade de passar as informações necessárias logo de primeira. Isto é muito comum quando o negociador está muito confiante na vitória e não utilizou bem o tempo e os recursos para apresentar, sua competência, a capacidade de sua empresa e as qualidades de sua oferta. Para esse guerreiro, a sensação da objeção será como se o cliente ou o concorrente tivessem lhe puxado o tapete, o forçando a cair na realidade.

Caso haja uma objeção irremediável, esta deverá ser tratada como condição excludente, se assim não foram identificadas ou apresentadas inicialmente. A ela deve ser definido um peso na decisão final, já que poderão ser utilizadas para contestar ou até para excluir definitivamente suas propostas. Se não conseguir esclarecer ou contornar, não se oponha de forma alguma, será combustível para a derrota. Aguarde, retorne a estratégia e retome a negociação.

Contornando objeções.

Inverta uma objeção, utilizando-a para confirmar outra coisa. Para isso, crie uma questão com o intuito de confirmar o que lhe interessa, repetindo objeção com outras palavras mas invertendo seu posicionamento. Por exemplo: se o cliente cria uma objeção em relação ao prazo, uma inversão poderia ser: "Então nossa proposta possui a solução necessária, sendo necessário apenas ajustar o prazo de implantação?". Isto poderá contornar a situação demonstrando que teve atenção, possui flexibilidade e confirmará a informação necessária.

Reconheça a objeção e amenize o problema demonstrando como ele será encarado e solucionado. Por exemplo: se o cliente disser que a alfândega está com canal vermelho total e o prazo de liberação para o material importado está em 60 dias na média, por algum problema de ordem sazonal. Reconheça, pois é um fato conhecido, mas informe que possui despachantes contratados que estão conseguindo liberar em 30 dias, no máximo em 45. Só não prometa o que não puder cumprir.

Argumente sempre. Caso o cliente apresente uma objeção válida, para nós, negociadores corporativos, as mesmas regras dos negociadores policiais devem ser utilizadas. Nunca entre em negativa com palavras como não ou infelizmente, ou ainda em afirmativa, acatando uma desvantagem. Conversar, desorientar e distrair são as prioridades dos negociadores policiais, as suas devem ser: **conversar, orientar e instruir.** Se necessário, reformule a questão, apresentando o ponto de vista - contrário e fundamentado - ao apresentado pelo cliente, demonstrando que toda situação possui duas versões e a única coisa que valerá ao final será o melhor custo benefício. Muitos clientes possuem dogmas em que realmente creem e colocam como indiscutível, nesses casos, será necessária muita habilidade para esclarecer.

Desmonte a objeção do cliente oferecendo fatos. Se, por exemplo, o cliente duvidar da eficácia da solução, ofereça apresentar os resultados de casos documentados, inclusive do mesmo ramo de atuação. Se possível faça-o na prática, conduzindo o cliente a uma visita em implantação similar. Por mais que especificações técnicas apresentem informações que são esclarecedoras, quando há muito dinheiro em jogo, é necessário ter certeza e essa razão temos que dar ao cliente.

Existem casos em que não é possível apresentar ao cliente uma implantação similar em funcionamento, o que exigiria a realização de testes, demonstrações ou homologações. Consideramos testes ou demonstrações, quando são realizados dentro da empresa e homologação quando são realizados no ambiente do cliente, mas essas definições podem variar. São os casos de lançamento de novos produtos ainda não implantados, ou implantações em que a ativação ou utilização acarretaria em descarte e reposição.

O **envolvimento do cliente** contribui para ajustar sua solução à medida que avança, de forma que esteja seguro de apresentar uma solução realista. Já a falta desse envolvimento, pode demonstrar a existência de objeções veladas que necessitam ser percebidas e esclarecidas. O cliente não avançará nas negociações e não te informará o porquê. Se perder a atenção da audiência, estreite o contato, use perguntas para trazê-la de volta com envolvimento e retorne aos planos, alguma coisa pode ter passado. Registre as objeções em lições aprendidas para estar preparado em uma próxima oportunidade.

Não se deve desviar de uma objeção e sim combatê-la.

[A transparência do vidro

Certa vez um cliente do ramo de celulose demostrou sua insegurança através de objeções relativas à resistência dos nossos materiais em ambientes hostis. Apesar de toda a documentação técnica apresentada, o cliente apresentava um ceticismo resultante de algumas tentativas frustradas, onde de acordo com ele, a documentação também demonstrava que os materiais, seriam compatíveis com o ambiente.

A estratégia foi levá-lo a uma visita guiada em um outro cliente industrial do setor de embalagens de vidro, onde ele pôde comprovar a resistência dos materiais em um ambiente realmente hostil em uma grande área ocupada, constituído de fornos e muitos resíduos.

O mais interessante nessa estratégia, não seria efetivamente o que este cliente iria presenciar na visita a outro — que eu tinha certeza que retiraria todas as suas dúvidas —, mas o tempo que eu teria disponível com ele, para encontrar e eliminar outras objeções ou quem sabe alguma nova oportunidade. Para isso, eu me ofereci para conduzi-lo na visita pessoalmente, o que incluiria seu transporte de ida e volta. O cliente inicialmente estava reticente e informava que viria com os recursos da própria empresa, onde eu argumentei que não seria justo, já que era nossa sugestão e nossa responsabilidade.

Aceita a oferta, eu me hospedei no dia anterior na região da empresa do cliente, e logo cedo, no primeiro horário, eu já estava na portaria da empresa aguardando. O cliente não demorou e nos encaminhamos imediatamente para nossa visita.

Foram sinais de vitória antecipada, o resultado das impressões do cliente na visita e as reações de satisfação depois das mais de 5 horas que passamos juntos nos trajetos, já que fiz questão de levá-lo também, claro.

Durante as viagens, o cliente reforçava a impressão que possuíamos de ser ele uma pessoa bastante correta e íntegra, buscando o melhor para sua empresa. Isto é sempre bom, é sinal que o julgamento será justo e vencerá o melhor. A conversa foi bastante proveitosa, como esperado, podendo realizar um ajuste fino em suas necessidades, prazos desejados que se possíveis seriam grande diferenciais e etc.

Uma objeção se tornou uma grande oportunidade e ao fim da viagem, não haviam mais objeções.]

As normas gerais

As **normas gerais das negociações** consistem em:

- Não contar que o concorrente seja complacente, e sim confiar em possuir os meios de enfrentá-lo;

- Não contar com o que o adversário não conteste, e sim confiar em possuir o que não pode ser questionado.

Essas normas costumam ser esquecidas, então, se for possível recordar o perigo quando se está a salvo e o caos em tempos de ordem, permaneça atento ao perigo e ao caos enquanto não estiverem presentes, todavia, evite-os antes que se apresentem. Esta é a melhor estratégia de todas. Por isto, **existem cinco riscos que constituem pontos fracos nos negociadores** e que são desastrosos para as negociações.

- Os que estão dispostos a se arriscar: podem perder e trazer prejuízos;

- Os que querem preservar o emprego: podem ser contratados pelo concorrente;

- Os que são dados a paixões irracionais: podem ser ridicularizados;

- Os que são compassivos: podem ser desmoralizados;

- Os que são muito puritanos: podem ser desonrados em suas mentes.

Se, por exemplo, um cliente for abordado com toda segurança, os concorrentes tendem a se precipitar, arriscando-se a elevar as técnicas e recursos de contra oferta e os compassivos se apressarão invariavelmente a resgatar suas ofertas, causando a si mesmos problemas e desgastes.

Os bons negociadores são diferentes. Comprometem-se até o fim, porém não se atrelam à esperança banal de manter o emprego ou cumprir metas a qualquer custo. Atuam de acordo com os acontecimentos, de forma racional e realista, sem se deixar levar pelas emoções e não estão sujeitos a ficar confusos. Quando vislumbram uma boa oportunidade, são como tigres, em caso contrário cerram suas portas. Sua ação e sua não ação são questões de estratégia e não podem ser distraídos nem aborrecidos.

Encare os riscos

Os riscos ao andamento do negócio te acompanharão em todas as etapas do empreendimento, da prospecção às lições aprendidas. É fundamental ao bom negociador saber manipulá-los bem. Sim, manipulá-los. Riscos não são peças soltas no tabuleiro, são incertezas que a partir do momento que sejam identificadas e analisadas poderão ser controladas através de um planejamento de respostas e controle.

Sua empresa já deve possuir um **procedimento para gerenciamento de riscos,** mas caso não exista, vamos debater um pouco sobre o que é necessário. Precisamos lembrar que uma negociação de um grande projeto corporativo pode durar anos, envolvendo equipes multidisciplinares e multiculturais, possibilitando muitos riscos. Se sua empresa possui clientes governamentais ou está se preparando para lidar com licitações, é imprescindível que inicie o treinamento e a disseminação do conhecimento em relação ao controle de riscos, porque novas licitações poderão exigir a **matriz de riscos** incluída nas propostas e o mais importante, ela deverá determinar **quem é o responsável pela solução** caso o risco aconteça. Assim a administração pública passa a dividir os riscos com a contratada.

Os objetivos na manipulação dos riscos são: aumentar a hipótese e o impacto dos eventos positivos e mitigar a hipótese e o impacto dos eventos negativos. Riscos são normalmente associados a conotações negativas, mas pode haver riscos de coisas boas acontecerem e estes também necessitam de monitoramento, como a possibilidade de um aditivo ampliando o valor contratual. O registro dos riscos, então, deverá conter informações sobre as ameaças e oportunidades que possam afetar os requisitos preestabelecidos do contrato.

Os Riscos são simbolizados em nosso mapa com uma seta à esquerda, demonstrando um recuo, porque mesmo que o risco seja positivo e não seja concretizado, sua empresa deixará de ganhar alguma coisa, não se diferenciando no fim de uma perda.

⊙ Para identificar riscos, inicie sempre com o planejamento básico fundamental: **o que falta? O que pode dar errado?** Utilize listas de verificação, leia atenciosamente toda documentação, esteja atento às incertezas durante a investigação e lance mão de todos os especialistas necessários para esclarecer todos os fatos. **Tudo o que sobrar serão condições ou incertezas.**

Repita o procedimento constantemente em busca de riscos, registre os identificados, estabeleça respostas para controlá-los e comunique às partes interessadas. **Todo e qualquer risco deve ser identificado e manipulado de forma a ser mitigado, se negativo; ou concretizada a oportunidade, se positivo.**

Sendo assim, para que não se perca o controle da situação, o gerenciamento de riscos faz-se primordial, implementar o acompanhamento de riscos identificados, a identificação de novos riscos, as ações de respostas aos riscos, a fiscalização de riscos residuais e, por último, mas não menos importante, a avaliação regular da eficácia do próprio processo de gerenciamento dos riscos.

Estratégias para controle de riscos negativos

- **Prevenir / Administrar** — Objetiva manter controle, ministrar treinamentos e implantar procedimentos;

- **Eliminar** — Tem como objetivo a eliminação completa do risco;

- **Substituir** — Pretende trocar o risco por outro, menos arriscado ou menos provável;

- **Minimizar** — Procura reduzir significativamente a magnitude do risco, de tal maneira que as consequências sejam amplamente reduzidas;

- **Separar** — Busca isolar o risco ao resguardá-lo ou confiná-lo;

- **Aceitar** — Resulta em não agir a menos que o risco ocorra.

Estratégias para controle de riscos positivos

- **Explorar** — Buscará garantir a ocorrência do evento eliminando incertezas;

- **Melhorar** — Aumentará a probabilidade criando gatilhos;

- **Compartilhar** — Disponibilizará a informação a outros que possam colaborar com a garantia da ocorrência do evento.

Mensurando as probabilidades.

É necessário que o negociador seja capaz de mensurar a probabilidade da ocorrência do risco identificado. Caso não possua conhecimento suficiente, poderá lançar mão de especialistas, mesmo porque os riscos podem se apresentar nas mais diversas áreas do conhecimento. As boas práticas sugerem as seguintes métricas.

- **5 = Quase certo - 71 a 99%** - A ocorrência de um evento positivo ou negativo é quase certa durante o ciclo de vida do negócio ou projeto;

- **4 = Provável - 51 a 70%** - Há uma alta probabilidade de que o evento ocorra;

- **3 = Possível - 31 a 50%** - É possível que o evento possa ocorrer;

- **2 = Improvável - 11 a 30%** - Há uma baixa probabilidade de que o evento vai ocorrer;

- **1 = Raro - 1 a 10%** - Há uma probabilidade muito baixa de que o evento vai ocorrer.

Por exemplo: É informado em vistoria prévia para orçamentação em um projeto de implantação de longa duração, que de acordo com seu desenrolar, poderão ser necessários remanejamentos internos de equipe e material, para liberação de áreas.

Com mais algumas perguntas, chega-se à conclusão que: o grau de probabilidade deste risco acontecer é 5; seu grau de impacto no orçamento é 3, porque os valores envolvidos não comprometem tanto o lucro, mas o reduziriam; sua importância é média porque não está ligado ao objeto da implantação; impactaria no prazo e no custo; o evento que o dispararia seria a solicitação de remanejamento por parte do cliente.

A única possível resposta ao risco seria realizar o remanejamento quando o gatilho for disparado. Não há ação de contingência possível. O responsável pelo acompanhamento e pela ação será o gerente do projeto e existe a previsão que aconteça duas vezes.

Esse apontamento de risco diz inicialmente ao orçamentista, que necessitará lançar todos os custos de recursos necessários de material e mão de obra, serviços de terceiros ou locações, para esses remanejamentos, ainda são estimados quanto tempo seria despendido para acrescentar ao prazo de execução. Se esse risco não fosse identificado e apontado, todos os custos envolvidos poderiam levar o projeto ao prejuízo.

[Morando em casa alugada.

O projeto de um grande museu do Rio de Janeiro serve perfeitamente como exemplo neste caso de remanejamento. Em um contrato como este, com a implementação durando anos, é muito comum haver remanejamento de canteiros com escritórios e estoques.

Neste caso específico, nosso escritório inicialmente posicionado ao flanco direito da estrutura principal, precisou ser remanejado mais a direita, ocupando área da gerenciadora. Posteriormente, fomos novamente remanejados para a área externa, distantes agora 400 metros do empreendimento. Finalmente, necessitando liberar a área para obras da prefeitura, fomos remanejados mais uma vez para um galpão a 1.200 metros do local de trabalho, ao lado de onde, hoje, está instalado o Aquário do Rio de Janeiro. Assim, uma simples ação de ir ao estoque ou escritório buscar algo, que inicialmente levaria 5 minutos passou a levar 40 ou opcionalmente utilizar um veículo, elevando consideravelmente os custos e a quantidade de horas necessárias para conclusão do projeto.

Os recursos e prazos necessários para realizar e manter essas mudanças, se não previstos ou renegociados, poderiam ter consumido em muito da margem de lucro.]

Encarar esses riscos é possível utilizando uma ferramenta chamada **Matriz de Riscos ou Matriz de Probabilidade e Impacto**, que é um instrumento de gestão de riscos, utilizado para estimar os impactos provocados por eventos não previstos, permitindo identificar quais deles necessitam ser priorizados e receber maior atenção. Com ela, é possível estipular respostas e contingências para manejar os riscos. É importante que seja um documento com facilidades gráficas, semiautomático ou automático, e inteligente, possibilitando a análise rápida e visual. Manter este instrumento atualizado é vital para não sofrer com a possibilidade de perda do negócio ou penalizações no projeto.

Execução e lucro

Sua empresa já implantou um projeto em que tudo foi medido e pago de acordo com o pactuado e mesmo assim o contrato não gerou lucro? Provavelmente isso foi acarretado por uma grande falha na comunicação entre a equipe de execução e a área comercial ou o total desleixo do negociador ou gerente do projeto em realizar o acompanhamento.

Esse prejuízo pode ter sido originado por erros da sua empresa como os de projeto, de orçamento, de gestão da execução ou por indução da sua contratante na ocultação de informações conhecidas, mas pode também ocorrer realmente por desequilíbrio econômico-financeiro do contrato em função de alterações graves na economia, imprevisíveis ou de força maior.

Caso necessidades de **reequilíbrio econômico-financeiro** e a previsão de penalidades não sejam identificadas, um contrato inicialmente lucrativo pode entrar em colapso. Por outro lado, a falta de visão de oportunidades para ampliar o projeto em forma de aditivos ou pleitos, desequilibra a balança a favor do prejuízo.

Um contrato deverá ser executado fielmente pelas partes, de acordo com as cláusulas avençadas e na forma das normas previstas nas leis licitatórias, código civil e os direitos do consumidor, abarcadas pela ética e respondendo cada uma pelas consequências da não realização de suas responsabilidades totais ou parciais.

A indigna submissão ao cliente é comumente a razão de grandes prejuízos. O cliente é apenas uma das partes interessadas, será seu rei enquanto houver interesses mútuos, mas não é seu dono, não pode desejar algo pelo qual não se prestou a pagar impondo prejuízos. Então, é jurisprudente e justo crer que para reestabelecer a relação que as partes pactuaram inicialmente entre o objetivo, os encargos do contratado e as obrigações da contratante, para a justa remuneração do empreendimento, sejam possíveis, se necessárias: alterações, repactuações ou penalidades, como prevê a lei.

197

Isto objetiva a manutenção dos objetivos e do equilíbrio físico-financeiro e econômico-financeiro inicial do contrato. Na possibilidade de existirem fatos imprevisíveis ou previsíveis de consequências calculáveis ou não, que venham a retardar ou impedir o bom andamento, a continuação ou até a conclusão da implantação do contratado, ou ainda, em caso de força maior, caso fortuito ou ato governamental, que se configure extraordinário ou extracontratual, possibilitando o pleito de reequilíbrio.

Para que a alteração contratual seja possível, é necessária a combinação de diversos quesitos como por exemplo a ocorrência de fatos imprevisíveis comentados anteriormente que incidam principalmente nos custos, consequentemente, desequilibrando financeiramente o contrato. A ação de ajuste em caso de ocorrência de desequilíbrio contratual é, então, o resultado do exercício de direito subjetivo do restabelecimento do equilíbrio econômico-financeiro.

A verba e sua composição

O termo *verba* se refere ao valor que será utilizado em despesas relativas ao custo total calculado para a implantação do projeto. Em outras palavras, compreendem-se todos os valores que a empresa estima gastar na implantação. Controlando a verba, a empresa pode estruturar o fluxo de caixa do projeto separadamente como um centro de custo, monitorando-o durante o andamento que poderá sinalizar previamente a necessidade de um pleito, e, ao fim, determinará se o negócio foi lucrativo ou não. Esse processo também permite que as causas de eventuais prejuízos sejam estudadas e que soluções possam ser implementadas com vistas a evitar novas ocorrências.

✪ **Verba é** uma condição limitante da implantação, mas é **uma grande oportunidade de ampliar o lucro se bem controlada.**

Exemplos de itens que podem compor a verba incluem: mão de obra, materiais, fretes e seguros, serviços de terceiros, garantias financeiras, despesas de translado e despesas de estadia.

Sobre a verba:

- A soma de todos os custos inicialmente previstos para a implantação do projeto é a **verba inicial**;

- A soma de todos os custos efetivamente realizados, previstos ou não é a **verba final**.

- Se a verba final for maior que a inicial, foi reduzido o lucro previsto, bem como se for menor terá ampliado o **lucro**.

- Se a verba final for maior que o valor total da proposta, o projeto gerou **prejuízo**.

[Seguindo os passos do mestre

Em um negócio cuja implantação levaria dois anos em uma empresa do setor financeiro, após o planejamento, apresentei a previsão inicial de que haveria uma economia aproximada de 320 mil reais na verba destinada à execução do empreendimento, chegando a apostar com o mestre visionário que comentei anteriormente, apesar dele nunca pagar apostas.

As apostas entre nós eram muito comuns, ligadas ou não aos negócios. Eu mesmo, que sou flamenguista, já paguei uma camisa do Corinthians ao Diretor Geral de Projetos, apesar de na realidade, ele ter arcado com metade, porque a camisa que ele gostou era um lançamento recente, custando o dobro das normais.

Voltando ao caso, se a previsão realmente se concretizasse, seria como vender duas vezes o mesmo projeto sem precisar realizar o segundo, já que a margem de lucro se aproximava desse valor. À primeira vista, poderia ter sido um grande erro orçamentário, mas isso teria nos colocado fora dos valores médios apresentados, o que não ocorreu. Era uma previsão, que vista de fora do planejamento, seria muito improvável, diante do universo bastante mutável da implantação de projetos, mas que foi fundamentada em um mapa de riscos muito positivo e um suficientemente cuidadoso e detalhado planejamento de execução e aquisições.

O conhecimento de fornecedores e prestadores locais, muito ajudou em relação à redução dos custos nas expectativas iniciais dos orçamentistas e foi fundamental para a conclusão positiva. Outro ponto chave, foi a alocação e mobilização de uma equipe liderada por profissionais de produtividade diferenciada, do tipo que não se consegue ter muitos.

Com um desses líderes de implantação, eu que tenho por hobby estudar religiões, investia longos intervalos em trajetos de carro discutindo opiniões e enfoques de cada religião. A maior possibilidade de falha no contrato, se apresentava no trabalho de implantação de um projeto em um empreendimento habitado, com constantes mudanças de layout para liberação dos andares para execução dos trabalhos. Era como trocar o pneu de um carro em movimento.

A única certeza que se tem quando se inicia um projeto que é que ele vai mudar, mas as mudanças foram rigidamente controladas e o resultado, dois anos depois, foi exatamente o que previ, possibilitado pelo planejamento conciso, o mapeamento de riscos perfeito e a renegociação de todas as pendências provocadas pelo cliente.

Difícil de acreditar até para quem viveu.]

Aditivos

Os contratos durante o andamento de sua implantação podem ser revistos, reajustados, suspensos ou rescindidos, seja por vontade unilateral ou por decisão conjunta das partes interessadas.

Havendo a necessidade de alteração do contrato poderá ser estabelecido um aditamento ou aditivo, nas mesmas condições contratuais, podendo ser acréscimos ou supressões necessárias em até 25% do valor inicial atualizado do contrato em casos de projetos do governo ou em aberto para projetos privados. O que não é aceitável são necessidades que sejam oriundas de falta de planejamento ou erro de orçamento. Esses casos serão tratados no âmbito das penalidades, porque provavelmente provocaram ocorrências durante a execução.

É um método arriscado deixar para aditivar uma necessidade conhecida como estratégia para redução de preço do negócio tornando a oferta mais competitiva. Encontrar e comunicar essa estratégia pode levar o inimigo a reformular todo o seu ataque, muitas vezes deixando-o fora do certame, porque realmente não poderia ofertar dentro do esperado e por isso lançou mão da estratégia.

◉ Tenha cuidado ao investigar e apresentar suas conclusões porque o propósito do inimigo pode estar associado aos do cliente.

Nem sempre a identificação e a determinação da necessidade de um aditivo será a favor de quem o identificou, mas servirá como prevenção de riscos.

Caso identifique alguma necessidade de realização de algum serviço ou entrega de material não prevista, quer seja de responsabilidade do cliente ou de outra empresa participando da implantação do projeto, que venha futuramente a impedir ou atrasar a sua entrega ou execução, registre no controle de riscos e informe durante a próxima reunião essa necessidade, fazendo o registro em ata. Caso não haja uma reunião em tempo hábil, informe o registro por e-mail as partes interessadas relevantes, que esta necessidade poderá acarretar em atrasos, por exemplo.

Isso é muito comum nas ocasiões em que são implementados novos produtos ou novas tecnologias em projetos com mais de uma empresa participando.

Empresas que sejam responsáveis por entregar, produtos e serviços, que são pré-requisitos para a realização do quinhão de outras empresas do empreendimento, podem não ter ciência dos meandros dessas novas ofertas ou não possuir o conhecimento devido para prever tudo o que será necessário para o perfeito encadeamento de todos os fornecimentos individuais. Poderá existir setores ou pessoas que seriam responsáveis por essa integração, mas que, em muitos casos, também não estão preparadas.

É imprescindível ficar atento a esta integração de forma que se possa indicar uma provável ausência que determinará um aditivo para outra empresa e que nos poupará de atrasos futuros. Atrasos esses que poderiam ser imputados a pleitos de reequilíbrio, mas que dificilmente refletirão o stress e os custos reais.

Normalmente, há uma sequência de trabalho para as empresas envolvidas, em que algumas que iniciam o projeto não estarão no final e as que permanecem ao fim podem ter entrado ao longo do empreendimento. Em qualquer que seja o momento da linha do tempo do projeto em que sua empresa inicie trabalhos, imprima esforços seu e da equipe para determinar, de imediato, a necessidade de aditivos próprios ou de terceiros.

Existem negócios que mesmo antes do início da implementação, há pessoas ou até departamentos inteiros, responsáveis pela compatibilização de todos os projetos envolvidos. Mesmo assim, estas pessoas podem desconhecer detalhes específicos.

[**Cada um é mestre na sua arte.**

Para exemplificar, cabe bem um fato ocorrido durante a implantação de um centro cultural. Como de costume, solicitei uma reunião para discutir possíveis incompatibilidades nos projetos. Esta solicitação inicialmente considerada desnecessária, com alguma insistência foi atendida.

Por experiência, meu alvo principal, era a empresa que seria responsável por todas as instalações elétricas do empreendimento, e a seu gestor, dirigi as primeiras questões. As reações de desconforto apresentadas por ele, seguidas de respostas negativas, confirmavam não uma simples incompatibilidade, mas a inviabilidade da realização de boa parte do nosso contrato.

Essa nossa iniciativa, gerou por fim, para eles, um aditivo contratual bastante considerável, para ampliação de seu fornecimento, possibilitando o atendimento dos requisitos. Para nós, não houve alteração nos projetos ou no fornecimento, mas ficou garantido que não haveria interrupções na implantação. Interrupções geram custos não previstos e reduzem a margem de lucro. Lembre sempre: um real economizado é igual a um real ganho.]

Pleitos de reequilíbrio

Quando assina um contrato, a contratada contingencia no preço acordado à contratante, que incluirá os riscos e prazos que pretende assumir, de forma que possua verba suficiente para tratar eventuais adversidades no decorrer do projeto. Entretanto, há eventos imprevisíveis que possibilitarão a realização de pleitos de reequilíbrio financeiro, com base na teoria da imprevisão.

O contratante sendo governamental poderá buscar negociar os valores, mas fica obrigado a aceitar, nas mesmas condições contratuais, os acréscimos até 25% do valor inicial atualizado, objetivando a manutenção do equilíbrio econômico-financeiro inicial. Já para empresas privadas, o ideal é identificar e apresentar pleitos, assim que eles demandem, podendo utilizar a suspensão dos trabalhos como poder de barganha. Importante ressaltar que reajustes previstos em contrato não são pleitos de reequilíbrio são a previsão documentada e previamente acordada deste.

Normalmente, o que causa o desequilíbrio é o atraso na liberação de frentes de trabalho, indefinições do cliente, paralisações e/ou suspensões. Mais incomuns são as alterações drásticas no cenário econômico, financeiro e calamidades. Esses sintomas serão facilmente notados se o acompanhamento for realizado. As anomalias do ritmo e da produtividade demonstrados nos controles, retrabalhos e custos de retomadas são alguns deles.

Quando iniciamos o projeto de implantação de um negócio, normalmente não se conta, em um primeiro momento, com a necessidade de realizar um pleito, mas para que possa haver um acerto eficaz equilíbrio econômico-financeiro ou de prazo, sabendo que a situação poderá não ser resolvida amigavelmente, é necessário possuir o hábito de registrar fatos e coletar provas ao longo de todo o processo, provas que fundamentam a uma possível futura solicitação. Essas provas poderão ser:

Documentais — Proposta; contrato; relatórios diários de acompanhamento; guias de remessa de documentos; e-mails, notificações, relatórios fotográficos e atas de reunião.

Testemunhais — Depoimentos das partes; lista de possíveis testemunhas e laudos periciais econômicos e técnicos.

203

Para o caso especial de laudos, alguns consideram-nos provas documentais, e outros, testemunhais por apresentarem opiniões que por mais qualificadas que sejam poderão ser contestadas. Eu, pessoalmente, acrescento em provas documentais apenas as que forem irrefutáveis. O pleito de reequilíbrio pode ser solicitado ainda quando:

- **Prazo** - Impedimentos não previstos, ampliaram o prazo de execução;

- **Preço** - Para compensar alterações bruscas e/ou graves da economia que podem ter onerado muito os custos de materiais;

- **Preço** - Para compensar alterações bruscas e/ou graves da economia ocasionados por planos econômicos ou fortes alterações na política tributária;

- **Repactuação dos Preços** - Normalmente utilizados para empreendimentos de prestação de serviços continuados, em função por exemplo de reajustes de pisos salariais sindicais específicos acima da inflação.

Alguns não consideram um pleito de prazo como sendo um pleito de reequilíbrio econômico-financeiro, mas aumento de prazo afeta diretamente os custos de mão de obra, locações e etc, automaticamente, afeta o cronograma físico-financeiro e, consequentemente, o fluxo de caixa do projeto.

[Manda quem pode, obedece quem tem juízo.

Em um projeto de longa duração, em um órgão federal, o horário de trabalho contratual previsto era o comercial de 8 às 17h. Entretanto, entre 11h e 15h diariamente nossa equipe de implantação era impedida de trabalhar por altos funcionários alegando que seu ofício não poderia coexistir com o nosso.

Em casos como esse não há o que discutir, não poderíamos permitir que houvesse a mínima possibilidade e proposição de desacato à autoridade porque sabemos que a justiça é cega e o atraso - ou a cadeia - não interessava a ninguém.

Foi oferecido um aditivo para alteração de horário para noturno que foi recusado por não haver gestão de cliente disponível neste horário. Criou-se então um controle dos impedimentos que era anexado às atas de reunião de andamento semanais, dando a ciência oficial, sendo reconhecido e firmado por todas as partes.

Ao ciclo de cada ano, era realizado um pleito de reequilíbrio financeiro e outro de prazo. Não eram valores absurdos porque não se buscava lucro, apenas a manutenção do equilíbrio físico/financeiro do projeto.

Não era possível ao cliente contestar mesmo que desejasse, já que os impedimentos eram conhecidos e registrados, e todos possuíam ciência que o reequilíbrio seria a única forma de concluir o projeto em todo o seu escopo, como previsto.]

Evitando um aditivo

Sim, você entendeu corretamente, pode parecer estranho, mas há situações em que é necessário para a empresa evitar a apresentação de um aditivo por motivos estratégicos. Seja por necessidade própria, do cliente ou de outra empresa que esteja trabalhando no mesmo empreendimento. A empresa pode não querer se indispor, naquele momento, por outras questões estratégicas não conhecidas em todos os círculos de informação.

Pode ser necessário a pedido do cliente não realizar um aditivo, com ele apresentando garantias reais de compensação em outras demandas, obrigatoriamente, no mesmo projeto, em casos governamentais ou com a possibilidade de ser em outros projetos no caso de empresas privadas. Não poderá, entretanto, a empresa se fiar apenas em promessas, é similar a emprestar dinheiro de agiota - que se paga com juros. Um cliente governamental pode ter essa necessidade, porque já utilizou o limite possível de aditivos no projeto, por exemplo, ou detectou outra demanda em que esses montantes serão necessários.

Podem ocorrer necessidades na execução — inclusive, não previstas — ou onde não há os recursos necessários no momento, isso não é incomum em grandes empreendimentos. Nestes casos, tanto o cliente quanto outra empresa — que esteja trabalhando no empreendimento —, ou até nós mesmos, podemos propor a realização de acordos de compensação entre cavalheiros, pelos gestores ou líderes subcontratados.

Este seria um empréstimo de material ou profissional a ser compensado posteriormente ou pago a parte. Não é proibitivo, desde que controlado de forma a não prejudicar o nosso próprio andamento.

Pode-se questionar porque contratar mão de obra de outro subcontratado e não trazer de fora ou alocar dos próprios quadros em outras implantações? O grande empecilho é que existem empreendimentos muito exigentes em relação à capacitação e saúde dos profissionais que irão trabalhar nele. Pode-se levar mais de um mês para ter um profissional liberado para trabalhar. Por que então não contratar de outra empresa, que já está inclusa, o uso de uma mão de obra por um ou dois dias e com demanda emergencial e imediata? No fim das contas, sairá muito mais barato. É necessária a aprovação do cliente, mas na maioria dos casos ele aprova em função de seus interesses.

Por exemplo: em empresas do ramo de mineração, petrolíferas e off shore, para que um colaborador possa ser seu acesso liberado às instalações e cumprir suas funções, é comum ser necessário:

- Realizar cerca de 18 exames médicos diferentes renováveis a cada seis meses;

- Possuir carteira de habilitação específica emitida por eles após a realização dos cursos recentes de direção 4X4 e defensiva;

- Possuir certificados recentes e específicos, entre 10 cursos relacionados a área de segurança;

- Realizar o treinamento de integração com duração de até três dias;

- Instalar nos veículos equipamentos de rastreamento, sinalização e alarme;

- Possuir equipamentos de proteção individual — EPI, coletivo, individual e especializado.

Olhando para todas essas exigências e não tendo previsto a demanda, é muito mais inteligente fazer o acordo e evitar uma penalidade por estouro de prazo.

A nova legislação de licitações prevê também, muito mais flexibilidade para que o contratante possa fazer alterações no projeto em tempo de execução a sua conta e risco, evitando uma penalidade.

Se o seu gerente de projetos dentro do empreendimento sugerir isso, não pense duas vezes, **aceite!**

Penalidades

Como vimos anteriormente, necessidades que se apresentem e sejam oriundas da falta de planejamento, erro de orçamentação ou corrupção serão tratados como penalidades.

Quando é realizada a orçamentação, limites de controle são definidos utilizando cálculos e parâmetros estatísticos padrão que estabelecerão a capacidade natural de um processo para se manter estável. Esse processo não incluirá — ou não deveria — a previsão de pagamento de multas ou de outras penalidades. Um simples atraso pode levar a uma penalidade financeira que altere muito seu cronograma físico ou até o equilíbrio econômico-financeiro de todo o projeto.

Por exemplo: caso a aquisição e entrega de materiais seja dependente do pagamento de medições do próprio projeto e acontecer do dinheiro ficar retido, a situação se tornará uma bola de neve, com atraso na aquisição, atraso na entrega de materiais e novo atraso na execução. Neste caso, a empresa, que pretendia gerir este projeto com seu próprio fluxo de caixa independente, precisará intervir com recursos financeiros de outros centros de receita para solucionar a situação.

Se, por outro lado, a empresa demandar recursos externos adquiridos em bancos ou financeiras, a situação pode piorar, porque **dinheiro rápido é caro**. É similar a comprar uma passagem de avião antecipada em dois meses ou no dia de viajar, o preço no dia é infinitamente superior, da mesma forma, são os juros de dinheiro emprestado.

Sendo assim, se o erro foi do contratado, este poderá ser penalizado com: multas, efetivação de garantias, bloqueio da retenção contratual, suspensão ou cancelamento do contrato, impedimento temporário de participação em licitações e até detenção.

Se o problema está no contratante, pode ser resolvido com aditivos ou pleitos. Em último caso, deve-se lançar mão de recursos judiciais.

[Dois pesos, duas medidas.

Das situações em que nos envolvemos em um cenário de provável penalidade contra nós - o que acontece em 99% de todos os projetos em todas as empresas, sendo por isso necessário gerenciar os riscos -, felizmente conseguimos nos movimentar de forma a solucionar o problema, muitas vezes com com redução de lucro, mas sem prejuízo ou penalidades maiores. A primeira coisa a fazer é admitir o erro e buscar a solução.

Infelizmente, em uma ocasião, após termos vencido uma concorrência em uma gigante multinacional, logo após adquirirmos parte dos materiais e mobilizar pessoal, o cliente quis cancelar o negócio porque sua nova diretoria, recentemente empossada, possuía uma visão diferente para solucionar a necessidade. Tentamos negociar através de diversas opções de forma que não entrássemos em prejuízo diante dos investimentos, já que o lucro nem mais era o objetivo, a meta era somente evitar o prejuízo.

Sem a concordância do cliente para nenhuma delas e nenhuma sugestão por parte dele, a não ser que nós utilizássemos os produtos e mão de obra contratada especificamente em outro projeto, foi necessário sinalizar que iríamos penalizar o contratante, sendo enviada então, uma notificação extra judicial que, a princípio, não foi respondida.

Quando já nos preparávamos para a ação judicial, o cliente entrou em contato se prestando a pagar o equivalente a margem de lucro se apresentássemos um BDI mais detalhado. Assim fizemos. Causou-me estranheza, a contraproposta não ser de pagar o valor dos materiais e ficar com eles, mas considerei que seria realmente um desembolso maior para o cliente e como o valor relativo a margem de lucro era superior ao já investido por nós, considerando inclusive o que também poderia ser cancelado de nossa parte perante os fornecedores. Foi uma contraproposta coerente para resolver o problema.

Não sei se essa nova diretoria possuía alguma empresa de sua confiança com quem já trabalhara anteriormente e a tivesse em tanta estima a ponto de cancelar um contrato, atrasar muito a solução de suas necessidades e ainda com prejuízo.

A única certeza que possuíamos é que essa nova diretoria jogou fora um relacionamento de oito anos de muita parceria e com resultados positivos para ambas as partes, sem motivo lógico ou justo. Posteriormente, fomos informados pelo mercado, que houve substituição de tecnologia no parque instalado do cliente, pudemos então supor, a possibilidade de subsídios prestados por algum grande fabricante internacional para conquistar o cliente.]

Minha sugestão a você, negociador, é que em relação a aplicar penalidades extremas ao contratante, diante do prejuízo e certo de posse da razão, não se detenha frente a um oponente com maior poder, pois mesmo que ele possua mais recursos, você terá na verdade a mesma ou superior força, derivada da coalizão de sua razão com suas provas e se sagrará vencedor.

Em minha vida pessoal demorei muito a aprender a não emprestar dinheiro, quando aprendi, parei de perder amigos. Da mesma forma, um negociador inexperiente tem receio de aplicar sanções a seus clientes, preferindo arcar com o prejuízo. Não se iluda, eles não voltarão a ser clientes porque você deixou de cobrar o que era devido.

❧ IX ❧

Deslocamento das tropas

As negociações são o resultado de planos e estratégias que buscam a maneira mais vantajosa para ganhar e determinam a mobilidade e eficiência da empresa. Se for mobilizar sua equipe em posição de avaliar o concorrente, faça-o rápido e acompanhe-os em seu objetivo. Considere o efeito da informação e pesquise com racionalidade. Quando negociar em um grande cliente, barganhe de cima para baixo e não ao contrário.

O tamanho do cliente não muda a estratégia de valor, o volume sim. Promessas de melhores margens em negócios futuros também não devem deslumbrar, de forma que altere a estratégia de valor atual. Atenha-se ao presente!

Evite que haja a divisão do pedido, afaste-se das condições desfavoráveis o quanto antes. Não enfrente os concorrentes com recursos a frente, não mostre seu jogo. É conveniente deixar que se passe ao menos a metade da negociação para nesse momento dividi-los e abordá-los.

Não se situe inicialmente em nível muito baixo, pois poderá perder margem desnecessariamente. Não caminhe contra o cliente, nem contra o andamento, mude-o. Suas propostas não devem ser apresentadas muito cedo, para impedir que o concorrente se aproveite de suas falhas; Nem pode demorar demais, para não ser surpreendido por novos concorrentes.

Se estiver debatendo argumentos, faça-o rapidamente. **Caso se encontre frente a uma chuva de argumentações, permaneça próximo aos fundamentos,** respaldado de documentos e referências concretas, essas que podem ser físicas ou "na nuvem".

Quando em reunião, apresente proposições que sejam fáceis de sustentar, mantendo as negociações elevadas, os concorrentes à sua direita ou à esquerda, o cliente a diante e os problemas atrás. **Nunca discorra sobre o que não conhece e não prometa o que não puder cumprir.** Geralmente, os clientes preferem negociações em alto nível, evitam as divagações, apreciam a clareza e detestam a falta de informação. Com isto, também podem se apropriar de informações valiosas dos seus conhecimentos. Nunca esqueça que **uma negociação sempre foi e sempre será uma troca.** Negociações em alto nível são estimulantes e, por isso, gostamos delas e ainda são convenientes para adquirir a força do ímpeto. Negociações em baixo nível não são saudáveis, ainda mais se o objetivo for somente o preço, o desgaste pode ser muito grande para a empresa e a equipe.

Cuide da saúde física de seus colaboradores com os melhores recursos disponíveis. Quando não existem problemas em uma equipe, diz-se que esta é invencível.

Sensibilidade com as informações

Onde haja informações distorcidas, situe-se em seu lado ensolarado, escolhendo apenas o que puder ser validado e ser visto claramente. É evidente que possuir uma boa gama de informações é vantajoso para uma equipe de negociação. A vantagem em uma negociação consiste em aproveitar-se de todos os fatores benéficos do cliente. Muitas informações, distribuídas aleatoriamente, trazem consigo a confusão, se pretende cruzá-las, espere que acalme e navegue em fontes confiáveis.

Sempre que um cliente apresentar barreiras, falta de informação, distorções, riscos incalculáveis, meias palavras e obrigações desleais, é essencial que ele seja abandonado imediatamente. Ele está ocupado.

No que me concerne, os negociadores sempre se mantêm distante desses clientes, pois os adversários estão mais próximos, logo é dada a face aos desafios, de forma que os concorrentes fiquem às costas. Assim, a sua situação torna-se vantajosa e ele ficará em condição desfavorável.

Quando uma equipe está em reunião, com clientes desconfiados e dificuldades de esclarecer as necessidades de forma precisa, é imprescindível detalhar ao máximo e cuidadosamente todos os pontos. Essas reuniões podem ajudar a cair em armadilhas e ainda, ter a presença de informantes.

É essencial acompanhar o cliente e o negócio, pois podem existir negociadores escondidos buscando uma virada, além disso, pode ser que haja informantes à espreita observando e escutando suas instruções e movimentos. Quando o concorrente estiver perto, permaneça calmo, demonstrará que se encontra em posição forte. Quando estiver longe, tentando provocar com hostilidades, é sinal que ele quer seu avanço. Se sua posição é acessível, isso quer dizer que é favorável.

Se um adversário não conserva a posição que lhe é favorável pelas condições do negócio e se situa em outro lugar conveniente, provavelmente será porque existe alguma vantagem tática para agir desta maneira. Considere sempre a ação do inimigo como estratégica, não como erro. Se os clientes se pronunciam pouco, é porque o concorrente está se aproximando. Se há obstáculos entre as reuniões, é porque se tomou um mau caminho. A ideia de pôr muitos obstáculos entre as reuniões é fazer acontecer contatos entre elas e ampliar o domínio.

Se os clientes contestam novas informações, há contatos do adversário. Se os clientes demonstram apatia, o adversário está alimentando-os. Caso se elevem fortes barreiras, a posição do adversário está consolidada e se são fracas, estão sendo ofertados benefícios não tão atraentes. Documentos incompletos entre reuniões significa que estão sendo colocadas informações ainda não consolidadas propositalmente. Pouco retorno indica que se está tendo pouco sucesso.

Se os emissários do concorrente pronunciam palavras humildes enquanto este incrementa seus preparativos de trabalho, isto quer dizer que o concorrente vai avançar. Quando se pronunciam palavras estrondosas e se avança ostensivamente, é sinal de que o concorrente está certo da vitória. Se seus emissários vierem com palavras humildes, envie informantes para observar o concorrente e comprovará que está aumentando seus preparativos de trabalho.

Quando nossos negociadores saem em primeiro lugar e se situam em apoio ao cliente estão estabelecendo uma frente de negociação. Se os emissários inimigos chegam pedindo uma reunião sem firmar objetivos, significa que estão tramando algum complô. Se o concorrente dispõe rapidamente de negociadores em consecutivos questionamentos, está esperando reforços.

Não se precipitarão para um encontro ordinário, se não entendem que será enviada ajuda ou deve ter uma oferta que se ache à distância e que é esperada em um determinado momento para que possa reunir a equipe e ofertar. Convém antecipar, preparar-se imediatamente para esta eventualidade.

- Se metade de sua equipe inimiga avança e a outra metade retrocede, é porque o concorrente está tentando te atrair para uma armadilha. O concorrente está fingindo, neste caso, criando confusão e desordem para te incitar a avançar;
- Se os colaboradores concorrentes se apoiam uns nos outros, é porque estão desorientados;
- Se os líderes são os primeiros a buscar apoio, é porque a equipe está sem respostas;
- Se o concorrente vê uma vantagem, porém não a aproveita, é porque está despreparado;
- Se o cliente não dá muita importância à proposta do concorrente, é porque está em desvantagem;
- Se uma reunião parece esvaziada, o adversário fugiu ou está reagrupando;
- Se são produzidas reuniões cheias, é porque os colaboradores concorrentes estão preocupados, tem medo e estão inquietos, por isso chamam uns aos outros;
- Se a equipe não tem disciplina, isto quer dizer que o líder não é levado a sério;
- Se a ferramenta online não tem audiência, é porque está perdida na confusão. Há ferramentas online que são usadas para unificar e direcionar as informações dos clientes. Sendo assim, caso se apresente de lá para cá sem ordem nem nexo, significa que seus clientes estão confusos e suas ferramentas não tem efeito;
- Se seus emissários mostram irritação, significa que estão cansados e com baixos resultados;

- Se obtém negociações ao sacrifício da margem, é porque os colaboradores carecem de treinamento e premiação;

- Quando não têm motivação e não acatam as orientações dos líderes, equiparam-se a concorrentes completamente desesperados;

- Se os colaboradores andam murmurando, possuem falta de disciplina e falam muito entre si, quer dizer que foi perdida a lealdade da equipe. Os murmúrios descrevem a expressão dos verdadeiros sentimentos. A falta de disciplina indica problemas com os superiores.

Quando a liderança perdeu a lealdade da equipe, os colaboradores se falam com franqueza sobre os problemas com seus superiores. Se a empresa está outorgando numerosos benefícios, é porque o líder se acha em um beco sem saída. Quando se ordenam demasiadas penalidades, é porque o líder está desesperado. Quando a força de seu ímpeto está esgotada, os líderes outorgam constantes recompensas para que os colaboradores estejam contentes e evitem que se rebelem em massa. Quando os colaboradores estão tão esgotados que não podem cumprir as ordens, são castigados uma e outra vez para restabelecer a autoridade. Ser violento no princípio e terminar depois temendo os próprios colaboradores é o cúmulo da inépcia.

Os emissários que acodem com atitude conciliatória indicam que o concorrente quer uma parceria. Se a equipe concorrente lhe enfrenta com ardor, porém retarda o momento de entrar em negociação sem abandonar não obstante o cliente, deve-se observá-los cuidadosamente, estão preparando uma oferta surpresa.

Em negociações, não é necessariamente benéfico ser superior em vantagens, evite ir à frente desnecessariamente, é suficiente para consolidar seu poder. Fazer estimativas sobre o concorrente e conseguir manter o relacionamento, isso é tudo. O concorrente que atua isoladamente, que carece de estratégia e que toma à dianteira seus adversários, inevitavelmente acabará sendo derrotado.

Se seu plano não contém uma estratégia de retomada posterior à oferta, tanta é a confiança exclusiva na força dos seus colaboradores, de forma que toma à dianteira aos seus adversários sem valorar sua condição, com toda segurança cairá refém da sua situação.

Se os colaboradores são castigados antes que se consiga que sejam leais à liderança, não obedecerão e não obedecendo serão difíceis de manter empregados. Tampouco poderão ser empregados se não se levar a cabo nenhuma penalidade, mesmo depois de haver obtido sua lealdade. Quando existe um sentimento profundo de apreço e confiança, os corações dos colaboradores estão vinculados à liderança. Se a disciplina estiver relaxada, os colaboradores se tornarão arrogantes e será impossível utilizá-los. Portanto, dirija-os mediante as artes da gestão de pessoas e de competências e unifique-os mediante as artes da argumentação. **Isto resultará em vitórias continuadas.**

Arte da gestão significa humanidade artes da argumentação, suportada por regulamentos e treinamentos. Deve-se guiar os colaboradores com humanidade e benevolência e unificá-los de maneira estrita e firme. Quando a benevolência e a firmeza são evidentes, é possível estar seguro da vitória. Quando as ordens se dão de maneira clara, sensata e coerente, a equipe aceita. Quando as ordens são confusas, contraditórias e mudam a toda hora, a equipe não aceita ou não as entende. Quando as ordens são razoáveis, justas, sensatas e claras, consequentemente existe uma satisfação recíproca entre o líder e o grupo.

Um líder que se direciona para solucionar os problemas, recomendando soluções em termos de benefícios para o cliente, possui respostas eficazes para lidar com a resistência e propor o fechamento do negócio no momento adequado.

[**Não conte com o ovo que ainda está na galinha.**

Recebi em certo momento da jornada, a ligação de um gerente de contas que era meu contato em um de nossos fornecedores internacionais. Ele estava sondando a possibilidade de que déssemos continuidade ao andamento da condução de uma negociação. Este negócio havia sido iniciado por eles, com a apresentação de suas soluções, já há algum tempo, e que agora resultava em uma demanda do cliente.

Este cliente, uma das principais companhias mundiais em seu setor, necessitava de uma solução que nosso fornecedor entendia ter a resposta perfeita na combinação de seus produtos com nossa estrutura de atendimento e expertise. Inclusive poderíamos integrar outras necessidades complementares que não faziam parte do leque de ofertas desse fornecedor, de forma a apresentar uma solução completa.

Diante de minha confirmação, o gerente de contas passou a descrever a necessidade e principalmente a preocupação de que seria indispensável a quem fosse atender esta conta, uma forte competência no gerenciamento de partes interessadas. Ele informou os perfis de alguns dos colaboradores do cliente, incluindo o principal decisor e ficou claro realmente, que o relacionamento era um ponto crítico.

Outro detalhe apresentado por ele e retrucado imediatamente, era o fato de que um dos concorrentes seria uma empresa europeia com um braço no Brasil, que pertencia ao mesmo grupo de empresas do cliente. Foi quando brinquei: "Por isso está me passando o negócio. É derrota certa." Ele desconversou rindo e demos andamento a passagem de informações e documentação, para que eu pudesse analisar e dar uma resposta definitiva.

Depois de estudar detalhadamente toda a documentação enviada, realizei pesquisa sobre o cliente e o único concorrente conhecido até o momento, que seria a tal empresa do mesmo grupo e com a qual eu nunca tinha competido. Retornei então a ligação e mantive meu posicionamento de aceitar conduzir o negócio.

Normalmente quando um novo negócio entrava, simplesmente lançávamos no cadastro do negócio no ERP e dávamos andamento às negociações. Neste caso em especial, fiz contato com o conselho de minha empresa, informei a entrada no negócio na carteira como indicação, a confirmação para o fornecedor e minha decisão de conduzir eu mesmo este negócio, não alocando nenhum negociador da equipe, já que procedimento normal seria alocar um negociador e apoiá-lo. Apresentei a necessidade baseada nos receios do fornecedor, nos perfis informados e no forte concorrente.

Passada a primeira semana após as apresentações e visita inicial, a chance de vitória se mostrava realmente longínqua. Não via na oferta valor agregado que fizesse o diferencial necessário e no cliente condição de relacionamento por melhor que fosse, que pudesse se tornar uma vantagem no negócio. Me sobrou o concorrente. Na realidade concorrentes, mas só uma empresa realmente me preocupava.

Em minhas visitas e pesquisas posteriores, passei a focar a atenção no representante do concorrente. Cheguei a conclusão que ele como eu, entendia que a vitória dele seria fácil. Ou melhor, já estava ganho. A consequência disso é que não se faziam tão presentes e não davam a devida atenção ao cliente e suas necessidades, constantemente tendo que refazer documentos apresentados por não estarem compatíveis com a necessidade. Eventos simples, que acenderam um alerta para mim.

A nove dias do prazo que havia sido sinalizado como data da decisão pelo gerente de compras, uma oportunidade surgiu. Como o projeto do cliente recebia constantes mudanças, o resultado eram constantes solicitações de alterações no nosso projeto e o fornecimento de mais catálogos e especificações. O concorrente certo de sua vitória, ao invés de se esforçar para atender as necessidades de seu cliente, pediu que data de decisão fosse adiada. O receio inicial do relacionamento com partes interessadas, há muito era passado e não me daria a vitória, mas um erro do concorrente talvez. Esse é o tipo de oportunidade que necessita de ações drásticas.

Passei dois dias me municiando de todo tipo de informação, documento, ou equipamento que pudesse ser necessário neste negócio, se eu estivesse trabalhando fora do escritório e estabeleci o quartel general de operações em um restaurante português a cerca de 400 metros do cliente. Ocupei sozinho uma mesa de 4 lugares, no cantinho perto do balcão, por cinco dias.

O proprietário do restaurante não se importava, afinal, eram três refeições garantidas por dia, mais as avulsas de negociadores que vinham despachar sobre algum negócio ou até colaboradores do cliente da área técnica, para os quais, eu fazia questão de pagar o almoço, o café da manhã ou esporadicamente até um jantar. Eu não precisava convidar, eles frequentavam o restaurante habitualmente, eu só precisava chamá-los para minha mesa e pagar a conta. Eles influenciariam pouco na decisão, mas possuíam informações sobre o andamento do negócio, inofensivas para eles, mas muito importantes para mim. Informações que ajudaram a agregar valor nos pontos certos com baixo custo.

Nestes dias, toda e qualquer requisição do cliente estava em sua mesa em no máximo uma hora se houvesse necessidade de elaborar ou alterar alguma coisa, em outros casos em menos de 30 minutos. Considerando que eu tinha toda a estrutura da filial Rio e da matriz, a postos, para suprir as necessidades rapidamente.

Era grande a pressão que este gerente recebia de seus superiores em relação ao prazo do fechamento e até hoje não tenho certeza se nossos concorrentes, não davam o devido valor ao prazo ou ao poder daquele 'simples' gerente de compras de uma subsidiária brasileira. Claramente para mim, aquele prazo não poderia ser adiado.

Essa pressão, somada ao relaxamento de nosso concorrente por entender como certo o negócio, me deu a oportunidade de atender pronta e eficientemente qualquer necessidade extra, bem como lançar na mente do gerente de compras, a dúvida sobre a qualidade do serviço que prestaria uma empresa do seu próprio grupo, que não dava valor sequer as suas necessidades documentais básicas.

Na data e horários previstos, lá estava eu munido de toda minha esperança de vencer e a certeza de ter realizado um bom trabalho, ansiando que o cliente tenha percebido que nós seríamos realmente capazes de lhe atender.

Não houve burocracia nem sequer um bom dia, ao entrar na sala do gerente de compras, ele me estendeu o envelope do contrato e só falou: parabéns. Com um sorriso que interessantemente parecia satisfação.

Eu agradeci a oportunidade e a confiança, não vendo a hora de sair da sala, já que a vontade era de gritar. O concorrente nem compareceu, já havia sido informado. Soube posteriormente que eles tentaram recorrer, mas o gerente de compras tinha poder suficiente para manter sua decisão.

Tanto esforço resultou no maior negócio já realizado pela nossa filial, que residia em um montante resultante da multiplicação de 7 dígitos e muitos outros vieram depois.

Liguei para o mestre visionário mesmo antes de sair do cliente, e ele como eu, ficou satisfeito por termos ganho em proporção de tanta desvantagem.

Feliz também ficou o fornecedor que indicou o negócio e maior felicidade ainda, coube a negociadora escolhida para, literalmente, ganhar a comissão que eu não poderia receber pelas regras da empresa.]

⊱ Ⴟ ⊰

Sobre os clientes

Alguns clientes são acessíveis, outros cautelosos, alguns neutros, outros esguios, maliciosos ou transparentes. **Entender as seis classes de cliente**s é responsabilidade fundamental do líder e é imprescindível considerá-las. Essas são as configurações do cliente, os negociadores que ignoram são derrotados.

Tipos de clientes

Quando o cliente é **acessível**, seja o primeiro a estabelecer posição, escolhendo boas margens e uma abordagem que seja adequada para apresentar benefícios. Assim terá vantagem quando iniciar a negociação. Se o cliente estiver sendo acessível seletivamente, demonstrará interesse, então, aproveite a oportunidade.

Se identificar que esta acessibilidade é desprovida de maldade, poderá deparar com um profissional carismático e dotado de imaginação, prolixo, sem foco e com pouca noção da realidade. Provavelmente está fora de seu público alvo e errou ao selecioná-lo.

Quando estiver com um cliente **cauteloso** para se relacionar, estará limitado. Neste cliente, se seu concorrente não estiver preparado, e sua equipe sim, poderá seguir adiante e vencer. Contudo, se o concorrente está alinhavado e decidir seguir, terá muitas dificuldades, o que pesará contra e resultará na dificuldade em renegociar, caso seja necessário.

Esses clientes são retidos, exigentes, questionadores, analíticos e relutantes a novas soluções. Buscam constantemente captar o propósito alheio, podendo ainda ser indecisos, demorando em demasia para concluir o negócio, principalmente, se forem os únicos a decidir.

Quando um cliente é desfavorável para ambos, diz-se que é um cliente **neutro**. Neste, mesmo que o adversário ofereça uma vantagem, não se aproveite dela. Retire-se, induzindo o cliente a parar a negociação provisoriamente e então, retorne abordando-o e aproveitando-se da condição favorável - após analisar todas as possibilidades de armadilhas. Só não force a retirada em uma negociação que possa seguir sem sua presença.

Eles costumam ser neutros, pois são muito teóricos e necessitam que as informações sejam apresentadas para fundamentar sua decisão. Eles entendem que o embate entre os concorrentes podem alimentá-los com as informações necessárias. Podem ser ainda dispersos, por falta de entendimento e impulsivos, logo, use isso a seu favor.

Em um cliente **esguio**, sendo o primeiro a chegar, ocupa totalmente o terreno e espera o adversário. Se ele chegar antes, não o siga se estiver bloqueando as informações, reforce a investigação. Esses são os clientes menos produtivos em relação ao andamento e dinamismo do negócio, procrastinam repetidamente, costumam ser introspectivos e frios, com visão a curto prazo que deturpam a definição de necessidades completas e não costumam confiar em terceiros.

Em um cliente **malicioso**, sendo o primeiro a chegar, deve-se estreitar o relacionamento e esperar o adversário. Se esse já ocupou o concorrente antes, retire-se inicialmente e não o persiga. Retome a estratégia para retornar preparado. Costumam ser arrogantes, manipuladores, persuasivos, buscam domínio e estimulam conflitos para obter vantagens. Tendem a ser egoístas e discordantes por serem apegados às suas opiniões preestabelecidas.

No fundo, é dominado por medo de que suas aspirações não se concretizem. Não tem amadurecimento emocional suficiente para entender que medo é uma reação e coragem é uma ação e que estão reagindo a seus próprios anseios. São muito competitivos, então deixe que pensem que a ideia foi deles ou que recebam o crédito.

Em um cliente **transparente**, a força do ímpeto se encontra igualada e é difícil provocar o adversário para negociar de maneira desvantajosa para ele. Precisará ganhar por mérito e valor, já que normalmente discutem e negociam em conjunto com todas as partes interessadas. São clientes leais se conquistados e honrados no pleito, que buscará o melhor conjunto entre oferta e fornecedor para sua empresa.

Estes clientes devem ser muito respeitados. Tendem a ser comunicativos, mais objetivos, demandando a participação, ponderando e decidindo com prudência e racionalidade; possuidores de boa inteligência emocional; serão espontâneos e demonstrarão bom raciocínio lógico; são pragmáticos e costumam ser bastante assertivos por dominarem seu meio e suas necessidades. São focados na resolução dos problemas.

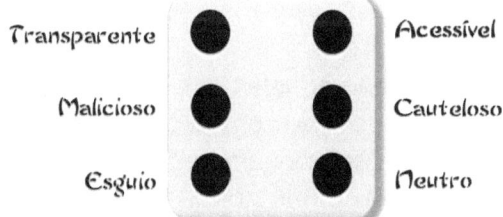

As maneiras de ser derrotado.

Quando essas classes são percebidas pelos negociadores, alguns fugirão, outros irão se retrair, haverão aqueles que se abaterão, os que se rebelarão e os que serão derrotados. Nenhuma destas circunstâncias constitui desastre natural, senão que são devidas aos erros dos líderes.

- Equipes que têm o mesmo ímpeto que o do oponente, porém combatem em proporção de um contra dez, saem derrotadas;
- Empresas que possuem equipes fortes, porém seus líderes são débeis, ficam retraídas;
- Empresas que contam com colaboradores débeis sob a liderança de líderes fortes, estarão em apuros;
- Quando os líderes estão encolerizados, são violentos e enfrentam o concorrente por conta própria, ou por despeito ignorando sua capacidade, a equipe desmoronará;
- Se os líderes são débeis e carecem de autoridade, as ordens não são claras ou não surtem efeito;
- Faltando unidade entre líderes e colaboradores, as formações são anárquicas e produz revolta.

Os líderes derrotados são aqueles que incapazes de analisar os adversários, entram em negociação com forças superiores em número ou em menor margem e não selecionam seus colaboradores segundo os seus níveis de preparação. Como norma geral, **para poder vencer o concorrente, os líderes devem possuir um só objetivo e todos os colaboradores devem cooperar.** Empregando colaboradores sem selecionar os preparados ou não preparados, os arrojados ou covardes, estará buscando sua própria derrota.

A compreensão destas situações é responsabilidade suprema dos líderes e devem ser consideradas.

- Desequilíbrio no número de forças;
- Ausência de um sistema claro de recompensas e penalidades;
- Insuficiência de treinamento;
- Paixão irracional;
- Ineficácia da lei de ordem;
- Falha em não selecionar os colaboradores fortes e resolutos.

A configuração do cliente pode ser um apoio para a equipe e para os líderes. **O curso da ação adequado é avaliar o adversário para assegurar a vitória e calcular os riscos e os prazos.** Saem vencedores os que lideram negociações e conhecem esses elementos. Saem derrotados os que trabalham ignorando-os. Portanto, quando as leis do comércio assinalam uma vitória segura, é claramente apropriado começar a negociação, mesmo que o negócio tenha demonstrado que não é hora para fazê-lo. Se as leis do comércio não indicam uma vitória segura, é adequado não entrar em negociação, mesmo que o negócio tenha demonstrado que é hora de negociar. Deste modo, avança-se sem pretender o fechamento e ordena-se o recuo sem evitar a responsabilidade, com o único propósito de proteger a clientela e em benefício também do negócio. Assim, presta-se um serviço valioso à empresa e ao próprio cliente.

◉ Avançar e recuar contra das ordens do negócio não se faz em interesse pessoal, senão para salvaguardar as necessidades da clientela e no autêntico benefício da empresa. Servidores deste gabarito são muito úteis para uma empresa.

Olhe para seus colaboradores como se olhasse para um recém-nascido, assim estarão dispostos a segui-los até nos negócios mais estressantes. Cuide de seus colaboradores como cuida de seus queridos filhos e irão lidar gostosamente contigo. No entanto, se for tão amável com eles que não os possa utilizar, tão indulgente que não lhes possa dar ordens, tão informal que não possa discipliná-los, seus colaboradores serão como crianças mimadas e, portanto, imprestáveis. As recompensas não devem ser usadas em separado, nem se deve confiar somente nas penalidades. Caso contrário, a equipe, novamente como crianças mimadas, se acostumará apenas a desfrutar ou a ficar ressentida por tudo. Isto é prejuízo e eles se tornam imprestáveis.

Se é de seu conhecimento que seus colaboradores são capazes de ofertar, porém ignora que o concorrente é blindado a determinada oferta, terá somente a metade das possibilidades de ganhar.

Se é de seu conhecimento que seu concorrente é vulnerável a uma determinada oferta, porém ignora se seus colaboradores são capazes de ofertar, terá somente a metade das possibilidades de ganhar.

Se é de seu conhecimento que o concorrente é vulnerável a uma determinada oferta e seus colaboradores podem levar a abordagem a cabo, porém ignora se a condição do cliente é favorável para a negociação, terá somente a metade das possibilidades de vencer.

Portanto, os que conhecem as artes da argumentação não perdem tempo quando efetuam seus movimentos, nem se esgotam quando abordam.

Devido a isto, diz-se que **quando conheces a si mesmo e conheces os demais, a vitória não é um perigo. Quando conheces a argumentação e a negociação, as vitórias são inesgotáveis.**

☙ XI ❧

As Classes do terreno

Conforme as leis das negociações, existem **nove classes em relação ao ambiente do cliente**, ou o terreno.

Chamamos de ambiente de **dispersão** quando os concorrentes lutam entre si no cliente. Parecerá uma festa com muitos convidados, negociando seus interesses à miúda, e o cliente navegará na corrente. Podemos ser dispensados com facilidade que uma donzela o faria em um baile onde fosse a mais bela. Haverá um deslumbramento de poder, falta de foco na solução e muito apelo do ao valor agregado.

Chamamos de **frágil** quando há a conquista ambiente alheio, porém não é feita em profundidade. Isto significa que os concorrentes podem regressar facilmente.

Chamamos de ambiente **chave** aquele cliente que pode se tornar vantajoso para nós se conquistado e ao concorrente se é ele quem conquista. Um cliente de disputa inevitável, aquele em que é necessária toda e qualquer penetração, ação defensiva ou passo estratégico.

Um ambiente igualmente acessível para você e para os adversários se chama ambiente de **comunicação**.

Tendo sido o primeiro a ter livre acesso a um cliente que está rodeado por outros clientes potenciais, tendo acesso automaticamente a todos, se chama ambiente de **interseção**. O ambiente de interseção é aquele ao que convergem as principais vias de comunicação, unindo-as entre si. Seja o primeiro a ocupá-lo e os demais terão que pôr-se a seu lado. Se o obtiver, se encontrará seguro; e se o perder, incorrerá no perigo de uma reação em cadeia.

Quando é criado um relacionamento profundo em um cliente estranho, deixando para trás muitos fornecedores e concorrentes, este ambiente chama-se **difícil**. É um cliente ao qual é difícil regressar.

Quando estiver atravessando dificuldades, desinformação, desinteresse e desnecessidade, este se chama ambiente **desfavorável**.

Nas ocasiões que o acesso for difícil e a saída insatisfatória, de maneira que uma pequena ação inimiga possa te derrubar mesmo que suas ofertas sejam aparentemente mais vantajosas, a este chamamos ambiente **ocupado**. Seu território está ocupado pelas forças adversárias. Se houver capacidade de uma grande adaptação, poderá ainda assim conquistar este cliente.

Se só for possível sobreviver em um ambiente negociando com rapidez, sendo fácil ser derrotado caso isto não aconteça, este é um ambiente **mortal**. Os negociadores que se encontrarem em um ambiente mortal estão na mesma situação de um barco que afunda ou uma casa ardendo em chamas.

Enfrentando as forças do ambiente

"A eficácia deve ser aprendida."
Peter Drucker, O Gerente eficaz

Não é sábio combater em um ambiente de **dispersão**, se deter em um ambiente frágil, ofertar antecipadamente em um ambiente chave ou ocupado pelo concorrente, muito menos deixar que suas ofertas sejam divididas em um ambiente de comunicação.

Então, quando se deixa a empresa e se atravessa a fronteira em uma negociação individual com o conhecimento de que houveram ou haverão outras negociações isoladas dos concorrentes, saberemos que nos encontramos em um ambiente de dispersão. Nesse, os colaboradores podem abandonar facilmente a negociação por entender que não há interesse. Envolva o cliente perguntando pelas suas opiniões e ideias. Demonstre que pode contribuir. Apoie ou desaprove as ideias e não as pessoas. Seja específico. Seja orientado para a ação em direção ao que você pretende fazer e quer que ele faça. Unifique as ofertas e as mentes dos colaboradores.

Um ambiente é **frágil** quando os colaboradores o conquistam do concorrente, todavia não têm domínio da conta, relacionando-se pouco. Suas mentes não estão realmente concentradas e atentas para a negociação, porque subconscientemente projetam poucas possibilidades de vitória; esteja preparado; observe frustrações e decepções; evite debates lógicos ou teóricos dos fatos; encoraje opiniões pessoais; influencie com fatos tangíveis e de sólida evidência; seja ponderado; ofereça evidências, mantenha o contato regular.

Não é vantajoso atacar o concorrente em um ambiente **chave**, apresse para tomá-lo, o vantajoso é chegar primeiro e estreitar o relacionamento. Reforce o relacionamento, não decida por eles, aconselhe; demonstre conhecimento fundamentado dos prós e contras.

Em um ambiente **de comunicação** que são acessíveis por todos os pontos, apresente benefícios. Não permita que o deixem isolado para poder servir-se da apresentação de recursos e benefícios, estabeleça sólidas alianças e sacrifique espólios e terrenos, se necessário.

Em ambiente de **interseção**, estará a salvo se forem estabelecidas alianças, se perdê-las estará em perigo. Estabeleça as comunicações; mantenha relacionamento profissional; dê certezas, garantias e soluções específicas; preste atenção à defesa dos seus pontos fracos.

Em ambientes **difíceis**, entrar com recursos significa reunir tudo que é necessário para ficar ali muito tempo, adentrar em profundidade e com incursões continuadas. Negocie; fixe-se em especificidades e cumpra aquilo que prometer; identifique detalhes importantes; coopere, dê tempo exercite a empatia; dê-lhes o máximo de crédito pelas ideias desenvolvidas.

Em ambientes **desfavoráveis**, já que não se pode dominá-lo, devemos nos apressar em sair; Influencie através de opções de consequências ponderáveis; não perca tempo, eles agem rapidamente, esteja preparado para isso. Explore ideias sem confrontá-los, eles mudam de ideia, consiga rápido um acordo dos pontos importantes.

Em ambientes **ocupados**, tendo a suas costas argumentos infranqueáveis e adiante aberturas estreitas, introduza táticas de surpresa; faça planos e vá devagar. Persista, mantenha regularidade sem sufocar e lembre-se que a noção de tempo muda com a idade. Se for seu o domínio, feche as entradas.

Se a equipe caiu em um ambiente **mortal**, quando é desnecessária a investigação, todos negociam de maneira espontânea. Por isso se diz: "mantenha a equipe em um cliente mortal e sobreviverão se um bom volume regular for alcançado." Ou: "demonstre a sua equipe que não existe nenhuma possibilidade de sobreviver fornecendo soluções de necessidade primária, em pouco volume, sem valor agregado e comercializando enquanto o cliente faz leilões*". As despesas com recursos serão maiores que os ganhos.

*A palavra leilão, neste caso, não se refere aos pregões governamentais e sim ao ato de clientes privados de ficarem jogando com os preços dos concorrentes.

[O mestre que cospe fogo.

Em um jantar, foram servidos pratos da culinária coreana, com clientes daquela nacionalidade. Um mestre, com quem tive a honra de trabalhar, foi posto então à prova. Ele se gabava muito de seu paladar e que seria capaz de suportar a potência de qualquer tempero - não existia, no mundo inteiro, pimenta que pudesse fazê-lo se render.

Durante a conversa informal, o assunto do heroico paladar veio à tona enquanto a prosa era sobre a picância da comida coreana. Os garçons se aproximaram com os pratos e entre eles um Kimchi - que havia sido a opção de nosso mestre.

Após um longo dia repleto de apresentações e demonstrações a base de muita conversa e já com o horário avançado, com fome e com a pressão da convivência bem baixa, nosso mestre era o único no salão a não perceber a ansiedade dos coreanos em vê-lo saborear o prato. Fortes e verdadeiras risadas ecoaram em todo o restaurante quando nosso mestre colocou sem pestanejar e com muita vontade, a primeira porção de Kimchi na boca. Nem a contida postura coreana conseguiu segurar aquele misto de demonstrações de alegria e pena.

O que se passou a seguir, em uma sequência de segundos que pareciam eternos, foi uma cena digna de desenho animado ou filme pastelão. O mestre levantou imediatamente a cabeça, seus olhos estavam arregalados e vermelhos, já marejando lágrimas e o corpo ficou enrijecido enquanto apoiava fortemente nos braços da cadeira. A sensação, para quem acompanhava, era que uma bomba explodira dentro daquele angustiado ser e que, a qualquer momento, fumaças poderiam brotar pelos seus ouvidos.

Nosso desafortunado mestre olhou repetidas vezes em todas as direções, buscando algo que pudesse amenizar seu sofrimento. À sua frente, apenas o recipiente de soju — uma espécie de cachaça coreana, que parecia tentar evitar. Sem muitas escolhas, tomou todo o soju em um só gole e a reação demonstrou que o efeito foi contrário ao desejado.

Restavam duas alternativas, correr pelo meio do salão até alcançar alguma outra bebida ou deixar a etiqueta de lado e tomar o líquido na tigela de lavanda utilizada para lavar os dedos. A última opção foi a alternativa escolhida, também em praticamente um só gole com a cabeça levantada e a tigela quase apontada para a lua. Os coreanos riam de se contorcer e vários minutos se passaram até que nosso mestre conseguisse verbalizar a primeira palavra. Posteriormente, ganhamos o negócio e na Coreia, atualmente, reza a lenda que no Brasil existe um mestre que cospe fogo.]

Liderança por maestria

Os que viveram antes sendo considerados mestres na arte do comércio. eram capazes de fazer com que o concorrente perdesse contato entre a realidade e seu planejamento, a confiança entre a empresa e a equipe, o interesse pelo bem-estar do cliente, o apoio mútuo entre líderes e comandados, o engajamento de colaboradores e a coerência de suas ofertas.

Estes mestres entravam em ação quando era vantajoso e se retraíam em caso contrário. Introduziam mudanças para confundir o concorrente se apresentando aqui e ali, aterrorizando-os e semeando entre eles a confusão, de tal maneira que não davam tempo a eles para realizarem planos. Eram ninjas nas negociações.

Em contrapartida, caso perguntem a eles como enfrentar as forças dos clientes, poderosas e bem organizadas que se encaminham em sua direção? A resposta seria: **"dê-lhes em primeiro lugar algo que apreciem e depois te escutarão."** O guerreiro nunca deve esquecer: "o **que está em primeiro lugar é a satisfação e o bem-estar do cliente."**

A rapidez de ação é o fator essencial da condição da equipe de negociação, aproveitando-se dos erros dos adversários, desviando-os por caminhos que não esperam e ofertando quando não estão em guarda. Isto significa que para aproveitar da falta de preparação, de visão e de cautela dos adversários, é necessário atuar com rapidez e, caso vacile, esses erros não te servirão de nada.

Em uma apresentação, por regra geral, quanto melhor se apresentam as vantagens e benefícios a um cliente estranho, mais fortes elas se tornam, até o ponto de que o cliente não pode negá-los. Escolha ofertas e setores promissores e a equipe terá o suficiente para se ocupar. Cuide de sua saúde e evite o cansaço, consolide sua energia e aumente sua força.

Que os movimentos de sua equipe e a preparação de seus planos sejam insondáveis. Consolide a energia mais entusiasta de sua equipe, economize as forças restantes, mantenha em segredo suas estratégias e seus planos, permanecendo insondável para os concorrentes e esperando que se produza um ponto vulnerável para avançar. Situe sua equipe em um ponto que não haja saída para a situação, de maneira que tenha que fechar o pedido antes de poder encerrar.

O que não estariam dispostos a fazer ante a possibilidade da derrota? Os mestres da negociação empregam neste momento o melhor de suas forças. Quando se acham perante um grande desafio, perdem o medo. Quando não há nenhum local para onde ir, permanecem firmes. Quando estão totalmente comprometidos com um cliente, se prendem a ele. Se não têm outra opção, negociarão até o final.

Por esta razão, os colaboradores estão vigilantes sem ter que ser estimulados, se engajam sem ter que ser chamados aos deveres, são amistosos sem necessidade de promessas e podem ser confiantes sem necessidade de ordens. Isto significa que quando os negociantes se encontram em perigo de derrota, seja qual for o seu risco, todos têm o mesmo objetivo e, portanto, estão em alerta sem necessidade de serem estimulados, têm boa vontade de maneira espontânea, sem necessidade de receber ordens e pode confiar-se de maneira natural neles, sem promessas nem necessidade de hierarquia.

Proíba as suposições para evitar dúvidas e os colaboradores nunca te abandonarão. Trabalhe com fatos e com a lógica. Se seus colaboradores não têm riquezas, não é porque as desdenhem. Se não tem mais empregabilidade, não é porque não queiram trabalhar mais tempo.

No dia em que se dá a ordem de prospectar, os negociadores choram, principalmente os de mais alto nível. Seu desejo é estar em batalha nas negociações, não desbravando territórios. Mas se não forem desbravados os territórios, não haverá batalhas a travar.

Assim sendo, uma negociação preparada com perícia deve ser como uma serpente veloz que contra-ataca com sua cauda quando alguém lhe ataca pela cabeça, contra-ataca com a cabeça quando alguém lhe ataca pela cauda e ainda, contra-ataca com cabeça e cauda, quando alguém lhe ataca pelo meio.

Reza a lenda, que um antigo tratado com oito estratégias clássicas de negociação diz: "faça dos negociadores a empresa, faça da empresa os negociadores, com quatro cabeças e oito caudas. Faça que a cabeça esteja em todas as partes e quando o concorrente avançar pelo centro, cabeças e caudas acudirão ao resgate."

Pode-se então perguntar se **é possível fazer com que uma equipe de negociação seja como uma serpente rápida?** A resposta é afirmativa. Com isso, mesmo os colaboradores que possuem antipatias mútuas, se encontrarão no mesmo barco e se ajudarão em caso de perigo de derrota. É a força da situação que faz com que isto se suceda. Por isso, não basta depositar a confiança em grandes corporações com equipes limitadas. Alinhe as informações para formar uma linha de negociação estável, fixando os parâmetros para fazer com que os adversários não consigam se mover. No entanto, ainda assim, isto não é suficientemente seguro, nem se pode confiar apenas nisso. É necessário permitir que haja variantes às mudanças que acontecem, colocando os colaboradores em situações difíceis, de maneira que negociem de forma espontânea e se ajudem, cotovelo com cotovelo. Este é o caminho da segurança e da obtenção de uma vitória certa.

A melhor estratégia é expressar o valor agregado e manter o nível constante. Ter êxito tanto com equipe incapaz, como com equipe aguerrida, se baseia na configuração das circunstâncias. Se for possível obter a vantagem no cliente, os adversários podem ser vencidos, inclusive com equipe frágil, o que dirá se existir uma equipe poderosa e aguerrida? O que faz possível a vitória a ambas as classes de equipe são as circunstâncias do cliente. Portanto, os mestres em negociações obtêm a cooperação da tropa, de tal maneira, que dirigir um grupo é como dirigir um só indivíduo que não tem mais que uma só opção a vitória.

O líder deve manter proximidade com as equipes débeis, mensurando com regularidade seus resultados. Seja frouxo com o negligente e nenhum resultado obterá. Apoie e oriente o forte, que poderá se tornar um grande guerreiro. Apressar-se em substituir os indecisos não permitindo que um mercenário mediano obtenha resultados apenas por herança dos cadáveres de companheiros caídos. Este um dia certamente lhe trairá, porque é necessário apenas um pouco de estultícia para destruir a reputação de líderes sábios e honrados.

Ao longo de um ano, a empresa se envolverá em 2, 3, 4, 6 ou 12 guerras. Para cada guerra, serão executados planejamentos para saber exatamente o porquê das batalhas serem travadas e que espólios buscam alcançar com isso. Próximo ao fim de cada uma dessas guerras, surgirão cordéis sobre vitórias nas quais seus guerreiros serão laureados e homenageados, mas, posteriormente, será sabido que na verdade elas são apenas lendas. Esses Guerreiros devem ser banidos.

É dever do líder ser sereno, reservado, justo e metódico. Seus planos devem ser tranquilos e absolutamente secretos para que ninguém possa descobri-los; sua liderança justa e pragmática, assim ninguém se atreverá a tomar sua frente. Mantenha seus adversários sem informação e em completa ignorância de seus planos. Mude suas ações e revise suas intenções, de maneira que ninguém possa reconhecê-las. Altere as margens, os prazos e se desloque por caminhos sinuosos, de forma que ninguém possa antecipá-los. Poderá ganhar quando ninguém conseguir prever suas intenções e o momento de suas ações.

O principal engano nas negociações não se dirige aos concorrentes, e sim, à sua própria equipe, fazendo com que lhe sigam sem saber para onde vão. Quando um líder propõe uma meta desproporcional a sua equipe, é como levá-la a um lugar elevado e depois retirar a escada.

Quando se fala de vantagens e desvantagens, da concentração e da dispersão, queremos nos referir as pautas do comportamento humano que mudam segundo os diferentes tipos de cliente. A norma geral dos adversários é unir-se quando estão em contato com a gestão do cliente, porém tendem a se dispersar quando estão ligados a cargos intermediários. Assim, quando um líder se relaciona com um cliente ocupado pelo concorrente está pondo à prova todo o seu potencial e o de sua equipe, ele, ainda, poderá derrubar os argumentos dos seus adversários e praticamente destruir suas propostas, se conduzir os clientes como um rebanho agrupado e todos ignorarem para onde se encaminham até o momento certo. Compete aos líderes reunir a equipe e pô-los em situações desafiadoras como essas, mas com objetivos, examinando as adaptações aos diferentes clientes e as vantagens de concentrar-se ou dispersar-se, de acordo com pautas dos sentimentos e a linguagem corporal.

A psique dos negociadores consiste em resistir quando se veem acuados, barganhar quando não se pode evitar e recuar em casos extremos. Enquanto os negociadores não se vejam acuados, não possuem a determinação de resistir ao concorrente até alcançar a vitória. Quando estão desesperados, apresentam uma defesa unificada. Por isso, os que ignoram os planos dos concorrentes não podem preparar alianças. Os que ignoram as circunstâncias do cliente, não podem fazer manobras com suas forças. Os que não utilizam colaboradores locais não podem aproveitar-se da cultura do cliente. Os negociadores de uma empresa eficaz devem conhecer todos estes fatores.

Quando a equipe de uma empresa eficaz negocia com um grande cliente, o negociador não deve fazer alianças. Quando seu poder supera os adversários, seria tolo fazer alianças, como concordar com um empate no Xadrez a um oponente encurralado. Se for possível averiguar os planos de seus adversários, aproveite as informações e conduza o concorrente de maneira que fique indefeso. Neste caso, nem sequer um grande adversário poderá reunir recursos suficientes para lhe deter. Portanto, se empreender para obter alianças desnecessárias, não aumentará o poder da empresa e não estenderá sua influência pessoal para ameaçar os adversários. Tudo isso faz com que a empresa e os clientes fiquem vulneráveis.

Se antecipe com ações incomuns, considerando a vantagem de outorgar recompensas não reguladas e que não tenham precedentes, observe se o concorrente faz promessas sem ter em conta os códigos estabelecidos. Maneje a equipe como se fosse uma só pessoa. Empregue-os em tarefas reais, porém não fale, deixe-os descobrir e se motivar. Motive-os com recompensas, porém não comente os possíveis prejuízos para não os desanimar. Empregue seus colaboradores somente na direção de negociar cada qual em seu flanco, sem comunicar-lhes sua estratégia.

Agora, se forem filtradas verdades, sua estratégia poderá afundar. Se os colaboradores começarem a preocupar-se, irão se tornar vacilantes e temerosos. Se evidenciarem uma situação de possível desemprego, não terão foco eficaz na negociação. Apresente-os aos perigos de derrota e, assim, sobreviverão. Quando a equipe enfrenta desafios, é capazes de negociar para obter a vitória. Sendo assim, a destreza de uma negociação é fingir acomodar-se com as intenções do concorrente.

Se for possível haver foco apenas nisso, pode-se então aniquilar estratégias dos adversários, mesmo que tenham iniciado muito antes. A isso se chama cumprir o objetivo com habilidade. No princípio, acomode as suas intenções, depois elimine seus concorrentes. Esta é a perícia no cumprimento do objetivo.

Assim, no dia em que se apresenta a proposta, fecha-se as oportunidades aos novos adversários, rompem-se os relacionamentos dos concorrentes e impede-se o passo de emissários. Os assuntos decidem-se rigorosamente quando se começa a planejar, estabelecendo a estratégia na empresa iniciada com os líderes. O rigor nas empresas atribuído pelos líderes na fase de planificação refere-se à manutenção do segredo.

Quando o concorrente apresentar fraquezas, aproveite-as imediatamente, mas com honra. Elucide primeiro o que pretende e depois se antecipe. Mantenha a disciplina e a honra e adapte-se ao concorrente para determinar o resultado do enfrentamento. Assim, no princípio será como um gato para qual o concorrente abrirá suas portas e então se transformará em leão e o adversário não conseguirá te expulsar. No fim, como já sabemos, **o objetivo da missão é a satisfação do cliente e a construção de um relacionamento permanente**.

Alguns tipos de tipos de batalhas

Licitações privadas

Concorrência que se inicia com a distribuição, aos interessados ou convidados, normalmente em multinacionais de uma RFP — Request For Proposal —, ou em grandes empresas nacionais de uma solicitação de proposta. Os termos podem mudar, mas a filosofia é a mesma. Para encontrar o melhor fornecedor, serão realizados então, nos prazos definidos, eventos eletrônicos ou presenciais de habilitação, qualificação e julgamento. Em empresas privadas, esses eventos podem ser públicos ou não, quando neste último caso é publicado apenas o resultado aos envolvidos.

Com a possibilidade de participação de mais fornecedores, há um aumento na competitividade, trazendo vantagens nos dois sentidos, já que a contratante poderá receber melhores ofertas em função da concorrência e fornecedores que não atendiam a este cliente encontram na licitação esta oportunidade.

Por ser de ordem privada, possui a flexibilidade de ter seus critérios de habilitação, qualificação e julgamento, totalmente arbitrados pela empresa contratante, desde que não fira os direitos à livre concorrência, e contrate obrigatoriamente o vencedor. Tanto esses critérios, quanto seus prazos, cláusulas especiais e a descrição detalhada do que vai ser adquirido constarão do documento de convocação.

Este processo torna a aquisição transparente, resguarda os colaboradores da contratante, reduz o tempo de cotação e busca garantir que será adquirida realmente a melhor solução. Diante da publicação em site ou portal, fornecedores de outras localidades poderão ainda se interessar e participar da licitação.

Licitações públicas

Concorrência que se normalmente também se inicia com a publicação de um edital por um órgão governamental ou estatal. Será fundamental ao negociador, além da observância às características técnicas, preços e prazo e demais condições estabelecidas, qual, ou quais leis estão sendo aplicadas no edital, seja no âmbito federal, estadual ou municipal ou específicas como a Lei de Responsabilidade das Estatais.

Quando a edição deste livro, estava para ser homologada pelo presidente, a nova lei de licitações Projeto de Lei 4.253/2020, que entrará em vigor na data de sua publicação atualizando o processo licitatório e revogando leis anteriores como a lei 8.666/, lei 10.520/2002, e os artigos 1 a 47 da lei 12.462- Regime Diferenciado de Contratação - RDC/2011. A partir da data de publicação da nova lei, por um prazo de dois anos, ficará a critério dos gestores públicos a opção de realizar suas licitações pela nova ou antiga legislação, devendo esta escolha estar descrita expressamente no edital e não podendo o gestor, combinar as duas opções.

Ao longo deste livro, **estaremos lidando com as duas abordagens legislativas**, de forma que possamos entender as negociações e não se prender a detalhes jurídicos das leis. Para cada caso, você precisará se ater exclusivamente ao que estiver determinado no edital.

Modalidades de licitações públicas

São a forma utilizada para determinar como será a condução do processo de licitação e seus limites. São classificadas principalmente em função de requisitos associados aos os limites de valores. A nova legislação exclui e inclui modalidades, altera valores, além de determinar que disputas presenciais sejam exceções dando prioridade as eletrônicas e a administração pode ainda servir-se dos procedimentos auxiliares previstos.

- **Pregão** - Utilizada para agilizar a aquisição de bens e serviços comuns de qualquer valor. Não podendo ser utilizada para obras de engenharia, locações imobiliárias e alienações;

- **Concorrência** - Aplicada a aquisição e alienação de bens públicos, obras e serviços de engenharia, com valor acima de R$ 3.300.0000 e licitações gerais com valor acima de R$ 1.430.000;

- **Concurso** - Estabelece remuneração para escolher ou premiar trabalhos artísticos, técnicos e científicos;

- **Leilão** - Empregado para a venda de bens apreendidos ou penhorados ou ainda venda de bens imóveis e inservíveis da administração pública. Para que o valor mínimo aceito seja definido, o bem passa por uma avaliação prévia;

- **Diálogo competitivo - Nova** - Similar ao procedimento de manifestação de interesse, abre a oportunidade de um órgão governamental, discutir com fornecedores a aquisição de uma solução complexa ou inovadora. Normalmente nestes casos o órgão não possui a expertise necessária para elaboração dos projetos e demais requisitos necessários a preparação de uma licitação.

Modalidades que deixarão de existir dois anos após a homologação da nova legislação de licitações, ficando a critério do gestor sua utilização neste período.

Tomada de preço - Possibilita a participação de empresas pré-cadastradas, qualificadas e com sua certificação em dia. Possui valor limite de R$ 3.300.000

Carta convite ou Convite - Processo simplificado de licitação onde três empresas são convidadas a participar da concorrência. Possui valor limite de R$ 300.000.

Critérios de julgamento em licitações públicas

Também conhecidos como tipos de licitação, são os métodos utilizados para decidir qual proposta é mais vantajosa para a administração pública, sendo a vencedora na concorrência.

- **Menor preço -** Como o próprio nome já diz, o único critério de julgamento é o de menor preço.

- **Maior desconto -** Também auto explicativo, é direcionado a pregões.

- **Melhor técnica ou conteúdo artístico -** Aplicado a serviços de natureza predominantemente intelectual.

- **Melhor combinação técnica e preço -** O vencedor será declarado com base na melhor média ponderada, resultantes das notas obtidas nas propostas técnica e de preços.

- **Maior lance -** Para o caso de leilões.

- **Maior retorno econômico -** Visa obter economia para a Administração pública. Exclusivo para contratos de eficiência, já que o contratado é remunerado pela aplicação de um percentual sobre essa economia.

Ações decorrentes de julgamento

- **Habilitação** - Fase - Permite ao licitante prosseguir, com base na análise de sua documentação fiscal, econômico-financeira, jurídica e técnica, bem como a de seus representantes.

- **Desqualificação ou Inabilitação** - impede a licitante de participar nas próximas fases do certame.

- **Desclassificação** - Uma licitante será desclassificada se não cumprir todos os requisitos do edital, ou for verificado que a proposta é inviável sem que a licitante consiga provar o contrário. Sendo que a nova legislação prevê a permanência do licitante dentro de um percentual definido, com o pagamento de um seguro extra.

- **Penalização** - Em casos de fraude na licitação, as empresas envolvidas poderão sofrer punições como: multa, impedimento de licitar por até 3 anos e ter sua inidoneidade declarada para um período de 3 e 6 anos. No caso em que o dano possa ser sanado, a licitante poderá ter sua sanção retirada. Em alguns casos a penalidade pode ser ampliada com a detenção dos envolvidos.

Fases das licitações públicas

É um tópico onde a nova lei de licitações irá fazer alterações interessantes como por exemplo a inversão entre julgamento e habilitação. A habilitação poderá ser realizada após o julgamento, economizando tempo. São divididas entre internas e externas, sendo as internas, todas aquelas necessárias para a preparação do edital e as externas as que acontecem após sua publicação.

Pelo texto, o processo de licitação deverá seguir as seguintes fases:

- **Preparatória** - Interna - Etapa de elaboração do edital pelo órgão, que deve descrever, compatibilizando sua necessidade ao orçamento anual e a legislação de licitações.

- **Divulgação do edital** - É a publicação e divulgação do instrumento convocatório.

- **Apresentação de propostas / Lances** - Apresentação das propostas e documentos de habilitação de acordo com as condições estabelecidas no edital ou lances que poderão ser abertos ou fechados.

- **Julgamento** - Confronto das ofertas técnicas e financeiras da licitante em obediência ao critério de julgamento estabelecido no edital. Em pregão ou leilão, é a etapa onde são dados os lances.

- **Habilitação** - Etapa onde é validada a documentação fiscal, trabalhista, econômico-financeira, jurídica e técnica, bem como a de seus representantes, garantindo as condições para execução do contrato em questão.

- **Recursos** - Qualquer cidadão ou licitante é parte legítima para impugnar edital de licitação por irregularidade na aplicação das Leis ou para solicitar esclarecimentos, devendo protocolar o pedido até 3 — três — dias úteis antes da data de abertura das propostas.

- **Homologação** - Divulgação pela autoridade competente do vencedor do certame, após ter realizado a auditoria de qualidade do processo licitatório, que caso não conforme, pode provocar a revogação ou anulação da licitação. Considerado correto o certame, a autoridade faz a adjudicação, liberando as partes para assinatura do contrato.

Critérios de desempate em licitações públicas

Em caso de empate entre duas ou mais propostas, os critérios de desempate estão estipulados no edital. Como exemplos, estão a localização da empresa, a nacionalidade de seu capital, a reserva de cargos para deficientes e até sorteio dependendo da modalidade.

A nova legislação, lança mão ainda, na lista de critérios, o desenvolvimento pelo licitante de programa de integridade — Compliance —, conforme orientações dos órgãos de controle setoriais.

A implantação ou aprimoramento do programa de integridade do licitante ou do contratado, pode ser ainda utilizado como requisito para que possa se reabilitar de uma penalidade. Ao mesmo tempo que a nova legislação retira da ME e EPPs, seu regime como critério de desempate.

Procedimento de manifestação de interesse

Este é um instrumento onde cidadãos, empresas, e organizações do terceiro setor possuem a possibilidade de apresentar propostas ao poder público por livre iniciativa, para ações de interesse público e coletivo. O governo também pode, por este instrumento, solicitar projetos e conceitos nos quais não possua expertise, sem a necessidade de contratar a elaboração do projeto e possibilitando a quem o elaborou participar da licitação final, o que não seria permitido em uma licitação normal. Possui ainda a vantagem de permitir ao gestor público, dialogar com o mercado para entender melhor suas necessidades e prováveis soluções.

A ação pode partir da entidade privada ou do próprio governo, ficando claro que é a sinalização de interesse para aquisição futura, mas onde os interessado, poderão usufruir de tempo para realizar suas investigações, levantamentos e projetos com vistas a orçamentação e participação em licitação em um segundo momento, já que o PMI é uma fase prévia. É ideal para apresentação de novas ideias e inovações tecnológicas.

Uma Startup por exemplo, que possua uma nova tecnologia até então desconhecida do público, pode apresentar um procedimento de manifestação de interesse indicando o interesse público envolvido, acompanhado de estudos conclusivos demonstrando os ganhos na realidade que se quer modificar, melhorar ou criar, e ainda a indicação de viabilidade em relação a custos, benefícios e retorno do investimento.

Caso parta da estatal ou órgão governamental o chamado, este irá orientar os interessados, sobre o objeto e a necessidade de embasamento para futura implantação, os corretos procedimentos para a apresentação da proposta técnica e comercial, sem ônus ou qualquer caráter vinculante. Haverá ainda a provável assinatura de termo de confidencialidade entre as partes.

É um processo comum também em grandes empresas privadas onde **há ausência de conhecimento específico na solução das necessidades** prementes, é uma forma de estabelecer custos e elaborar a documentação necessária à execução do projeto. **Nos dois casos, não há desejo de adquirir nada de imediato:** apenas está sendo realizada uma experiência de orçamentação para definir a possibilidade do investimento, a verba limite, e os parâmetros para a verdadeira negociação de aquisição.

Em algumas dessas empresas — principalmente nas governamentais e nas grandes multinacionais —, nenhuma aquisição é realizada sem que haja a adequada caracterização de seu objeto, a indicação dos recursos orçamentários, o estabelecimento de um valor de corte a partir do qual a proposta é considerada inexequível.

Não se iluda: você trabalhará muito para compensar a ausência de competência técnica específica do cliente. Deverá fornecer toda a descrição e os montantes estimados — cheios de tabela —, necessários para a solução, e mesmo assim, não gerará garantias para além do chamado direcionamento, que é quando você descreve a solução com, detalhes específicos, pontos fortes e valor agregado de suas soluções, dificultando que outros possam igualar ou apresentar solução superior.

Um bom exemplo fora das características técnicas de um produto, é a inclusão de exigências de certificações específicas ou de certificações de entidades independentes como as certificações ISO ou do INMETRO.

Durante o processo, é importante atender ao princípio da padronização, prezando pela compatibilidade de especificações técnicas e de desempenho, observando, quando for o caso, as condições de manutenção, assistência técnica e garantia.

Sistema de registro de preços

É um processo para cadastrar e formalizar, interessados e seus respectivos bens e serviços, que sejam de utilização rotineira, mas variável, do Poder Público. O governo por sua vez fica obrigado a dar preferência ao fornecedor que possuir melhores condições, mas o contratado não possui obrigação de fornecer principalmente bens, na quantidade solicitada, visto que pode não ter se planejado para essa solicitação, principalmente quando são emergenciais. Sendo então chamado outro para complementar. É utilizado também por empresas privadas com outras denominações.

No caso de entidades privadas o propósito de estar realizando apenas uma cotação de preços sem intenção real de compra imediata, pode ou não ter sido informado previamente. Se for o caso, é hora de deixar claro que você absolutamente não se opõe a essa prática. Aproveite a oportunidade e se ofereça como apoiador da causa. Isso permitirá que influencie a compra real através do fornecimento não só das especificações técnicas ideais para a implementação das suas soluções, mas também de documentação específica, entre outras facilidades.

Dispensa de concorrência em licitações públicas

Atualmente, em alguns casos — principalmente nos que envolvem entidades governamentais —, não é possível determinar a marca da solução a ser oferecida, bem como de bens e serviços sem similaridade ou de especificações exclusivas. Em breve, será possível discriminar a marca sob justificativa, como também incluí-la em uma lista negra. Entretanto, caso seja tecnicamente justificável, pode haver muitos diferenciais competitivos nas suas soluções que excluirão muitos dos seus concorrentes ou até mesmo todos.

Esta prática será legal se:

• Estiver aberta a participação de outros concorrentes que possam vir a equiparar as especificações;

• Existir um conjunto único de facilidades na solução para o cliente;

• Existir diferencial técnico ou valor agregado substancial para apoiar o direcionamento.

A dispensa de concorrência ou licitação poderá ser utilizada nos casos em que sua realização se demonstre menos vantajosa para a organização pública ou privada, mesmo que seja viável. Se, ao da preparação e quando finalmente a solução se fizer necessária, seus diferenciais e expertise se revelarem únicos, poderá ocorrer a dispensa de licitação em órgão público ou tornar impossível a distribuição de RFPs ou a solicitação de propostas em empresas privadas. A contratação direta, rigorosamente legal, seria permitida. Se as características da sua empresa ou do seu produto forem inigualáveis, haverá uma absoluta ausência de concorrentes. Quando não há disputa ou competição e, por conseguinte, não há licitação ou concorrência em função de atributos únicos, estamos diante de um caso de **notória especialização**.

Se seus diferenciais e expertise não forem únicos, porém forem fortes a ponto de não haver outros interessados pelo objeto da licitação — sendo mantidas, nesse caso, todas as condições preestabelecidas em RFP, solicitação de proposta, carta convite ou edital —, poderá haver o descarte com dispensa de licitação por **ausência de interessados**. Isso pode ocorrer após a realização de mais de uma tentativa da gestão de realizar o certame. Em ambos os casos, a contratação direta não seguirá os mesmos procedimentos da concorrência ou licitação. No entanto, os princípios norteadores da gestão ainda precisarão ser observados.

A nova legislação prevê ainda a dispensa para obras e serviços de engenharia de R$ 60.000, aquisições de até R$ 15.000, casos emergenciais, guerras e algumas compras específicas das Forças Armadas. E inclui o credenciamento e a locação ou aquisição de imóveis cujas características de localização e de instalação condicionem sua escolha. Utilizando o credenciamento é possível contratar várias empresas sem que haja concorrência entre elas. Havendo interesse, basta se credenciar.

Acompanhe ou fracassará

Por melhor que seja sua equipe, se não for acompanhada, fracassará. Seja por meio de um potente CRM, por uma planilha, celular, caderno ou a junção de todos. É fundamental que possua indicadores de desempenho inteligentes, para apoiá-lo nas decisões gerenciais e no alinhamento constante para manutenção ou superação do "forecast".

Esses indicadores permitirão avaliar os resultados alcançados dentro do período desejado, individualmente ou por equipe, em diversas situações, comparando com o objetivo estabelecido. Seus índices serão derivados do planejamento estratégico para o período e seu acompanhamento permitirá um desvio de rota caso não estejam sendo condizentes com o previsto, de forma a retomar o controle e alcançar os objetivos.

Nestes momentos, o acompanhamento regular, aliado ao correto cadastro de negócios e os controles efetivos, será o que permitirá que tenha total visibilidade da efetivação ou não das metas previstas, replanejando se necessário para garantir os resultados.

✶ XII ✶

Sacrifícios e vitória

Realizar sacrifícios para chegar à vitória pode ser um dano colateral necessário. Será aquele momento em que renunciaremos, voluntária ou forçosamente, a algo que se possui pela certeza de que sem alguma renúncia nada se obterá. É não permitir que se transforme em prejuízo todos os recursos envolvidos até aquele momento, em função da dedicação absoluta a um bem maior e a mitigação de privações para sobrevivência da empresa.

Por um bem maior

Muitos negociadores são contra sacrifícios sob pretexto de falsos moralismos, quando, na realidade, a ganância por maiores espólios é o real motivo. Estes guerreiros podem ser muito prejudiciais à empresa, porque sua ganância sempre os levará a derrota. Outra forma de ser derrotado continuamente é não vislumbrar que valores mudaram de mãos; empresas e soluções ficam obsoletas, segmentam-se ou verticalizam-se estreitando margens.

Esse erro é mais comum aos líderes, torna o abismo invisível e a queda próxima. Pode ser originado no ego ou em orientações plausíveis sobre precificação, muito comuns de serem apresentadas por supostos mestres que são apenas teóricos e nunca enfrentaram uma batalha. Não há sobre o que discutir acerca de valor se o momento for de crise. Há sim que planejar e reposicionar para precificar corretamente e sobreviver.

[Valor muda de mãos.

Um de meus clientes de consultoria, uma empresa próspera, sólida e tradicional, viu-se obrigada ao reposicionamento perante uma alteração da legislação, que permitiu a qualquer indivíduo profissional de seu setor passar a exercer as atividades antes restritas a empresas registradas em conselhos, com profissionais também registrados e com certificação da empresa e de seus profissionais em um número restrito de fabricantes.

A alteração permitiu também que a quantidade de empresas fornecedoras de soluções se multiplicasse exponencialmente, já que a obrigatoriedade de equipamentos específicos - antes limitada a um pequeno número de fabricantes - ficou aberta a qualquer empresa que pudesse oferecer uma solução em um simples computador.

Apenas da estratégia ter sido anunciada com antecedência pelo governo, não houve visão por parte de muitos empresários do setor que continuaram trabalhando da mesma forma. As margens, inicialmente de até 400%, viraram poeira em pouco tempo. Essa empresa não era mais competitiva na venda de equipamentos por causa da prostituição do mercado de computadores e periféricos, aliado ainda, ao fato de não adquirir em quantidade necessária para negociar bons preços. Afinal, vende bem quem compra bem.

Mesmo quando tudo começou a acontecer, o CEO não se conformava em reduzir suas margens, o que o levou a consecutivas derrotas, a redução significativa em sua carteira de clientes e, automaticamente, de seu faturamento. Já com minha orientação consultiva, a solução foi deixar de fornecer equipamentos, reduzir e reestruturar a empresa, qualificar e realizar novas parcerias e focar em serviços ampliando o valor agregado.

A perda de clientes cessou e a empresa retomou o crescimento após uma vertiginosa queda. Mesmo depois de todo esse trabalho, ainda sentia que o CEO passando a aceitar e se adaptar a essa nova realidade, não estava plenamente satisfeito, Com o tempo e longas conversas, ele se adequou. Caso não conseguisse superar, sua garra e criatividade não vão voltariam, ele necessitaria delegar o comando ou a empresa iria definhar lentamente apesar de todo o trabalho realizado.

Uma empresa nunca deve depender de um único cliente, segmento, fornecedor ou oferta. Isso a coloca a um passo de ser extinta. Erros como esses podem acontecer até com os maiores mestres, como aconteceu no final do século 20 quando uma das maiores empresas de tecnologia menosprezou o poder da internet. A empresa de meu cliente ainda está lá, firme. Apesar de todas as crises.]

247

Uma ação de sacrifício poderá ser útil, por exemplo, se a empresa almeja possuir um importante cliente em seu portfólio ou deseja usufruir de um acervo em um novo segmento para sustentação de negociações futuras. A empresa não conseguiria ou não poderia negociar sozinha, este negócio seria importante para aumento de participação de mercado ou a vitória implicaria em cumprimento de metas.

Caso, entretanto, a contínua realização de sacrifícios seja vista como única arma eficaz para obtenção de vitória, sua equipe não estará preparada ou seu planejamento não estará correto.

Essa ação continuada trará desgraça a qualquer povo. As consequências dos sacrifícios contínuos serão sentidas de várias formas. Haverá esfacelamento dos recursos humanos, limitando, reduzindo ou eliminando cargos e salários, bônus, prêmios e comissões.

A não ser que os estoques sejam por demanda, caso não sejam, haverá limitação por redução da reposição. A qualidade final poderá ser prejudicada por uso de materiais e serviços de baixa qualidade, na tentativa de sustentar alguma margem.

A isto se chama **espiral mortal** e a soma desses de danos provocados pela reincidência de sacrifícios, afunilará e trará ruína a empresa.

O sacrifício dos espólios

O uso da baixa da margem de negociação precisa possuir um embasamento e exige certos meios. Existem momentos adequados para baixar margens, de maneira concreta, quando a negociação é muito desfavorável. Tenha atenção, porque normalmente em ofertas mediante a margem é imprescindível poder acompanhar as mudanças produzidas.

- Quando o norte da margem está dentro da proposição do concorrente, prepare-se rapidamente desde o início;

- Se os colaboradores do adversário se mantêm calmos quando a margem começa a baixar, espere e não oferte;

- Quando a margem alcançar seu ponto mais baixo para seu planejamento, siga apenas se for estratégico, se não, espere para verificar se será realmente mantida;

- Em geral, o desvio da margem se utiliza para semear a confusão no concorrente e assim poder derrubá-lo;

- Quando a margem puder ser mantida logo no início da negociação, faça-o, não espere para recuperar em seu desenrolar;

- Quando a margem for atiçada pelo adversário, não aborde em direção contrária, mas pense.

Não é eficaz negociar contra o ímpeto da margem, porque o concorrente negociará neste caso até a derrota e todos sairão perdendo. Se o adversário foi agressivo no início, no desenrolar ele amansará. Uma oferta inicial agressiva poderá não se sustentar, uma oferta agressiva no desenrolar poderá não se sustentar no fechamento.

A equipe deve saber que existem variantes das classes de ofertas mediante a margem e adaptar-se a essas de maneira racional. Não basta saber como atacar os adversários com a margem, é necessário saber como se proteger. Deste modo, a utilização da margem para apoiar uma negociação significa fraqueza e a utilização do valor agregado para apoiar a proposta significa força. O valor agregado pode cortar a comunicação, porém não pode arrasar. O valor agregado pode ainda ser usado para dividir uma oferta concorrente, de maneira que sua força se desuna.

Ganhar a negociação ou levar a cabo um assédio vitorioso sem recompensar aos que tenham méritos traz má fortuna e faz-se merecedor de ser chamado de avaro. Por isso, diz-se que uma empresa esclarecida tem em conta que um bom líder recompensa o mérito. Não mobilize a sua equipe quando não há vantagens a obter. Não atue quando não há nada que ganhar, nem lute quando não existe perigo.

★ A avareza e as quebras de limites da margem são instrumentos de mau augúrio e não devem ser aplicados no comércio, são mecanismos de juízo que sofrerão outros juízos por excederem o bom senso.

Existem líderes, que após estipuladas as metas e durante o andamento do período, quando os negócios começam a ser fechado e alguns negociadores despontam, passam a achar que realizaram planos ruins porque os negociadores estão ganhando muito. Isso não é administração, é ganancia. Os planos estavam corretos, alguns negociadores mereceram suas comissões, por se dedicar mais que os outros e por isso estão ganhando bem. Caso o líder se ponha a replanejar para reduzir as comissões, em não muito tempo, perderá seus melhores negociadores.

Já em relação a marge, é indispensável impedir derrotas desastrosas ou vitórias que agreguem valores insignificantes, e, portanto, não vale a pena mobilizar uma equipe por razões insignificantes. As quebras de limites da margem só devem ser usadas quando não existe outro remédio ou há um objetivo específico a alcançar que não o lucro. Uma empresa não deve mobilizar uma equipe por ira e os líderes não devem provocar o mercado por cólera. Atue apenas quando for benéfico, em caso contrário desista.

A ira pode converter-se na alegria e a cólera pode converter-se em prazer, porém um concorrente destruído não pode renascer e a derrota não pode converter-se em vitória. Em consequência, uma empresa esclarecida presta atenção a tudo isto e um bom líder o tem em conta. A concorrência deve ser saudável e é a maneira de manter a empresa a salvo e de conservar intocada sua equipe.

O sacrifício do terreno

Outra forma de lidar com negociações desfavoráveis e com derrota iminente, envolve a minimização do risco de perder a guerra, ampliando a possibilidade de ganhar uma batalha apenas cedendo terreno ao inimigo. O método auxilia o cliente que procura segurança e redução de custos, mas deixa dividido seu domínio.

[**Dividir para conquistar.**

Houve um momento em uma associação de funcionários federais, onde um projeto estava em vias de ser aprovado, e por exigência do cliente, cada concorrente deveria apresentar uma proposta completa englobando todas as necessidades.

No ápice da negociação, na última reunião, com a presença dos dois concorrentes que apresentaram as melhores soluções, perante o conselho da associação, uma manobra de mestre colocou nosso concorrente à frente na preferência dos clientes. Ele sacrificou a margem em todos os produtos que estaria revendendo para compor a solução somada aos produtos de sua fabricação, onde aí sim possuiria uma boa lucratividade.

Tivemos que pensar muito rápido e para não perder o negócio, visto que não poderíamos acompanhar esta estratégia por já serem muito baixas a margens dos produtos revendidos. sugerimos então que cada concorrente ficasse com parte da contenda, apesar de não ser o que inicialmente foi solicitado, mas demonstramos que a solicitação de proposta se baseava no fato de que, cada concorrente era o fabricante e possuía a expertise e os menores preços em praticamente 50% da oferta total - na realidade 53% a favor deles -. adquirindo para revenda a outra parte de forma a apresentar uma solução turn-key.

A aquisição compartilhada reduziria então o custo total e tratar com dois gestores durante a execução, possuindo cada um o domínio da sua oferta, não seria tão diferente. Na realidade poderia ser até benéfico em função da expertise individual específica.

Após discutirem a oferta buscando consenso em sua deliberação, e mesmo com o questionamento inicial do concorrente, nossa solução foi aceita e fechamos 47% do projeto. Todos de alguma forma ganharam, já que o concorrente havia sacrificado suas margens nos produtos que apenas revendia e que equivaliam a nossa oferta. O cliente ganhou porque conseguiu um custo bem inferior ao que teria se tivesse adquirido de um único concorrente.

O empate nesta batalha, levou a negociadora deste projeto a alcançar quase 30% de sua meta em apenas um negócio.]

Ceder terreno é muito útil quando o cliente busca redução de custo, segurança na implantação do projeto e se preocupa com posteriores opiniões alheias.

Outra forma de ceder terreno é oferecer ao seu cliente o fornecimento de materiais e ou serviços diretamente de parceiros, recebendo uma comissão, reduzindo a bitributação no caso de aquisição para revenda. Isto se faz quando ofertas possuem condições de preço similares, ou estamos em situação desfavorável em relação a preço, se possui um parceiro confiável e realizamos bem o trabalho de forma que o cliente deseje comprar de nossa empresa. Nesta opção, apesar de ceder terreno manterá o domínio.

Alianças em tempos de guerra

Inimigos são bem-vindos ao terreno quando é necessária a criação de uma aliança em função de sobrevivência ou bem maior. Seja em uma Join Venture, consórcio público ou convênio de cooperação e com a devida comprovação do compromisso público ou particular de constituição da parceria, é necessário que seja indicada a empresa responsável que deverá atender às condições de liderança exigidas pelo certame e que todas comprovem suas qualificações econômico-financeira e técnica e com responsabilidade solidária. Normalmente quando estrangeiros são chamados, caberá ao local a liderança.

Acompanhamento e entrega

Seu maior interesse, enquanto negociador e responsável pelo cliente, é manter sua satisfação para que o relacionamento permaneça estável, baseado em confiança e seja duradouro permitindo ganhos mútuos. Inicialmente precisam ser entendidas, avaliadas e definidas as expectativas para que os requisitos do cliente sejam atendidos. A partir disso, é hora de acompanhar e verificar se realmente isso está acontecendo.

Em casos simples de entrega se tornará bem mais simples e pontual este acompanhamento, já em casos de implantação de grandes projetos, um pouco mais do negociador será exigido. Caso haja um gerente de projetos responsável pela implantação, esteja alinhado com ele de forma que receba antes do cliente qualquer notícia relativa a dificuldades, podendo entender o que será providenciado para saná-la e já comunicar o fato com sua devida solução. Tudo isso tendo em vista o pós-venda.

 Nenhum negócio sai dos trilhos no último dia.

Complexo de Pilatos

O termo pendência, nascido no processo de herança de títulos da nobreza europeia, tornou-se sinônimo de desentendimento e litígio. Ao que se refere a nós, pendência seria um estado de expectativa em relação à propriedade ou usabilidade, quando, do direito a eles, da forma que foi compromissada estará divergente em qualquer característica técnica, econômica ou de prazos, considerando ainda o encerramento do projeto de implantação no futuro.

Não se pode aguardar o aparecimento ou a determinação do responsável verdadeiro de um problema ou pendência. Esta responsabilidade é investida ao negociador. Sendo este responsável pela satisfação do cliente, deve ser o que irromperá em sua defesa.

Corporações que não possuem seus procedimentos altamente definidos e eficazes podem se defrontar com um tipo comportamental – a que chamaremos de Complexo de Pilatos - não esperado, mas existente, que afeta principalmente a qualidade de serviços. Esse tipo, Complexo de Pilatos, pode estar alicerçado na interseção entre o grande número de tarefas concorrentes executadas, necessariamente, pelo negociador, em duração imposta pelos meios de comunicação para a execução destas tarefas e os mecanismos de defesa do indivíduo.

O complexo se apresenta, principalmente, na utilização de ferramentas de comunicação, como a bacia onde Pôncio Pilatos lavou as mãos para não tomar a atitude direta de condenar Jesus. Da mesma forma que o governador romano da Judeia lavou suas mãos, muitos colaboradores de nossas corporações, enviam mensagens com necessidades urgentes, muitas vezes, para o indivíduo da mesa ao lado e passam a se sentir aliviados do fardo.

Em sua grande maioria, essas mensagens não possuem o esclarecimento correto da demanda e, como serviu de escape, não haverá a observância posterior de que realmente a demanda foi suprida. Não raro, essas demandas terão que ser novamente discutidas, pois sua difusão inicial se perdeu no limbo das ferramentas de mensagens. Demanda esta que poderia ter se originado no próprio negociador ou ainda em um predecessor que o questionara inicialmente.

A frase "te enviei enviei uma mensagem" passou a ser resposta para as cobranças prementes do dia a dia, não sendo capaz o indivíduo, ante a questão, entender que se está sendo questionado é porque sua mensagem não foi lida, não foi eficiente ou foi incompleta? Até onde este indivíduo entende que afastar um evento gerador de angústia da percepção consciente irá solucionar o problema?

Um negociador com essa atitude estaria projetando ao mundo externo um evento doloroso de sua responsabilidade, entendendo-se incapaz de solucionar o problema como um todo?

Seria esta uma reação psicológica contra a percepção de impulsos violentos caso o problema não seja resolvido? Estaria ele abstraindo-se cada vez mais das vivências afetivas e baseado em premissas e procedimentos lógicos, tentando justificar suas atitudes e buscando provar que é merecedor de reconhecimento aos copiados? Não estaria ele se isolando, já que passará a ser identificado na realidade como meio e não fim das demandas?

Entendendo complexo por um conjunto de reflexos, positivos ou negativos, que determina uma classe de comportamento e sendo o Complexo de Pilatos um comportamento negativo que determinaria inferioridade, não consigo identificar a solução na seleção. Trata-se de um caso para procedimentos eficientes e muito treinamento.

Vitória e o júbilo

Acabou, vencemos.

É hora de envolver o cliente no sentimento de júbilo para reforçar amenizar seus anseios e reforçar o sentimento de que ele tomou a decisão correta. Informe-o sobre quem será o responsável a partir daquele momento, mas esclareça que não deixará de possuir responsabilidade, não se afastará e coloque-se à disposição para qualquer dúvida e ou esclarecimento. Aproveite para informar algo benéfico que o cliente possa não ter notado, como uma declaração de que realmente há uma parceria.

Garanta que a empresa enviará uma carta de agradecimento, reforçando benefícios e com os dados de contato dos principais responsáveis em todas as áreas que estarão envolvidas no empreendimento.

Cumpra sua promessa, fazendo o acompanhamento, visitando regularmente e solicitando o retorno às partes interessadas com quem teve contato durante o processo, monitorando sua satisfação. Visite regularmente o cliente, acompanhando e validando com ele o cronograma físico/financeiro e apresentando relatórios, mesmo que isso não seja uma obrigação contratual.

Quantas vezes você esteve envolvido em um empreendimento que não acabou no prazo, custo e qualidade corretos? A maioria, certo? Então, manter o cliente atualizado regularmente, demonstrar que percalços serão contornados e que a empresa está comprometida com o resultado. Amenizará problemas. Ouça com muita atenção toda e qualquer reclamação e demonstre comprometimento.

Se estiver ciente e puder esclarecer, faça; caso não, não dê desculpas; informe que irá buscar as informações e retornará em breve. Fique atualizado, verifique como será resolvido e comunique a solução ao cliente, sem muitas delongas ou desculpas.

Por mais que haja sistemas de controle de projetos e clientes, informe internamente a todos os envolvidos a importância do cliente e do projeto para você. Peça que o mantenha informado e se antecipe a uma reclamação do cliente, já levando a solução. No entanto, fique atento, porque a percepção dele pode ser diferente da sua e outros problemas podem ser levantados - como vimos antes, os contatos possuem motivações diferenciadas e a percepção de um problema pode não ser funcional, e sim pessoal, e, nesse caso, será mais difícil para o negociador prever e solucionar, principalmente porque as funcionais normalmente são imediatas e as pessoais podem ser projeções futuras realizadas pelo cliente.

As ações de pós-venda são decisivas para solidificar o relacionamento e transformar futuras pré-vendas em uma navegação em águas tranquilas. Aproveite as visitas para continuar observando futuras necessidades e se colocando à disposição para apoiar na definição técnica, tornando-se realmente uma fonte confiável de informações. Durante o processo, apresente mais itens de valor agregado que estão sendo implementados e que possam ter passado despercebidos pelo cliente. Isto ampliará e reforçará sua satisfação.

Comemorar é preciso

Toda e qualquer vitória deve ser comemorada, cada uma delas é uma etapa na sua formação e sua história. A autoestima é um fator incremental e cada uma dessas comemorações será ampliada e lhe dará forças para ultrapassar limites maiores, estabelecendo plena confiança em si mesmo e transformando sua mente em uma mágica ferramenta de concretização de objetivos. Com uma realização, vem a felicidade e é preciso comemorá-la. O trabalho duro te trouxe até aqui e pode ser que, no futuro, grandes vitórias, comemoradas hoje, sejam pequenas lembranças, porque em cada uma delas os limites foram sendo ampliados, sua evolução foi sendo sentida e novos limites foram novamente estabelecidos e conquistados. Grandes realizações se tornarão possíveis e poderão parecer até sorte, mas só ocorreu porque pequenos passos foram dados.

A sensação emocional de realização de quem ama o que faz é uma das dádivas mais importantes na vida e só pode ser vivenciado por nós mesmos e por pessoas envolvidas na concretização de nossos objetivos e nos impedem de desistir. Portanto, celebre em conjunto com quem ajudou na conquista e repita em família. A realização pessoal é um dos presentes mais importantes da vida e só pode ser presenteado por nós mesmos.

Alguns dirão que foi sorte, mas diferente desses, você estava preparado quando a oportunidade passou, soube lidar com ela e além de grande profissional, é um verdadeiro ser humano. A alegria da vitória irá suplantar todas as críticas e falhas pelo caminho e esta vibração positiva deve ser o meio que permitirá a concretização das realizações.

Coloque fé em si mesmo, nunca desista, planeje a materialização de seus sonhos e cerque-se de pessoas que acreditam nele e aja. Os resultados virão. Não se contente com resultados medíocres. Pense grande, aja grande, seja grande!

"Todas as minhas simpatias pertencem aquele que trabalha conscienciosamente, quer o patrão esteja, quer não."
Elbert Hubbard, Mensagem a Garcia, 1899

Preste continência espontânea

Ninguém cresce sozinho. Guerreiros em batalhas necessitarão do apoio de outros guerreiros, escudeiros, ferreiros, médicos, enfermeiras. Ao longo da guerra, esses elementos fundamentais o apoiarão e suportarão, sendo a gratidão devida a eles. No universo militar não existe demonstração de agradecimento e reconhecimento de valor mais genuíno ou de maior intensidade emocional e moral do que uma continência espontânea. Suas atitudes de agradecimento a uma equipe merecedora deverão possuir a mesma carga de autenticidade e respeito, refletindo claramente seu agradecimento.

Pare de dizer apenas obrigado. Possua e demonstre um verdadeiro sentimento de gratidão para com uma equipe leal. Tenha a mente aberta e olhe também para cima. Muitos imperadores, generais e mestres podem ter tido grande influência nas suas vitórias e dê a eles, também, o agradecimento devido. Dê banquetes de agradecimento a toda à equipe ao final de cada guerra, felicite datas especiais individualmente e demonstre que é grato diariamente. Um dia talvez possa dizer: **Obrigado. Tive a honra de trabalhar com você !**

[O Mestre da sabedoria.

O sentimento de agradecimento para com a equipe, em relação a pares e subordinados, nunca foi problema para mim. Sempre dispus do sentimento de gratidão muito claramente definido e sempre busquei praticar, mas fui negligente em relação a alguns mestres, principalmente, um que me ensinou muito sobre sabedoria.

Esse mestre é verdadeiramente um guerreiro - até nome latino carrega as qualidades inerentes aos guerreiros, tal como a coragem. Já trabalhávamos juntos há algum tempo, eu no Rio e ele em São Paulo, quando me apresentou a necessidade de atualizar o processo de internação de negócios fechados na empresa. Acreditava que minhas competências em negócios e TI, somados aos recentes conhecimentos adquiridos em um MBA, permitiriam que eu lograsse sucesso na tarefa em um período de três meses, necessitando para isso, minha transferência do Rio para São Paulo.

Desafio aceito, a tarefa não impôs nenhuma condição, a não ser o prazo que, na realidade, colocou como sugestão. A princípio, não deixou claro, mas ao longo do trabalho forneceu total carta branca para qualquer necessidade de alteração nos processos empresariais atuais, por maiores e mais impactantes que fossem. Acompanhava a distância, onisciente e presente, pontuando quando necessário, porém sem se impor ou demonstrar qualquer propósito pessoal em relação aos resultados, a não ser no que se referia ao aumento da produtividade e da qualidade da empresa.

A pressão da responsabilidade de lidar com os rumos de uma empresa de faturamento milionário e centenas de funcionários era grande, mas minha vontade de concretizar grandes realizações era maior.

Ao longo da execução da missão, fui deparando com outras necessidades da corporação e apresentando sugestões.

Após a vitoriosa conclusão da tarefa, houve a redução das etapas da internação de novos negócios na empresa de 11 para 4 — em prazo inferior ao solicitado, a eliminação do uso de papel e informatização do processo. Três meses se transformaram em três anos.

Um módulo de internação de pedidos se transformou em um ERP completo e programas paralelos como o de qualidade e gerenciamento de projetos foram estabelecidos.

Grande parte desse sucesso se deve ao trabalho de profissionais extremamente competentes que contratei especificamente para estas atividades, inclusive um descendente direto dos guerreiros samurais, a qual eu colocava regularmente o sufixo San após o nome - o que expressava meu respeito da mesma forma como é utilizado originalmente.

Houve dois momentos na vida que tive a oportunidade de crescer muito como profissional e como pessoa, esse foi um deles. Possuo uma eterna dívida de gratidão a esse mestre. Então digo-lhe:

Obrigado. Tive a honra de trabalhar com você!]

Ponha um ponto final

Desde o início de um negócio, é necessário que se certifique sobre o cumprimento dos critérios de aceitação do contrato, pois só assim poderá produzir a documentação que permitirá seu encerramento. Um projeto não encerrado é como uma doença crônica que consome todos os recursos. Se existirem novas demandas não previstas ou pós-encerramento, que não sejam cobertas por garantia, devem ser consideradas como aditivos ou novos negócios.

Ledo engano se entender que isso é função do gerente do projeto e aguardar. Saiba que não é. A função do gerente do projeto é cumprir esses critérios e ter isso documentado, o que facilitará muito seu posicionamento a respeito. Entretanto, é fundamental que o negociador participe ativamente do encerramento, como forma de solidificar o relacionamento. Dependendo da estrutura da sua empresa, precisará produzir a documentação ou apenas participar da reunião de encerramento. Se for uma simples entrega, certifique-se da efetiva realização e da satisfação do cliente.

Em projetos de grande vulto, defina formalmente em contrato e realize entregas parciais, que não permitam que se forme um ciclo vicioso de execução de garantias, retrabalho ou manutenção. O negociador precisa possuir no mínimo ciência dessas entregas para negociar novas necessidades oriundas delas.

[O discurso do intervalo

Estive em um projeto de longa duração e que abrangia 48 áreas críticas de nos confins da selva amazônica. As áreas entregues entrariam imediatamente em produção e poderiam se passar meses com a solução em uso antes do encerramento total do projeto.

Caso as entregas parciais não fossem realizadas, parte dos recursos do empreendimento passariam a atender demandas que, na realidade, seriam de garantia ou manutenção, consumindo recursos financeiros de frete, RMA e recursos humanos de retrabalho. Esses recursos fariam falta no cômputo geral para o quinhão ainda a executar, o que poderia gerar atrasos, falta de recursos ou até inviabilizar a implementação.

A preocupação era ampliada, porque, qualquer necessidade não prevista, se deparava com as dificuldades de alocar recursos em área de difícil acesso dentro da floresta, o que poderia levar ou até passar de 30 dias para a liberação dos requisitos necessários ou para a entrada de um colaborador.

Foi nesse cenário que o nosso gerente de projetos e engenheiro responsável foi expulso por quebrar regras de segurança. Imediatamente, o conselho se reuniu na Matriz para definir qual seria a estratégia para contornar o problema do navio que passou a ser conduzido sem capitão. Ainda mais por se tratar de um contrato com necessidades especiais, de monta, alto risco, imposição de extrema habilidade na gestão das partes interessadas e grande volume de documentação.

Recebi uma ligação em viva voz do conselho, questionando a possibilidade de assumir o controle da situação até que outro engenheiro pudesse ser enviado. Como sempre, como diria o Capitão Nascimento: "Missão dada é missão cumprida" e eu parti para a selva.

Longos sete dias se passaram após minha chegada, até que eu cumprisse o mínimo de requisitos necessários - do acesso limitado às instalações - de forma que pudesse atuar realmente na gestão do contrato. Neste meio tempo, tomei pé da situação, estudei o contrato, as partes interessadas e os riscos - que quase dupliquei.

Realizava, com a equipe, reuniões externas noturnas, que necessitavam ser breves, já que somadas as 8h da jornada de trabalho, haviam mais quatro de deslocamento de ida e volta. Nesse momento, não poderia exigir muito desse grupo, que incluía além de nossos colaboradores, uma equipe subcontratada com engenheiro, coordenador e especialistas próprios.

Com o acesso liberado para o projeto, pude finalmente participar de uma reunião semanal com todos os gestores do cliente e das subcontratadas. Estava diante de afamados gestores, de nosso poderoso cliente e de não menos poderosas empresas por eles subcontratadas. Não era a távola redonda, porque o cliente não se colocava – e nem poderia, em posição de igualdade - mas todos ali presentes eram realizadores de grandes feitos e à eles, muito respeito era devido.

Fui devidamente sabatinado e pressionado, como já previa isso. Apresentei planos de ação para recuperar o tempo perdido – que eu havia preparado nos dias que antecederam a minha liberação e com os quais consegui sobreviver a esse primeiro confronto -. Confirmei na saída, por telefone, ao conselho de nossa companhia, que seríamos capazes de manter a empresa a salvo no contrato. Essa era minha primeira missão.

A semana seguinte foi interessante. Havíamos sido orientados - e éramos lembrados regularmente - para não tocar nos sacos de castanhas que os índios colhiam e que eram deixadas ao longo do caminho para posteriores coletas. Ninguém deveria tocar naquelas castanhas e assim era rigorosamente cumprida a orientação. Em uma ensolarada segunda-feira da segunda década do século 21, entretanto, não pudemos acessar o projeto porque os índios haviam montado um piquete em uma das pontes de acesso. Ao longe, conseguia avistar o funcionário do cliente que servia de elo para o relacionamento com os índios, dialogando com o que parecia ser um cacique. Sem solução imediata e desconhecendo até o motivo do bloqueio, tivemos que voltar e aguardar a liberação que demorou três dias.

Nos dias seguintes, com acesso liberado, passávamos por eles que ainda estavam na ponte e convivemos com a possibilidade de cruzar com alguns pelo acampamento, o que aconteceu logo comigo.

Eu saí de uma conversa com um fiscal quando vislumbrei um índio tatuado vindo em minha direção, empunhando um instrumento que no calor do momento eu não sabia se era um maracá, um tacape ou algum apetrecho de pajelança. Fiquei petrificado. O índio se aproximou, prostrou-se a minha frente como se um duelo fosse acontecer, mas apenas perguntou em um português razoável, onde poderia encontrar uma tomada para carregar o celular. Meu receio se apoiava, nas histórias de conflitos no início do projeto e outras, contadas nos intervalos de almoço pelos colaboradores da mineradora, aos subcontratados novatos, como se estivessem assustando crianças.

Para mim, um clima de tensão realmente existia, reforçado posteriormente nas afirmações do historiador e filósofo indígena Ailton Krenak, de que a paz entre os colonizadores e os chamados índios, é uma falsificação ideológica. De acordo com ele, em entrevista ao documentário Guerras do Brasil: "nós estamos em guerra até hoje."

As semanas seguintes não foram melhores, eu perdi a técnica de segurança, o engenheiro e o coordenador da subcontratada também por expulsão em razão de normas de segurança, Você, caro leitor, consegue imaginar como foi comandar nesse momento esse provável Titanic? O projeto tinha se tornado uma catástrofe em apenas 30 dias.

Entrei em contato com a diretoria da contratada e informei que precisaria promover seu profissional mais experiente a coordenador para me auxiliar, já que não era possível repor em tempo hábil. E assim, demos andamento ao projeto, ainda carentes de dois engenheiros se a promoção desse certo. Só foi possível continuar no projeto, sem ser fortemente penalizados pela contratante, alterando a programação de implantação para priorizar o que seria cobrado primeiro e não o que seria ideal tecnicamente falando. Isso ampliaria um pouco o prazo de execução, mas ainda estaria dentro do prazo limite e nos manteria vivos no negócio.

Mas não deu certo completamente. O profissional promovido passou a se aproveitar da situação e de sua liderança para incitar os demais em busca de melhores remunerações, o que se tornava meu problema, mas só a empresa deles poderia solucionar, esta entretanto, que não dava sinais de acatar nenhuma solicitação. Não sei se você dirige, mas meus controles de produtividade pareciam ponteiros de velocímetro reduzindo a velocidade rapidamente em função da operação tartaruga imposta pelos terceirizados. Para identificar a causa raiz, eu levava em conta meu instinto, mas ampliava os controles, chegando a controlar a produtividade individual.

Informei ao conselho que iria contratar uma equipe local por ser a única solução que eu podia vislumbrar. Profissionais locais, por viverem em função das empresas mineradoras, já deveriam possuir muitos dos requisitos necessários, o que reduziria drasticamente o prazo de liberação de entrada desses recursos no projeto.

Feito isto e agora com duas equipes, fiz uma integração da nova a nossa empresa e ao projeto, distribui os grupos de trabalho não misturando os colaboradores próprios com terceirizados e monitorei a produtividade separadamente. Era gritante a diferença de produtividade entre a equipe terceirizada de profissionais especializados e já experientes no projeto, contra a nova, heterogênea e iniciante. Os iniciantes eram muito mais produtivos. Isso não durou muito. A má influência começou a contaminar a nova equipe e sua produtividade também começou a cair.

Depois de muito dialogar com a empresa terceirizada, que parecia refém de seus funcionários, com os próprios funcionários terceirizados e também com os nossos, em uma segunda feira quase ao nascer do sol, reuni todos sob um toldo a beira da floresta, que mais parecia ser um refeitório abandonado e onde não era indicado ficar muito tempo por conta das onças. Eu precisava trazê-los de volta.

Discursei por mais de uma hora, sobre profissionalismo, honra, dever, caráter e até família. Apesar dos elogios da assistente administrativa e do técnico de segurança, eu só fui realmente ter certeza no decorrer dos meses seguintes que, ao fim daquela reunião, eu tinha conseguido uma equipe única e comprometida. Aquele foi o discurso do intervalo, do técnico do time que estava perdendo a partida final da copa do mundo e que venceu.

Acabei ficando nesse projeto por quase um ano, a subcontratada nunca repôs o engenheiro e o coordenador, ninguém mais foi expulso, nossa empresa me enviou um outro engenheiro próprio que não suportou a selva e teve que ser liberado e, finalmente, foi alocado um especialista realmente profissional, competente e aguerrido, descendente de orientais mas não tão tradicional, que colaborou muito para o sucesso da empreitada. Outro personagem que em muito colaborou, foi a assistente especializada em gestão de projetos, sediada na matriz, que foi alocada para apoiar este negócio. A competência era tanta, que seu futuro era claro como a imensidão do mar que seu nome representa.

Saí da selva para a beira mar e ao longo da carreira como negociador, gerente, diretor e gestor de contratos, a única coisa de que não posso reclamar é de rotina. Haverá um ponto em sua carreira em que você estará diante de uma bifurcação entre se manter um profissional especialista em qualquer que seja a área ou se encaminhar nas trilhas da gestão. Tome a atitude que entender que te fará mais feliz, mas prepare-se desde o início, porque a resposta que você for dar, você saberá no momento em que a oportunidade se apresentar. Eu decidi cedo pela gestão e me sinto muito realizado com isso.]

Registre para a história

Após a conclusão do projeto, é necessário solicitar ao cliente depoimentos e recomendações formais registradas em acervos oficiais, além da permissão para divulgação, caso não haja cláusulas ou termos de sigilo.

Mantenha o cliente engajado com sua empresa, continuando a realizar contatos regulares com o cliente, mantendo-o atualizado sobre o que há de mais moderno no setor para aumento de qualidade, produtividade e rentabilidade com redução de custos. Nunca deixe de agradecer a oportunidade e convide-o para eventos. Ofereça algum serviço agregado extra, novas soluções para homologação e tudo mais que possa manter o interesse na relação.

Lições aprendidas

Nem sempre se vence e se a derrota nos foi imposta, é necessário entender onde falhamos e registrar isso. Investigações mal conduzidas, a leitura descompromissada de solicitações de proposta, a elaboração a diversas mãos sem que cada uma delas cumpra exatamente sua função, processos errôneos podem nos levar a cometer erros graves e até ridículos que precisam ser registrado, com suas prevenções implantadas para que não se repitam.

Diante de tanta informação, no mundo atual, é possível pensar que todos os tipos de processos e procedimentos necessários ao bom funcionamento de uma empresa já estejam desenvolvidos e seria apenas necessário utilizá-los. Temos que considerar, entretanto, que cada organização é uma entidade única com todas as suas nuances e, para essas particularidades, todo o conhecimento existente precisa ser moldado e aprimorado diante das anomalias.

É benéfico ao crescimento da empresa e a evolução pessoal dos colaboradores, que ao fim de cada batalha e principalmente nas derrotas, sejam criados manuscritos que apresentem todo o conhecimento que foi adquirido durante a negociação; erros cometidos e suas causas raízes sejam enumerados; detalhes específicos do setor que foram vivenciados pela primeira vez sejam descrito; seja apresentada a criação de novas expertises durante o processo; como os obstáculos foram transpostos e, ainda, informações estratégicas de descobertas sobre os concorrentes, como: membros, leque de ofertas, níveis de preços e forma de atuação.

Não só documentar, mas analisar e sugerir melhorias com a alteração de processos, caso necessário. Esses registros passariam a fazer parte do acervo para treinamentos de novos guerreiros e teriam ainda o objetivo de melhorar o desempenho em negociações futuras, diante do conhecimento adquirido, não importando a tecnologia utilizada para armazená-los.

Um guerreiro se torna imbatível quando analisa e busca melhorar regularmente suas fraquezas, dedicando um pouco de tempo à documentação dos problemas e prováveis soluções. Multiplicará este a produtividade no ataque frente às possíveis recorrências.

[Passeio na terra de Dona Beja.

Por um erro crasso de nossa equipe, na leitura dinâmica inicial de um edital e sequência de falta de verificação nos check lists que se sucederam, eu fui para Araxá, no interior de Minas Gerais, terra da histórica personagem Dona Beja, onde deveria entregar a proposta de uma concorrência.

Como sempre, a realização da proposta demandou trabalho de muitas pessoas, foi finalizada na véspera e acreditávamos possuir boas condições de vitória em função das investigações realizadas.

A viagem transcorreu tranquilamente em céu de brigadeiro e bem antes do horário previsto, eu já estava presente nas instalações do cliente. Fui recebido com estranheza e descobri que o pleito aconteceria naquele dia e horário sim, mas na matriz em Belo Horizonte. Aquelas eram somente as instalações onde o projeto seria implantado, onde não houve levantamento porque as propostas foram totalmente baseadas no projeto básico e nos detalhados descritivos técnicos apresentados pelo cliente em seu edital, que não exigia vistoria.

Voltei ao aeroporto com a vã esperança de chegar a tempo e nossa proposta ser aceita. Já que seria só uma entrega, não havendo abertura das propostas naquele momento, mas, mesmo assim, havia data e horário pré-determinado, que poderiam sim nos excluir da contenda. Ao chegar ao aeroporto, soube que não haveria voo para Belo Horizonte a não ser no fim da tarde, minha única saída para chegar a Belo Horizonte, sem garantia nenhuma que minha proposta seria aceita, seria ir de carro.

Aluguei um carro e no trajeto me inspirava no meu ídolo Aírton Senna, para andar o mais rápido possível. Foram quase seis horas de viagem, com paradas apenas para ir ao banheiro e tomar um café, mas nem assim consegui fazer com que a proposta fosse aceita. Fiz várias ligações para o contato ao longo do caminho, reforçando que estava a caminho, nas duas primeiras ele comentou que não daria tempo, nas demais não comentava mais. Cheguei ainda em horário de expediente na empresa, contei minha história triste e faltou apenas chorar, eles receberam por educação - por sinal, muita educação - mas não foi validada e não havia o que fazer.

Se eu soubesse, teria ido conhecer o casarão de Dona Beja. Me restava avaliar e escrever as lições aprendidas nesse episódio.]

❧ XIII ❦

O uso de informantes

Uma negociação significa um grande esforço para a empresa, o relacionamento pode durar muitos anos para que se obtenha a vitória simbolicamente em um único dia. Por conseguinte, falar em conhecer a situação dos adversários por meios ilícitos para economizar nos gastos, ampliar margens ou para investigar e estudar a oferta alheia é extremamente indigno e não deve ser típico de um bom líder ou de um conselheiro de empresa.

Uma negociação significa um grande esforço para a empresa, o relacionamento pode durar muitos anos para que se obtenha a vitória simbolicamente em um único dia. Por conseguinte, falar em conhecer a situação dos adversários por meios ilícitos para economizar nos gastos, ampliar margens ou para investigar e estudar a oferta alheia é seriamente indigno e não deve ser típico de um bom líder ou de um conselheiro de empresa.

Não deveria ser importante ressaltar o que está em jogo na negociação, como a satisfação do cliente por meio do atendimento às suas necessidades e prover, com isso, lucro a empresa através de estratégias lícitas. É possível a uma empresa inteligente e um líder sábio vencer os demais e lograr triunfos extraordinários a partir de informações essenciais lícitas? Sim, é.

A informação privilegiada não se pode obter de fantasmas, oráculos, nem espíritos, nem se pode ter por analogia, muito menos descobrir mediante cálculos. Deve-se obter de pessoas. Pessoas que conhecem a situação do cliente ou do adversário. Os informantes podem não conhecer sua condição ou não buscar ganhos, apenas valorizam a boa relação, mas sim, boas informações podem ser obtidas sem corrupção.

[Concorrência desleal.

Em certo período de elaboração de planejamento anual de metas - que alteraria muito os processos da empresa e isso incluía o redimensionamento dos territórios de atuação dos negociadores e a alteração nos controles - fiquei ciente que um dos nossos concorrentes havia produzido um produto muito similar ao que seria um dos nossos carros chefes nas campanhas do próximo ano.

Enviei agentes às instalações de diversas concorrentes e fui pessoalmente ao concorrente que teria copiado o produto. Eu não sabia se ele realmente havia copiado ou se baseado em alguma tendência internacional, como foi o nosso caso, mas eu precisava descobrir. Isso afetaria muito nosso discurso, retirando um diferencial competitivo com o qual eu contava, pelo menos nas negociações em que esse concorrente estivesse presente.

Fui a uma das instalações do tal concorrente, munido de uma necessidade criteriosamente preparada, fundamentada e com uma denominação empresarial emprestada com prévia autorização. Tive o cuidado de procurar evitar líderes e negociadores experientes pelos quais poderia ser reconhecido. Verifiquei que realmente o produto era muito similar em detalhes construtivos específicos, eliminei a possibilidade dele ter se baseado em tendências e confirmei a cópia.

De volta à empresa, o departamento jurídico entendeu que as informações eram circunstanciais demais, não sendo o modo construtivo suficiente para sustentar um questionamento oficial, posto que não havia patente registrada em função do custo benefício para o ciclo de vida do produto.

Restava a mim somar essas informações, as recebidas dos outros agentes que não confirmaram outro modelo sendo disponibilizado, ao histórico do período atual, os estudos estatísticos adquiridos do IBGE e dados de oriundos de outras fontes, formando a base para minhas futuras afirmações sobre como e o porquê das próximas metas.

Uma resposta sempre complexa de ser respondida por um líder de negociações é: **quanto sua equipe vai vender no próximo período?]**

g
Existem seis classes de informantes: o informante próprio, o nativo, o informante interno, o agente duplo, o informante liquidável e o flutuante. Quando alguém possui todos esses ativos e ninguém conhece suas técnicas, a este se chama gênio organizativo e deve se aplicar ao líder. Ativo é inclusive um termo muito utilizado por agências de espionagem governamentais, como a CIA, para caracterizar colaboradores que não pertencem a seus quadros oficiais mesmo que recebam por isso, mas estão conectados em à operação.

- Os **informantes próprios** encontram-se entre os seus colaboradores incluindo a si mesmo;

- **Informantes nativos** encontram-se entre os colaboradores dos clientes;

- Entre os funcionários concorrentes encontram-se os **informantes internos**;

- Os **agentes duplos** encontram-se entre os informantes dos concorrentes;

- Transmitir falsas informações aos concorrentes é característica dos **informantes liquidáveis;**

- **Informantes flutuantes** trazem seus informes irregularmente.

[**Plano infalível.**

A três dias da entrega das propostas técnica e comercial em uma concorrência privada, durante a aplicação de uma lista de verificação de entrega de propostas, descobrimos que a leitura inicial da solicitação de proposta havia deixado passar uma condição exclusiva: era obrigatória a apresentação, incluída na proposta técnica, de um relatório técnico ilustrado de visita.

Esta concorrência estava sendo realizada por uma grande multinacional que iria mudar suas instalações principais. Estas novas instalações, teriam lugar em um complexo empresarial classe AAA, recentemente inaugurado, com mais de 90 mil m² e menos de 15% edificados, que resultou em um condomínio com poucos blocos destinados a grandes empresas. As instalações incorporavam os mais avançados conceitos de arquitetura e construção, além de tecnologia de última geração para o gerenciamento de facilidades.

A visita, inclusive, havia sido feita, mas sem a captação de imagens, por ter sido realizada apenas como formalidade, já que o projeto havia sido totalmente elaborado com base em plantas bastante detalhadas. Para nós, a visita realmente era desnecessária, porém, para o cliente, uma garantia de que não haveriam mal entendidos com possibilidade de justificativa.

Como, então, realizar nova vistoria sem transparecer ao cliente esta falha? Poderia lançar dúvidas sobre a aderência do projeto que poderiam pesar na decisão final. Necessitávamos de um plano infalível.

Plano infalível — Parte 1 - Enviei ao local, imediatamente, um informante para levantar a localização e a forma de acesso ao Stand de vendas; o telefone de contato de um corretor; a situação atual dos corretores em relação a quantidade, aparência e formalidade, bem como possíveis informações sobre as vendas expostas em cartazes e a disponibilidades de unidades. O retorno das informações deu conta que o stand estava localizado no térreo do primeiro bloco e poderia ser acessado de carro na parte interna do condomínio. Seria só se dirigir posteriormente ao estacionamento específico. Eram cinco corretores muito bem vestidos e formais. Havia cartazes informando diversas dimensões de áreas para venda ou locação, assim como outras facilidades disponíveis em áreas comuns, como centro de convenções e maquetes.

Parte 2 — De posse das informações, entrei em contato com uma corretora e me apresentei. Não precisaria ser outra pessoa, ser eu mesmo naquela situação seria o melhor disfarce, então utilizei minhas reais referências que poderiam ser facilmente checadas. Demonstrei interesse na locação de três andares e agendamos visita ao local para o dia seguinte. Compareci no horário previsto, acompanhado de uma executiva, bem trajada e um motorista.

Novamente me apresentei e forneci meu cartão de visitas à corretora que prontamente se prestou a nos levar a visitação de uma das unidades padronizadas, pois já havíamos discutido necessidades ao telefone. Dentro das instalações, demonstrei bastante interesse à corretora e fui mentalmente reconhecendo a similaridade com as plantas e suas características como: a exclusão de áreas comuns como corredores e banheiros e ainda o interior de todas as salas que possuíam um considerável rebaixamento para a instalação de piso elevado.

Diante de uma entusiasmada corretora, proferi a pergunta fatal ao objetivo: "posso fotografar?"

Após a resposta afirmativa, passeamos pelas instalações e coletamos muitas fotos. Precisávamos ainda verificar a entrada de facilidades, o que foi realizado, sem dificuldades.

Pode parecer um grande excesso, mas no mundo das negociações, principalmente quando está em jogo um projeto tão significativamente valioso como era aquele - financeira e estrategicamente falando - qualquer ponto fraco pode excluir nossa proposta da disputa, especialmente se for permitido dar vista às propostas de todos os concorrentes por todos os concorrentes.

Ganhamos o negócio, e isso servia de conforto todas as vezes que atendia as insistentes ligações posteriores da corretora, mesmo eu informando que havíamos desistido da mudança.]

Entre os funcionários do regime concorrente, acham-se aqueles com os quais se poderia estabelecer contato para averiguar a situação de seu adversário e descobrir qualquer estratégia prejudicial à negociação. Cuidado, esta prática está na fronteira do errado e pode lhe ser cara. Se há uma relação prévia pode-se lançar mão, mas nunca aborde desconhecidos nem ofereça propinas, isto não seria correto.

Em consequência do valor das informações, ninguém nas empresas é tratado com tanta familiaridade como os informantes, nem há assunto mais secreto que a informação privilegiada. Cuidado para recompensar ou presentear informantes apenas dentro dos limites do lícito, não se canse de apresentar esta norma. Como, em sua maioria, são desonrados, se não forem bem tratados, se convertem em renegados e trabalharão para o concorrente. Neste ponto, assemelham-se muito aos mercenários. Não se pode utilizar os informantes sem sagacidade e conhecimento. Não podemos nos servir de informantes sem humanidade e justiça. Não se pode obter a verdade dos informantes sem sutileza.

⊙ É preciso vislumbrar bem a fronteira entre o puro relacionamento, a premiação e a comissão, para que não se transforme em suborno, que advêm de uma relação deprimente.

Certamente, é um assunto muito delicado. As grandes empresas possuem normas claras sobre que presentes podem ou não receber seus colaboradores. Os informantes são úteis em todas as partes, já que para todo assunto é necessário um conhecimento prévio.

Se alguma informação é divulgada antes da empresa ser informada, a informação e quem divulgou devem ser descartados, retornando ao planejamento.

Sempre que for necessário abordar um cliente para uma grande negociação, é necessário conhecer previamente a identidade de seus líderes, aliados, seus conselheiros, colaboradores e até visitantes. Sendo assim, faça com que seus informantes próprios averíguem tudo sobre eles.

Sempre que for ofertar e negociar, é necessário conhecer primeiro os talentos dos colaboradores do concorrente e assim poder enfrentá-los segundo sua capacidade. É importante identificar agentes concorrentes que tenham levantado informações a seu respeito, deixe-os desnorteados de forma a transportar informações errôneas e funcionar, na realidade, como agentes duplos. Com a informação obtida desta maneira, pode-se encontrar informantes nativos e informantes internos para contatá-los em pouca profundidade, mas com utilidade. Com a informação obtida desses, pode-se fabricar informação falsa servindo-te de informantes liquidáveis. E liquidável será, porque provavelmente, após cumprir essa missão, não terá mais utilidade.

É essencial para um líder conhecer as seis classes de informação privilegiada. Assim, só um líder sábio que possa utilizar os mais inteligentes para obter a informação privilegiada, poderá estar seguro da vitória.

Utilize informantes flutuantes como mais olhos de um único cérebro, trazendo-lhe negócios que suas equipes não identificaram. A informação privilegiada é essencial para as negociações e a equipe depende dela para levar a cabo suas ações. Não será vantajoso para a equipe atuar sem conhecer a situação do concorrente e conhecer a situação do concorrente não é possível sem a informação privilegiada.

Saber o nome do presidente ou possuir a conta registrada na carteira, não trará negócios, estipule carteiras e territórios, mas não alimente a comodidade.

Anexo I - Fluxogramas simplificados

A - Da prospecção ao fechamento

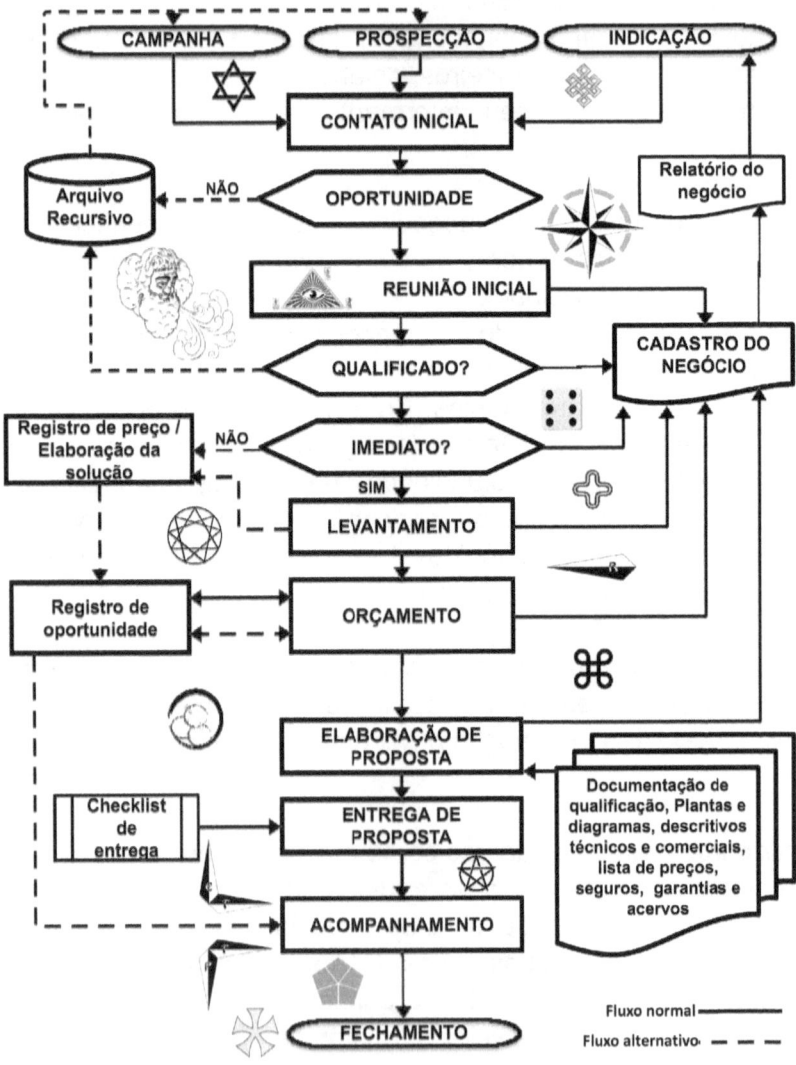

B - Do fechamento à entrega

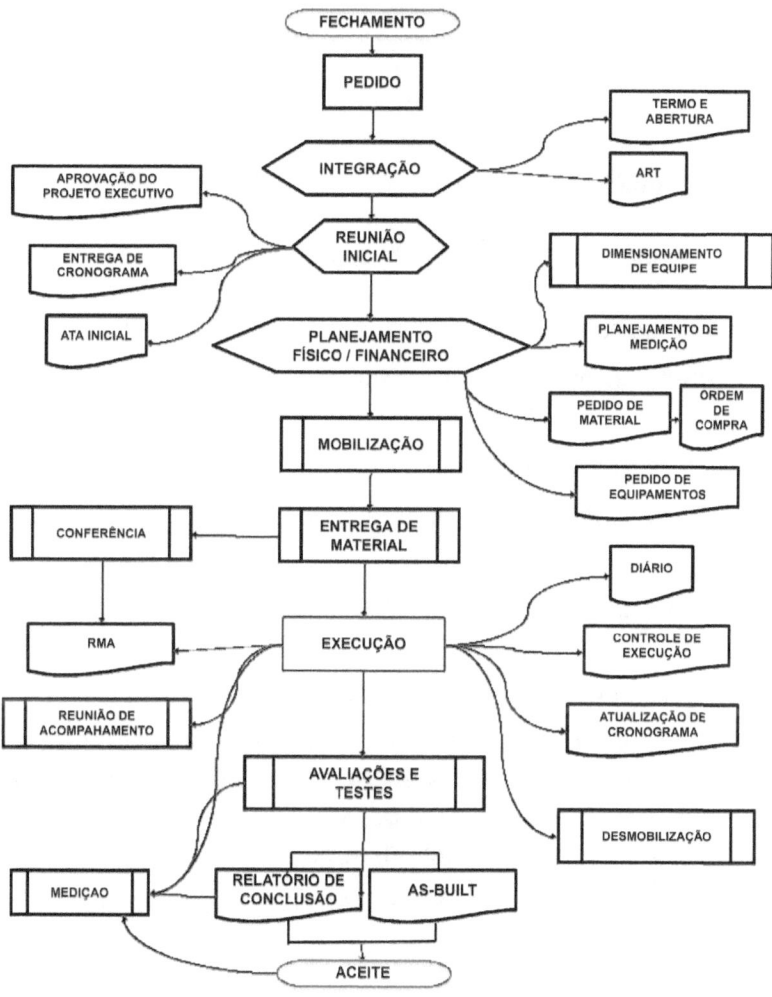

Anexo 2 - Exemplos de campanhas

Quando falamos de negociações corporativas de grandes projetos, os funis de vendas possuem espectros distintos do normalmente generalizado e muito utilizado em varejo ou E-commerce. É muito diferente realizar a prospecção de um cliente para venda no varejo, que pode ser até automatizada por e-mail marketing, redes sociais, sites ou TV; e identificar, iniciando um relacionamento com um cliente empresarial, que poderá adquirir um projeto orçado na casa dos 10 dígitos.

Assim, campanhas para incrementar os negócios corporativos devem:

- Ser bem estruturadas para que atendam a objetivos específicos;
- Desafiadoras mas factíveis para não desmotivar os colaboradores;
- Possuir regras e prazos claros;
- Prever e evitar o efeito sanfona principalmente no final do período;
- Buscar a superação de campanhas anteriores evitando o efeito serrote;
- Criar ferramentas específicas que apoiem o executivo;
- Entender que a campanha é um processo conjunto entre empresa e executivo, com regras específicas e com o intuito de auxiliar o atingimento de metas, que por sua vez, já possuem regras estipuladas, ou pelo menos deveriam possuir;
- Premiar de forma realmente diferenciada das metas normais.

2 . 1 - Prospect Day

Prospecção é um dos fundamentos das negociações, mas é raro encontrar um negociador que goste de fazê-la, como se os negócios fossem aparecer à sua frente. O **Prospect Day** é uma campanha bastante interessante e vitoriosa de prospecção ativa, que **alivia o fardo do negociador em pesquisar e qualificar**, concentrando seus esforços apenas em abrir o negócio. Considera que um executivo deve ficar trabalhando internamente, realizando contato com potenciais clientes. Até aqui nada de muito incomum, mas as diferenças estavam nas condições de trabalho.

- O negociador deveria **ficar no escritório** obrigatoriamente **por um dia inteiro** e não só o período que entendesse como tendo sido suficiente para realizar novas prospecções;

- O dia para o Prospect Day, seria **estipulado com antecedência** pela liderança;

- Os Prospect Day`s de toda a equipe seriam consecutivos;

- O negociador trabalharia em uma **lista pré qualificada de Leads, elaborada pela liderança,** que consistia de clientes potenciais e clientes onde não houve sucesso nos esforços de outro executivo;

- A lista de leads, possuía dados de contato e informações sobre prováveis negócios;

- Tinha como foco um território ou setor, dependendo do planejamento para aquela temporada de prospecção;

- Constavam da lista apenas clientes do porte objetivado pela empresa;

- O Executivo deveria registrar os dados de contato realizado. No dia seguinte seus índices de performance seriam avaliados buscando possíveis problemas, seja em relação a ação do executivo, ou em relação às ofertas e ao nome da empresa;

- Era uma ação realizada em duas etapas, acontecia no início do primeiro mês do trimestre como impulso no período e no início do terceiro mês como esforço para cumprimento de metas;

- Possuía uma meta de conversão diferente da meta do trimestre, mas as vendas oriundas dessa ação contariam para as metas do executivo naquele período.

- Como seria possível apresentar todo o leque de ofertas da empresa, de acordo com a necessidade presumida pelo executivo, não havia script.

O Prospect Day sempre foi um processo vitorioso com ótimos resultados em aberturas de negócios, mas em uma oportunidade por exemplo, chegou a demonstrar a necessidade de alteração de uma linha de produtos, após os índices serem analisados e padrões de rejeição aparecerem.

Não há fórmula de sucesso, mas a preparação da lista com 50 clientes em potencial, que seria entregue ao executivo no seu Prospect Day, era um importante ingrediente para o sucesso. Veja abaixo um exemplo real de conteúdo para o Prospect Day, que rendeu seis grandes negócios, sendo dividido entre dois negociadores.

PARA O PROSPECT DAY DE XXXXXX EM XX-XX-XX

FOCO — ASSOCIADOS DO POLO XXX

Informação Adicional — A Associação Polo XXX é atualmente formada por 92 empresas representantes de vários segmentos da indústria XXXX. Entre elas diversas empresas tradicionais, renomadas e já instituídas, que irão aderir ao novo polo por questões tributárias.

Porque Prospectar — Das 92, 60 empresas estão construindo suas novas sedes e 32 serão filiais ou laboratórios.

Contato	Telefone	Empresa	Provável Negócio
Contato 1			
Contato ..			
Contato 46			

Em negociações corporativas, apenas um grande cliente pode ser o suficiente para o cumprimento das metas de um período, apesar de incorreto estrategicamente.

2 . 2 - Adote uma cidade

Adote uma cidade foi outra campanha de grande sucesso, que me vez viajar regularmente por muito tempo acompanhando negociadores.

Consistia em um Prospect Day mais seletivo ainda, onde a lista de leads consideraria clientes do porte objetivado pela empresa, localizados em uma cidade que nas pesquisas demonstrasse ser mal atendida por empresas do nosso segmento.

O universo já começava a conspirar quando o executivo se apresentava para a realização de seu plantão na campanha, que como dito, se semelhança ao Prospect Day, sendo uma tarefa de um dia inteiro.

Por possuir boas lembranças do sucesso alcançado no Prospect Day, o negociador já chegava com a esperança de receber uma boa lista e obter grandes resultados.

O sucesso foi tão grande que se cogitou abrir uma filial em uma dessas cidades.

Anexo 3 - Conceitos para documentos e controles

Ao longo do livro, descobrimos que **um Mestre da Negociação é aquele que domina a informação.** Por melhor que seja seu controle mental sobre essas informações, necessitará registrá-las e compartilhá-las, seja para dar andamento ao fluxo de trabalho do negócio, seja para constar como registro ou prova. **O ato de registrar a informação é a criação de um documento.**

A criação desse documento pode acontecer em uma simples folha de papel manuscrita, um editor de texto, um a gerenciador de planilhas, um complexo CRM — gerenciador de relacionamento com clientes —, ou ainda no mais poderoso ERP — sistema de gerenciamento empresarial —, todas essas possibilidades são chamadas de **suporte.** O formato para registro do documento não importa, desde que possua todas as informações necessárias, mas uma boa diagramação claramente ajuda, e quanto maior o número de negócios e pessoas envolvidas, mas tecnologia se faz necessária. O mais importante em relação a documentos, é entender seus conceitos, necessidades e propósito.

Um documento necessita registrar a informação com objetividade, clareza e na quantidade mínima necessária para o correto conhecimento da informação com relevância. Pertencerá, será criado e terá funções específicas em um determinado momento da linha do tempo do negócio, da sua criação a continuidade como fonte de consulta por todo o ciclo de vida do negócio e além.

Se estiver sendo elaborado **manualmente**, precisa possuir informações que sejam realmente relevantes e que possam alimentar outros documentos ou processos, iniciando ou fazendo parte do fluxo de cadência.

Se sua criação for **semiautomática**, por um sistema, em razão de informações já existentes com inclusão de novas, precisa ser inteligente além de informativo, para facilitar, validar e agilizar a elaboração.

Um documento criado de forma **automática** provavelmente está sendo emitido em apoio a alguma decisão que precisa ser tomada. Será baseado em indicadores históricos ou cálculos realizados a partir de informações preexistentes, como um relatório por exemplo. Assim sendo, precisa ser realmente uma ferramenta que apresente valores ou visões gráficas que auxiliem o entendimento de forma simples e rápida. Necessita apresentar resultados baseados no processamento das informações e não apenas listá-las. Um erro comum em sistemas de gestão por exemplo é apresentar um relatório de vendas com um totalizador único e não todas as possibilidades possíveis de totalização com as informações disponíveis.

Poderá ser **privado** ou **público** em relação a sua origem, e quanto a seu teor ou valor que lhe será atribuído, poderá possuir classificações como **probatório**, que pode servir de prova; **administrativo**, relativo a atos da administração; **primário** ou **secundário** em função de sua importância e de controle, quando utilizado para gerenciar processos ou fluxos. Podendo ainda um documento possuir mais de uma classificação. Por exemplo: um documento administrativo pode ser também primário e probatório, havendo, entretanto, classes de restrição a seu acesso como **sigiloso** por exemplo.

A correta elaboração dos documentos é de vital importância para a justa entrega do que foi negociado e a obtenção da satisfação do cliente. Documentos corporativos têm por obrigação, não só apresentar a informação, mas conduzir e possibilitar sua análise.

As Aprovações e assinaturas que serão utilizadas, dependerão muito do suporte do documento. Elas poderão então ser por exemplo:

- **Assinaturas físicas** na última página com rubricas físicas nas demais páginas;
- **Marcação de aprovação** ou **de acordo**, por usuário de login autorizado e com nível de acesso devido em sistema específico;
- **Assinatura via certificado digital,** diretamente no arquivo digital do documento local;
- **Online em arquivo digital**, com a utilização de plataformas de assinatura específicas, ou cartório online, com validade jurídica, que geram um registro, com os dados do notário ou dos envolvidos, data e hora da assinatura, e o código de validação.

Dados recorrentes

São aqueles repetitivos que normalmente irão montar o cabeçalho do documento, possibilitando a identificação do negócio e os envolvidos. Possivelmente de preenchimento automático na maioria dos documentos, após a entrada de dados inicial.

- **Título do negócio** — Nome dado ao negócio determinando sua individualizada, visto que em um mesmo cliente pode haver mais de um negócio;

- **Código do negócio** — Também pode ser chamado de número e mudará de acordo com os padrões de cada empresa. É é ideal que parte dele seja recorrente em todo o processo, fazendo com que seja fácil identificar o negócio em qualquer momento do fluxo da negociação;

- **Data** — Data da ocorrência ou do registro de entrada das informações, dependerá da necessidade do documento;

- **Dados do Cliente** — CNPJ e a razão social da empresa;

- **Dados do executivo** — Nome e registro;

- **Unidade** ou filial do executivo;

- **Revisão**.

Há ainda campos semiautomáticos de lista, que possuirão opções de sim ou não, ou listas, com entidades cadastradas como negociadores, clientes, estados e cidades, que além de agilizar a elaboração, facilitarão estatísticas posteriores.

Nas próximas páginas apresentarei alguns conceitos para criação ou adequação de documentos que podem auxiliar em muito o seu trabalho. Dependendo do porte de sua empresa, talvez não lide com alguns deles, seja porque sua empresa realmente não utiliza, ou por serem de responsabilidade de outras pessoas. O fato é que é muito importante ao negociador, conhecer todo o processo e suas necessidades. Com as definições dos campos descritos em cada item, um bom documento poderá ser criado ou melhorado em qualquer suporte.

Ressaltando que como conceito, os itens listados pretendem passar a ideia e necessidades mínimas, podendo ser adequados, melhorados, ampliados e etc. Existem ainda muitos documentos que preferi não incluir, por estarem ligados exclusivamente à execução.

Lista dos conceitos para documentos.

01 — Pag: 284 — Relatório de Visita
02 — Pag: 285 — Relatório de despesas
03 — Pag: 286 — Relatório Técnico Ilustrado
04 — Pag: 287 — Resumo do Negócio
05 — Pag: 288 — Mapeamento das partes interessadas
06 — Pag: 289 — Acordo de expectativas
07 — Pag: 290 — Benefícios e Despesas Indiretas - BDI
08 — Pag: 291 — Composição analítica de custos unitários
09 — Pag: 292 — Cronograma físico / financeiro - CFF
10 — Pag: 293 — Matriz de responsabilidades
11 — Pag: 295 — Matriz de Riscos
12 — Pag: 297 — Plano de Comunicação
13 — Pag: 298 — Lista de verificação da proposta
14 — Pag: 304 — Lista de verificação do programa de integridade
15 — Pag: 308 — Checklist da Lei geral de proteção de dados
16 — Pag: 310 — Carta de preposto
17 — Pag: 311 — Ata de reunião
18 — Pag: 312 — Controle de negócio
19 — Pag: 314 — Análise de negócios
20 — Pag: 321 — Análise de negócios perdidos
21 — Pag: 323 — Pedido de venda
22 — Pag: 324 — Termo de abertura do contrato / projeto
23 — Pag: 326 — Guia de remessa de documento - GRD
24 — Pag: 328 — Relatório de situação
25 — Pag: 330 — Medição
26 — Pag: 331 — Pendências do cliente
27 — Pag: 332 — Resposta a Notificação
28 — Pag: 333 — Solicitação de alteração / mudança
29 — Pag: 334 — Controle de alterações / mudanças
30 — Pag: 335 — Aditivo contratual
31 — Pag: 336 — Pleito de prazo
32 — Pag: 337 — Pleito de reequilíbrio financeiro
33 — Pag: 338 — Controle de entregas Parciais
34 — Pag: 339 — Termo de aceite
35 — Pag: 340 — Termo de encerramento
36 — Pag: 341 — Lições Aprendidas

Relatório de Visita

Objetivo — Registrar informações sobre cliente visitado em tempo de prospecção dando início ao fluxo de trabalho. Utilizado também para analisar se as operações externas estão atendendo aos requisitos da empresa.

Classificação — Interno, informativo e informal. Se necessitar ser formal perde a característica de relatório de visita e passa a se assemelhar a uma ata.

Tipo — Manual ou semiautomático.

Campos específicos sugeridos

Origem — Prospecção, edital, RFP, solicitação de proposta.

Dados completos da empresa do cliente — Nome, localização, ramos de atividade, porte, faturamento, número de funcionários, número de filiais ou pontos de venda

Dados completos — Contato, perfil, nome, cargo, telefone, e-mail

Classificação — Prospectado, potencial ou cliente.

Oportunidade — Descrição de oportunidade identificada.

Próximos passos — Descrição da próxima ação e prazo para realização.

Outros contatos — Outras partes interessadas ou possíveis informantes.

Tempo de duração da visita — Utilizado por algumas empresas como estatística de avaliação.

Relatório de despesas

Objetivo — Facilitar a organização das despesas no centro de custos de uma unidade ou negócio.

Classificação — Interno, formal e administrativo.

Tipo — Manual ou semiautomático.

Campos específicos sugeridos

Campos recorrentes — Número, data, empresa e executivo.

Campos autoexplicativos

- **Executivo;**
- **Unidade** ou centro de custo;
- **Período;**
- **Título do negócio** ou projeto — opcional;
- **Cliente** — opcional;
- **Quilometragem** inicial e final;
- **Descrição** da despesa livre ou categorizado previamente;
- **Número** e dados do comprovante, observando possíveis exigências da empresa como o CNPJ na nota;
- **Valor** da despesa;
- **Valor** de adiantamento;
- **Comprovantes** não reembolsáveis devem ser relacionados e devolvidos em conjunto, como por exemplo passagens pagas pela empresa previamente;
- **Observações** ou justificativas;
- Dados da **forma de pagamento** do reembolso;
- **Aprovações.**

Relatório Técnico Ilustrado

Objetivo — Apresentar de forma breve e objetiva, os pontos relevantes em um levantamento na etapa de orçamentação, ou acompanhamento na etapa de implantação, utilizando fotos e descritivos sucintos.

Classificação — Interno e externo, formal, informativo e probatório.

Tipo — Manual ou semiautomático.

Campos específicos sugeridos

Dados Recorrentes — Título do negócio ou projeto, número, data, cliente, executivo responsável e unidade.

Vistoriante — quem realizou o levantamento.

Data da vistoria — Data em que foi efetivamente realizada a vistoria.

Item — Descrição sucinta de cada item vistoriado com sua respectiva foto e data.

Foto — Imagem do item descrito, capturada na data da vistoria.

Localização — Opcional.

Oportunidade ou Status — Campo opcional descrevendo uma oportunidade relativa ao item em tempo de prospecção ou investigação ou sua situação se em tempo de implantação.

Resumo do Negócio

Objetivo — Apresentar a liderança ou a um conselho, os detalhes de um novo negócio, para que seja avaliado e liberado para prosseguimento de negociações. É o relatório consolidado de um negócio ainda não fechado. Pode ser dispensado, diante dos limites de autonomia do executivo em dar prosseguimento à negócios

Classificação — Interno formal e informativo.

Tipo — Manual ou semiautomático.

Campos específicos sugeridos

Dados Recorrentes — Título do negócio ou projeto, número, data, cliente, executivo responsável e unidade.

Partes interessadas — Lista de todas as partes interessadas que influenciarão a decisão e o porquê. Como no mínimo os três elementos do triângulo harmonioso.

Justificativa operacional — Que benefícios financeiros e operacionais o negócio traria a empresa?

Objetivo estratégico — O que a empresa poderia pretender com a realização do projeto. Ex: ampliar seu reconhecimento pelo mercado? Reforçar o relacionamento com o fornecedor? Entrar em um novo setor onde o cliente é líder.

Escopo — Solução prevista inicialmente;

Condições — Circunstâncias conhecidas em relação ao orçamento e a implantação.

Riscos — Incertezas identificadas até o momento em relação a negociação ou implantação

Prazos — Limites de tempo identificados até o momento para entrega da proposta e implantação da solução.

Indicadores de sucesso — Baseados nos sentimentos do negociador ou em fatos conhecidos.

Aprovações — Aprovações necessárias de acordo com o procedimento da empresa.

Mapeamento das partes interessadas

Objetivo — Classificar todas as partes interessadas no negócio, suas funções, interesses e nível de influência na decisão de compra.

Classificação — Interno, formal e administrativo.

Tipo — Manual ou semiautomático com opção de painel gráfico.

Campos específicos sugeridos

Campos Recorrentes — Título do negócio ou projeto, número, data, cliente, empresa, executivo responsável e unidade.

Campos possíveis, não obrigatoriamente se limitando a:

Parte interessada — Nome completo da parte.

Empresa — Nome da empresa, seja: interno, cliente, fornecedor ou concorrente.

Cargo — Cargo formal.

Papel — Função que está sendo exercida no negócio específico

Interesse — Interesses profissionais e pessoais identificados.

Dados de contato — E-mail e telefone

Acordo de expectativas

Objetivo — Deixar claro a todas as partes interessadas internas, do cliente e possíveis intermediários, o que se espera, como e quando serão realizadas as ações no negócio.

Classificação — Interno e externo, formal, informativo, administrativo e probatório.

Tipo — Manual ou semiautomático.

Campos específicos sugeridos

Dados Recorrentes — Título do negócio ou projeto, número, data, cliente, executivo responsável e unidade.

Endereçamento — A que empresa e a que contado o documento se destina.

Apresentação das partes — Pequeno parágrafo de apresentação das partes com sua razão social e algum tipo de identificação formal ou localização.

Objeto do acordo — O que a contratada pretende realizar, como e quando, caso o negócio seja fechado.

Confidencialidade — Compromisso de respeitar o mais absoluto sigilo profissional sobre qualquer documento, informação ou dado expressamente designado como confidencial pelo cliente.

De acordo — Finalização com determinando que as partes estão acordadas.

Assinaturas — Poderá ou não possuir a assinatura do cliente.

Benefícios e Despesas Indiretas - BDI

Objetivo — Esclarecer os cálculos que resultaram na taxa que foi adicionada ao custo de um projeto, para cobrir as despesas indiretas, o risco, as despesas financeiras, tributos incidentes, eventuais despesas de comercialização. Seus parâmetros, podem ter referência em dados históricos, tabelas de entidades de classe, entidades privadas de notório reconhecimento e de órgãos públicos. Custos diretos não entrarão no cálculo.

Classificação — Interno e externo, formal, fiscal, legal, administrativo e probatório.

Tipo — Manual, semiautomático ou automático

Campos específicos sugeridos para um BDI básico

Dados Recorrentes — Título do negócio ou projeto, número, data, cliente, empresa, executivo responsável e unidade.

Discriminação — todos os itens abaixo irão considerar um valor em Percentual (%).

- Administração Central (i)
- Taxa de risco (r)
- Custo Financeiro (f)
- Tributos Federais (t)
- PIS: percentual (%)
- COFINS: percentual
- IRPJ: percentual (%)
- CSLL: percentual (%)
- Tributo Municipal - ISS (Cidade) (s)
- Taxa de comercialização (c)
- Lucro (l)

BDI ADOTADO (aplicando-se a fórmula do.. (Referência)):

$$BDI = \{ [(1 + i) \times (1 + r) \times (1 + f) / 1 - (t + s + c + l)] - 1 \} \times 100 = XX,XX \%$$

Composição analítica de custos unitários

Objetivo — Apresentar todos os insumos alocados diretamente na implantação de uma unidade de serviço ou tarefa, com seus respectivos coeficientes de utilização e o custo unitário de cada produto, podendo ou não estar baseado em um índice nacional de preços do setor.

Classificação — Interno e externo, formal, fiscal, legal, administrativo e probatório.

Tipo — Manual, semiautomático ou automático

Campos específicos sugeridos

Discriminação em linha

- Item
- Descrição do material com a mão de obra
- Marca
- Modelo
- unidade
- Coeficiente de preço (R$)
- Preço total (R$)

Discriminação em coluna

- Preço da mão de obra
- Preço do material
- Preço total unitário
- LS (%)
- BDI (%)
- Administração (%)
- Taxa total (%)
- Preço total Unitário com taxa

Totalizadores

- Quantidade
- Preço total (c/ taxa)

Cronograma físico / financeiro - CFF

Objetivo — Permitir a previsão e gestão da cadência dos eventos de pagamento, estabelecendo prazos para a execução ou entrega, suas medições e seus respectivos pagamentos.

Classificação — Interno, externo, formal, fiscal, legal, administrativo e probatório

Tipo — Manual ou semiautomático com opção de painel gráfico.

Campos específicos sugeridos

Discriminação em coluna

Número — Identificação numérica sequencial do item a ser medido, conforme apresentado em contrato.

Discriminação em linha

Descrição — Identificação nominal do item a ser medido, conforme apresentado em contrato.

Medições — Determinação das datas e valores previstos, por item, em moeda e em peso percentual, para cada uma das medições.

Valores — Valores por item em moeda e em peso percentual, realizados no período.

Totalizadores

Totais por medição — Em moeda e peso percentual.

Totais Gerais — Em moeda e peso percentual.

Faturamento — Forma de faturamento e percentuais para cada tipo de nota fiscal.

Elaboração — Identificação e assinatura.

De acordo — Identificação e assinatura.

Matriz de responsabilidades

Objetivo — É uma tabela que visa ilustrar as conexões entre atividades e as principais partes interessadas envolvidas no negócio. Em um único negócio, podem haver mais de uma matriz de responsabilidades, sendo classificadas por níveis ou departamentos. È extremamente útil quando o negócio possui recursos internos e externos, garantindo divisões claras de papéis e expectativas. O gráfico resultante é chamado **RACI**, em referência às iniciais das quatro atividades básicas que compõem a matriz. Podem ser incluídas outras opções como Aprovar, por exemplo, de acordo com a complexidade e necessidades do negócio.

Classificação — Interno, formal e administrativo.

Tipo — Manual, semiautomático ou automático com opção de gráficos.

Campos específicos sugeridos

Campos Recorrentes — Título do negócio ou projeto, número, data, cliente, empresa, executivo responsável e unidade.

Discriminação em coluna — Atividades que serão exercidas.

Exemplos:

- Relatório Semanal de Avanço
- Proposta comercial
- Proposta técnica
- Reunião de fechamento
- Medição Mensal com Cliente
- Vistoria com Cliente

Discriminação em linha

Responsáveis — Cargos ou nomes dos responsáveis por ações.

Ação — Campo para inicial da ação a ser executada.

Exemplos:

- Executivo de contas
- Assistente comercial
- Cliente
- Orçamentista
- Patrocinador

Tabela de referência de possíveis ações

R = Responsável   **A** = Aprovar
C = Consultar   **I** = Informar
E = Executar (opcional)

Matriz de Riscos

Objetivo — Identificar quaisquer possibilidade de ocorrência de eventos indesejados ou desejados. Estes eventos, podem ter sido ou não considerados inicialmente no negócio ou projeto, devendo ser relacionados e analisados para permitir seu acompanhamento e a criação de medidas significativas de controle. Isto permitirá priorizar e estabelecer métricas para sua gestão, documentando requisitos para reduzir o impacto ao nível mais baixo possível ou estabelecer contingências, caso não seja possível eliminá-lo. Basicamente é uma matriz de 5 X 5.

Classificação — Interno, formal e administrativo.

Tipo — Manual, semiautomático ou automático. Idealmente gráfico.

Campos específicos sugeridos

Campos Recorrentes — Título do negócio ou projeto, número, cliente, empresa, executivo responsável e unidade.

Principais campos de informação, mas não se limitando a:

Data — Data em que o Risco foi identificado.

Descrição do Risco — Descrição do evento potencialmente indesejado que será tratado como problema a ser evitado ou potencialmente desejado a ser tratado como uma oportunidade de ampliação do negócio ou de outros possíveis negócios.

Grau de Probabilidade — Avaliação da possibilidade de que o risco ocorra em escala de 1 a 5. Um risco identificado como possuindo probabilidade 5 em tempo de pré-venda, por exemplo, deveria ser tratado logo na orçamentação e sua solução adicionada a proposta.

Grau de Impacto — Avaliação à gravidade que a ocorrência do risco irá impactar no andamento do negócio ou projeto, também em escala de 1 a 5.

Onde impacta — Onde o impacto será sentido com opções de: prazo, custo e qualidade, podendo-se utilizar mais de uma.

Importância — Grau de importância com opções de: alto, médio e baixo.

Consequência — É uma previsão do que acontecerá caso o risco ocorra. Ex: dano ambiental.

Gatilho — Evento que dispara o risco.

Resposta — Quaisquer ações ou melhorias nos controles, tornando-os mais eficazes, possibilitando manejar o risco.

Riscos secundários — Riscos que podem ser criados pelas respostas aos riscos implementadas.

Contingência — Ação ou plano de ação para lidar com um risco ocorrido, quando deverá ser eliminado ou removido via substituição.

Análise de Custo X Benefício — Ação a ser tomada, que altera a estratégia inicial com base em uma análise de custo X benefício, obedecendo a seguinte ordem — Eliminação, mitigação, transferência e aceitação passiva.

Recorrência — Possibilidade do risco vir a acontecer novamente mesmo se eliminado.

Situação atual — Impressão sobre o risco no momento, podendo ser, mas não se limitando à: em acompanhamento, ocorreu ou descartado.

Data de Revisão — Data da próxima revisão.

Responsável — Podem existir vários, como o colaborador que fará acompanhamento e a revisão do risco, ou aquele que ficará responsável por uma resposta ou contingência.

A matriz de riscos não será de nenhuma utilidade se um responsável pelo seu acompanhamento, não garantir com que sejam efetivas suas previsões. Podendo este responsável, o executivo da conta ou um gerente de projetos, dependendo da estrutura da empresa e do momento do negócio.

Plano de Comunicação

Objetivo — Determinar como serão realizadas as ações de comunicação do negócio ou projeto. É único para cada negócio e precisa ser alterado sempre de acordo com a situação atual, o público alvo e quais objetivo necessitam ser alcançado em determinado momento, se tornando um roteiro para garantir que isso aconteça. Pode ser gerado automaticamente com base em informações de outros documentos do mesmo negócio e regras preestabelecidas, devendo ser possível sua alteração manual.

Classificação — Interno com possibilidade de ser também externo, formal e administrativo. Probatório em uma argumentação mas de baixa possibilidade de uso judicial.

Tipo — Manual, semiautomático ou automático com opção de painel gráfico. Impreterivelmente provido de inteligência.

Campos específicos sugeridos

Possíveis campos de informação não se limitando à:

- **A quem se destina** — Lista de cargos ou nomes das partes interessadas.

- **Tipo de Informação** — Opções como: formal documental, informal documental, informal verbal.

- **Descrição** — Opções como: criar, atualizar, apresentar, enviar, discutir.

- **Periodicidade** — Opções como: diário, semanal, quinzenal e mensal.

- **Forma de Contato** — Opções como: reunião, ligação, e-mail ou mensagem.

- **Responsável — Nome, cargo ou função que exerce no negócio.**

Lista de verificação da proposta

Objetivo — Garantir a correta entrega das propostas. Como já vimos neste livro, em grandes concorrências públicas ou privadas, um único erro pode ser fatal e todo o trabalho na elaboração das propostas, realizado muitas vezes por mais de uma dezena de profissionais, pode ser perdido. Podem existir diversos tipos de listas ao longo da vida do negócio, como de levantamento, de entrega de proposta, de participação em licitação, de entrega de implantação e ainda outras mais. Todas elas podem ser consolidadas em uma única, apesar de distribuídas nas diversas possíveis interações ao longo do negócio. Sendo necessário, entretanto, que se possa visualizar ou imprimir em um único documento para conferência final.

Pode ser utilizada desde o início do negócio como capa impressa de processo ou como tela do CRM ou ERP, como cadastro do negócio. Isto permitirá que cada profissional em sua etapa, dê como concluído o seu item da lista. Precisará possuir além do campo que irá descrever o item a ser validado, um campo para informar se ele está incluso ou não, ou ainda, que não se aplica. Poderá haver também, um campo de observações para registrar pendências de verificações ou esclarecimentos, que estarão sendo monitorados regularmente pelo executivo da conta, bem como um registro de alterações.

Consideramos, a seguir, alguns campos necessários ao check list de propostas, considerando inclusive a participação em licitações públicas. Será necessário adequar a sua realidade, adicionando ou retirando campos para a construção do seu check list específico. Se for o caso de uma licitação pública e for considerada qualificação pelo SICAF — Sistema de Cadastramento Unificado de Fornecedores, muitos campos também poderão ser desconsiderados.

Classificação — Interno, formal e administrativo.

Tipo — Manual, semiautomático e de conteúdo variável.

Campos específicos sugeridos

Dados Recorrentes — Título do negócio ou projeto, número, data, cliente, executivo responsável e unidade.

Caso as listas de verificação não sejam separadas sistematicamente, serão necessários campos **semiautomáticos de lista** em layout de coluna, para que sejam consideradas as possíveis alternativas: **sim, não** e **não se aplica.**

Grupo análise do negócio - Interno

- Se governamental, existe comprovação da existência de previsão de recursos orçamentários próprios do órgão?

- Se governamental, existe aprovação interna para continuidade do negócio se os recursos para o pagamento, são do tesouro e não do órgão?

- O prosseguimento do negócio foi autorizado?

Grupo credenciamento

- Procuração ou carta de preposto.

- Cópia e original da identificação do representante.

- O ramo de atividade da empresa identificado por seu objeto em seu contrato social é compatível com o objeto da concorrência?

- Consta em todas as propostas o número do documento convocatório e nome da empresa ou do órgão governamental?

- Se governamental, consta em todas as propostas a modalidade de licitação utilizada? — convite, tomada de preços, concorrência, leilão ou pregão?

- Consta em todas as propostas, para o caso de prestação de serviços, o regime de execução escolhido? — empreitada por preço unitário, por preço global, integral ou tarefa.

- Se governamental, consta em todas as propostas o tipo de licitação? — menor preço, técnica e preço, melhor técnica ou maior lance ou oferta?

- Está claro se o julgamento será feito por item ou pelo menor preço global?

- Foi registrado o local, dia e hora para recebimento da documentação e propostas?

- Foi registrado o local, dia e hora da abertura dos envelopes?

- Foi registrado o local, dia e hora para exame e aquisição do projeto básico e projeto executivo, se houver.

- Foi registrado Local, horário, e-mail, site ou outros meios para informações ou esclarecimentos?

- Comprovação fornecida pelo órgão de que a empresa recebeu todos os documentos e tomou conhecimento de todas as informações e condições para o cumprimento das obrigações.

- Declaração de não possuir menores de idade em seus quadros.

Grupo habilitação jurídica

- Prova de inscrição no Cadastro Nacional de Pessoas Jurídicas — CNPJ.

- Estatuto ou contrato social em vigor e consolidado, devidamente registrado.

- Documentos de eleição de seus administradores - Se tratando de sociedades por ações.

- Ato constitutivo, no caso de sociedades civis, acompanhada de prova de diretoria em exercício.

- Decreto de autorização, em se tratando de empresa ou sociedade estrangeira em funcionamento no País, e ato de registro ou autorização para funcionamento.

- Certidão negativa de protesto.

- Declaração de inexistência de fato impeditivo à participação.

- Comprovação de implantação de programa de integridade.

- Comprovação de conformidade com a Lei de Proteção de Dados.

Grupo habilitação econômico-financeira

- Balanço patrimonial do último exercício.

- Demonstrações contábeis do último exercício.

- Índices contábeis do último exercício - GE, AC, LG e LC.

- Certidão negativa de falência ou recuperação emitida pelo distribuidor da localização da matriz.

- Declaração de idoneidade financeira.

Habilitação técnica

• Comprovante de vistoria assinado por responsável no órgão e pelo responsável técnico na empresa.

• Registro ou inscrição na entidade profissional competente relativa a empresa e ao responsável técnico.

• O responsável técnico pertence ao quadro permanente?

Habilitação Fiscal

• Prova de inscrição no cadastro de contribuintes estadual ou municipal, se houver, relativo à matriz.

• Prova de regularidade para com a Fazenda Federal — Certidões Negativas – Dívida Ativa/PFN e Tributos da Receita Federal, da matriz.

• Prova de regularidade para com a Fazenda Estadual e Municipal da matriz.

• Prova de regularidade para com a Fazenda Municipal da matriz.

• Prova de regularidade relativa à Seguridade Social — INSS.

• Prova de regularidade relativa ao Fundo de Garantia por Tempo de Serviço — FGTS.

• Prova de regularidade relativa à Seguridade Social — CF.

Proposta Comercial

• Foram anexados os comprovantes de previsão de entrega para de seguros, quando for o caso?

• As condições comerciais estão de acordo com o previsto?

• As garantias de produtos e serviços, normais ou estendidas estão de acordo com o previsto?

• Estão previstos direitos, responsabilidades e exclusões?

• Envelopada e lacrada?

Proposta de preços

- Foi considerado o critério de aceitabilidade dos preços. Preço de referência e preço máximo?

- Foi considerado o critério de atualização financeira por mora?

- Foram consideradas compensações financeiras, multa e juros por atraso e descontos por antecipações?

- Foi considerado o critério de reajuste?

- Foram consideradas sanções por inadimplemento?

- O formato de faturamento está de acordo com o previsto?

- Foi anexado o BDI?

- Foi anexada a Composição analítica de preços?

- As condições de pagamento e parcelamento estão de acordo com o previsto?

- Foi anexado o cronograma Físico-financeiro?

- Compensações financeiras e penalizações, por eventuais atrasos, e descontos, por eventuais antecipações de pagamentos?

- Envelopada e lacrada?

- Em caso de pregão, o negociador está ciente de seu limite mínimo

Proposta Técnica

- Cobre todas as necessidades apresentadas no termo de referência ou projeto básico?

- As datas para entrega e validade da ART estão de acordo com o previsto no edital?

- Foi anexado o Projeto Básico?

- Foram anexados os catálogos ou fichas de dados de todos os produtos?

- Foi anexado o descritivo técnico do projeto?

- Foi anexado o descritivo técnico da operação assistida?

- Foi anexado o descritivo técnico da manutenção?

- Cartas de solidariedade ou credenciamento dos fabricantes de todos os produtos.

- Os prazos para mobilização, execução e testes, observação e aceite definitivo, estão de acordo com o previsto?

- Envelopada e lacrada?

- Acervos e atestados de capacidade técnico operacional na quantidade, volume e objeto exigidos.

- Acervos e atestados unitariamente dentro do objeto, superam os volumes exigidos?

- Certificado de Boas Práticas — Específico por setor.

- Certificado ISO.

- Qualificação de todos os membros da equipe técnica.

- Organograma específico para o contrato.

- Comprovação de possuir instalações e equipamentos adequados e disponíveis.

- Prova de atendimento de requisitos previstos em lei especial — Específico por setor.

- Certificações técnicas da empresa e da equipe.

Dependendo da origem do edital ou RFP, algumas requisições podem mudar de posição. Quantas e quais requisições irá necessitar validar e atender, dependerá diretamente das exigências do edital.

Lista de verificação de conformidade do programa de integridade

Objetivo — Realizar a verificação de conformidade com as exigências para programas de conformidade, reforçar a prevenção, que propiciam a detecção e correção de atos de fraude e de corrupção por meio da gestão e que são condição de participação em algumas concorrências.

Classificação — Interno e externo, formal, administrativo e probatório.

Campos específicos sugeridos

Campos Recorrentes — Título do negócio ou projeto, data, cliente, dados da empresa e responsável pela elaboração.

Dados de identificação — CNPJ, razão social, nome fantasia e, se for o caso, nomes anteriores. Endereço da sede, de suas filiais e escritórios de representação em território nacional e no exterior. Ramo de atividade. Porte da Empresa. Número de empregados.

Campos possíveis, não obrigatoriamente se limitando a:

1 - Relativos ao perfil da empresa.

A verificação destas questões deve compreender os últimos 10 anos e considerar possíveis controladoras, controladas, coligadas ou consorciadas.

- Os cargos e percentual de participação dos proprietários, sócios controladores, conselheiros e diretores, estão definidos?

- O percentual de participação societária da sua empresa em outras pessoas jurídicas está definido?

- O CNPJ, a razão social, o nome fantasia e o endereço das pessoas jurídicas com as quais a sua empresa esteja envolvida estão definidos?

- Existem localizações ou realização de operações comerciais nos seguintes locais: Angola, Argentina, Bolívia, China, Colômbia, Gabão, México, Nigéria, Paraguai, Tanzânia, Venezuela, Ilhas Cayman, Cingapura, Mônaco, Panamá, Ilhas Virgens Britânicas?

- A empresa é afiliada de alguma iniciativa nacional ou internacional de combate à corrupção?

2 - Relativos ao histórico empresarial

A verificação destas questões deve compreender os últimos 10 anos e considerar possíveis controladoras, controladas, coligadas, consorciadas, colaboradores ou terceiro.

- Algum integrante da alta administração da empresa já foi preso, acusado, investigado, processado ou condenado por fraude ou corrupção?

- A empresa já foi acusada, investigada, processada ou condenada por fraude ou corrupção?

- A empresa já entregou, ofertou, autorizou, acordou ou prometeu qualquer tipo de pagamento ou benefício a qualquer autoridade governamental nacional ou estrangeira, para angariar ou manter negócios, ou mesmo obter qualquer vantagem comercial?

- A empresa já entregou, ofertou, autorizou, acordou ou prometeu qualquer tipo de pagamento ou benefício a qualquer autoridade governamental nacional ou estrangeira, para angariar ou manter negócios, ou mesmo obter qualquer vantagem comercial?

- A empresa esteve submetida à investigação ou avaliação externa relacionada à fraude e/ou corrupção por algum órgão ou agência, nacional ou internacional?

3 - Relativos especificamente ao programa de integridade.

- A empresa está ciente e possui domínio da legislação anticorrupção?

- Existem: código de ética, guia de conduta ou documentos correlatos que demonstrem as condutas éticas que devem ser observadas pelos integrantes da alta administração, empregados próprios e/ou terceirizados?

- Existe programa de integridade estruturado com o objetivo de detectar e sanar desvios, fraudes, irregularidades e atos ilícitos praticados contra a administração pública, nacional ou estrangeira?
.

- Existem normas internas que determinam a proibição de qualquer tipo de pagamento ou benefício a qualquer autoridade governamental nacional ou estrangeira, para obter ou manter negócios ou qualquer vantagem comercial?

- Existem normas internas que determinam a proibição ou restrição, quanto ao oferecimento de presentes, brindes e hospitalidade a agentes públicos, clientes e parceiros comerciais?

- Existem normas internas que considerem doação e/ou contribuição a instituições de caridade, programas sociais ou a partidos políticos?

- Existem canais de denúncia de irregularidades, abertos e amplamente divulgados a todos os empregados próprios e/ou terceirizados, e mecanismos destinados à proteção de denunciantes?

- São realizados treinamentos regulares sobre o programa de integridade, destinados a alta administração e todos os colaboradores próprios e/ou terceirizados?

- Existem normas internas de Due Diligence para a avaliação da reputação, idoneidade e das práticas de combate à corrupção de terceiros, tais como, fornecedores, distribuidores, agentes, consultores, representantes comerciais e/ou parceiros operacionais?

- Existem mecanismos de investigação de indícios de fraude e/ou corrupção e de aplicação de sanções?

- Existem normas internas que disponham sobre o monitoramento da efetividade e da eficiência do programa de integridade anticorrupção?

4 - Relativos ao relacionamento com agentes públicos.

A verificação destas questões deve considerar a alta administração e seus familiares.

- Algum colaborador em qualquer nível, ocupa ou é candidato a cargo eletivo ou Cargo de Confiança na administração pública?

- Algum colaborador em qualquer nível, mantém negócios pessoais ou relacionamento próximo com algum agente público?

- Algum colaborador em qualquer nível, é familiar de algum empregado ou agente público que ocupe função gerencial, diretiva ou ainda conselheiro?

5 - Relativos ao relacionamento com terceiros.

A verificação destas questões deve considerar a relação com fornecedores, agentes, consultores, despachantes, representantes comerciais e/ou outros tipos de intermediários, sejam eles pessoas físicas ou jurídicas

- Os fornecedores da empresa possuem programas de integridade comprovados?

- A empresa divulga o seu programa de integridade a todo tipo de terceiros?

- São utilizados os serviços de terceiros, tais como, com o objetivo de angariar novos negócios localmente ou em outros países?

- São utilizados os serviços de terceiros com o objetivo de angariar novos negócios com a administração pública localmente ou em outros países?

- É exigido dos terceiros que declarem pleno conhecimento sobre os principais aspectos do programa de integridade da empresa?

- Nos contratos firmados com terceiros, há cláusulas que os obriguem a respeitar o seu programa de integridade, e os códigos de conduta da sua empresa?

- Nos contratos firmados com terceiros, há cláusulas que os obriguem a manter conformidade com as leis anticorrupção aplicáveis e vigentes?

Lista de verificação de conformidade com a Lei geral de proteção de dados

Objetivo — Realizar a verificação de conformidade com a Lei geral de proteção de dados que a partir de 2021, começa a ser condição de participação em concorrências, da mesma forma que a certificação ISO já é a bastante tempo a o Compliance também será. É necessário determinar quais áreas de sua empresa se enquadram no escopo da LGPD, e demonstrar a conformidade dos processos existentes que podem ser afetados. Esteja documentado, podem ser solicitadas comprovações.

Classificação — Interno e externo, formal, administrativo e probatório.

Campos específicos sugeridos

Campos Recorrentes — Título do negócio ou projeto, data, cliente, empresa, responsável pela elaboração e unidade.

Campos possíveis, não obrigatoriamente se limitando a:

- Um DPO — Data Protection Officer / Encarregado de dados — interno completamente isento de interesses foi indicado?

- Os objetivos de proteção de dados estão conceitualizados e declarados?

- Os colaboradores estão informados e engajados?

- Todos os fornecedores e parceiros estão em conformidade com a LGPD?

- Todos os sistemas possuem senhas criptografadas e níveis de acesso diferenciados?

- O acesso físico às informações é protegido?

- Os riscos de proteção de dados foram incorporados na estrutura de controles interna?

- Existe uma relação de processos e sistemas?

- Existe inventário de dados e processo de auditoria de fluxo de dados?

- Existe avaliação das categorias de dados mantidos, sua origem e a base legal para o processamento?

- Existe mapa de dados que permita identificar os fluxos de dados e consequentemente os riscos em suas atividades de processamento de dados?

- Existe uma AIPDA — análise de impacto na proteção de dados?

- Existe um registro de atividades de processamento de dados pessoais, com base na auditoria do fluxo de dados e da análise do inventário?

- Existe uma análise detalhada de brechas de segurança?

- Os contratos de funcionários, clientes e fornecedores foram atualizados para estar em conformidade com a LGPD?

- Existe um processo para reconhecer, lidar e fornecer respostas dentro do prazo estipulado, para as solicitações de acesso de sujeitos dos dados?

- Existe processo para determinar se é necessária análise de impacto de privacidade?

- Foi realizada análise para verificação de compatibilidade entre os mecanismos para transferências externas de dados e a proteção interna?

- Sua política e procedimentos, garantem que serão detectadas, relatadas, investigadas e respondidas a violações de dados pessoais?

Campos referentes a serviços on-line

- Existem elaborados e de fácil acesso, documentos de política de privacidade, utilização de cookies e termos de serviço?

- Existe ação de consentimento para uso de cookies?

- Existem caminhos para exercício do Direito de apagar ou esquecer?

- Os objetos para processamento e recursos de criação de perfis estão descritos corretamente?

- Existem processos de anonimização ou pseudonimização, para usuários que não estão mais utilizando o sistema ou portal?

- Existem procedimentos de criptografia nos sistemas ou portal?

- Existem mecanismos de autenticação para modificação de dados?

- Existem procedimentos de verificação em duas etapas?

- A coleta de dados é minimizada de forma a coletar apenas o necessário?

- Existe um processo de backup consistente?

- Estão implementados níveis de segurança de aplicativos da Web, como TLS, SSL?

- Existem caminhos para exercício do Direito de acesso aos dados pessoais?

- Existem opções de interrupção, descadastramento e cancelamento do perfil ou conta?

- Os formulários possuem caixa de verificação de consentimento?

- Existem registros de atividades de processamento?

Carta de preposto

Objetivo — Nomear e atribuir poderes a um colaborador, para atuar dentro da lei, da área delimitada do contrato/negócio e das normas da contratante, se responsabilizando pelos atos praticados em função dos termos pactuados no contrato/negócio em referência.

Classificação — Interno e externo, formal, fiscal, legal, administrativo e probatório.

Tipo — Manual, semiautomático ou automático

Campos específicos sugeridos

Campos Recorrentes — Título do negócio ou projeto, número, data, cliente, empresa, e unidade.

Nomeação — Texto inicial que informa e nomeia o preposto, com seus dados de identificação e de contato.

Discriminação da contratada — Paragrafo com a apresentação formal da contratada. Com sua razão social, CNPJ e localização, discriminando como a parte será reconhecida no restante do documento, normalmente denominada CONTRATADA.

Demais campos autoexplicativos — Dados do contrato, objeto do contrato, valores do contrato, prazos do contrato e campos de assinaturas.

Ata de reunião

Objetivo — Ser um registro resumido do que foi discutido durante uma reunião, sessão, convenção ou assembleia normalmente redigido preferencialmente por alguém neutro para que não haja direcionamento. Esta é uma das razões pela qual, o ideal é que seja realizada a leitura da ata, antes das assinaturas, ou logo após a receber sua cópia impressa, ainda na reunião.

Classificação — A classificação deste documento muda muito dependendo de sua formalidade, mas normalmente é: Interno e externo, formal, administrativo, fiscal, legal e probatório.

Tipo — Manual ou semiautomático baseado em modelo, ou atualização da ata anterior.

Campos específicos sugeridos

Campos Recorrentes — Título do negócio ou projeto, número, data, cliente, empresa, executivo responsável e unidade.

Horário e Local.

Número — Número sequencial, desde a primeira ata formal do negócio. Servirá como referência a uma possível citação em ata posterior.

Participantes — Nomes das partes interessadas presentes com dados pertinentes à empresa e informações de contato, normalmente e-mail ou telefone.

Distribuição — Nomes das partes interessadas não presentes mas que necessitam receber uma cópia da ata, com os mesmos dados dos participantes.

Item de Pauta — Título e descrição sucinta do assunto discutido com número sequencial, data de inclusão na pauta, situação, responsável pela solução do item e prazo.

Data da próxima reunião — Agendamento formal se necessário.

Controle de negócio

Objetivo — Permitir ao executivo de contas manter atualizadas as informações de seus negócios. É o documento que possibilitará a entrada de informações necessárias à análises posteriores no período e/ou históricas do andamento dos negócios.

Classificação — Interno, formal e administrativo.

Tipo — Manual ou semiautomático.

Campos específicos sugeridos

- **Campos Recorrentes** — Data, empresa, executivo e unidade.

- **Cliente** — Cadastro completo dos dados do cliente.

- **Título do Negócio** — Nome dado ao negócio para que em caso de existência de mais de um negócio no mesmo cliente, possa ser identificado claramente.

- **Prospecção** — Campo semiautomático de lista — sim ou não.

- **Indicação** — Campo semiautomático de lista — sim ou não.

- **Aprovações** — Assinaturas ou aprovações eletrônicas.

- **Estimativa ou valor** — Previsão de valor se já existir.

- **Início da negociação** — Informativo e estatísticas posteriores.

- **Data da proposta** — Data em que foi apresentada a proposta.
-
- **Tempo em negociação** — Campo automático.

- **Dólar Base** — opcional — Campo automático.

- **Situação atual** — Descrição detalhada do andamento das negociações.

- **Situação anterior** — Campo automático de informação prévia.

- **Probabilidade de vitória** — Percentual de acordo com a avaliação pessoal do executivo.

- **Probabilidade de vitória anterior** — Campo automático.

- **Percentual de acerto da probabilidade** — Campo automático.

- **Data para fechamento** — Previsão de acordo com a avaliação pessoal do executivo.

- **Nível de satisfação** — Sentimento do cliente em relação a implementação de negócios anteriores ou negociação atual.

- **Observações** — Impressões gerais e informações complementares.

Análise de negócios

Objetivo — Permitir a análise dos negócios em andamento, com abrangência variável entre os negócios de um executivo, uma unidade, filial ou de toda a empresa. Precisa permitir a mudança de abrangência, principalmente para abaixo, de forma que ajustes finos da análise possam ser realizados e os resultados melhor entendidos. Alguns de seus campos podem ser confidenciais e exclusivos a determinados cargos.

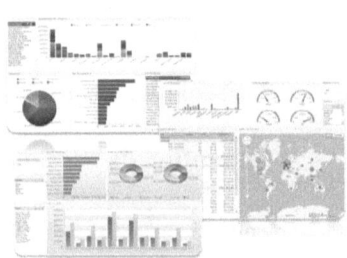

É o controle mais importante de uma que realiza transações comerciais.

Classificação — Interno, formal e administrativo.

Tipo — Automático com opção de painel gráfico e inevitavelmente provido de componentes de inteligência.

Campos específicos sugeridos

Campos recorrentes — Data e Empresa.

Campos para determinação da amplitude

- **Abrangência** — negócios em cliente específico, segmento, oferta ou linhas de produtos, apenas serviços, de um executivo, um departamento, uma filial ou geral

- **Período** — Semana, mês, semestre, ano ou a definir manualmente. É muito importante diferenciar o período escolhido para análise do ciclo de vendas. O período da análise será estipulado por quem estiver realizando a tarefa, sem nenhuma fronteira a ser obedecida, se não a data inicial em que se começou a cadastrar informações no sistema.

314

O ciclo de vendas é o período delimitado por um plano de metas. A título de análise, pode ser atual ou passado. Pode-se entretanto analisar um período que seja igual a um ciclo passado ou presente, mas não por isso eles terão a mesma valia. A análise de um ciclo passado pode auxiliar no planejamento e de um ciclo atual, pode auxiliar na visibilidade do cumprimento de metas, permitindo replanejar as ações de forma a cumpri-las.

Campos para análise das informações

- **Quantidade e valor total de negócios em aberto** — Informação em valores e/ou gráfica, que considera o total de negócios em investigação, orçamentação ou com propostas apresentadas e ainda não encerrados.

- **Tempo de negociação** — Média dos meses em negociação para os negócios em aberto em abrangências maiores e exatas para análises diretas. Podendo ser substituído por semanas ou dias. Um líder experiente poderá determinar que a probabilidade informada para um negócio não deve estar correta, em função do tipo de negócio e do tempo em que ele está sendo negociado.

- **Quantidade e valor de novos negócios no período** — Considera a quantidade e o valor total de negócios com propostas apresentadas no período.

- **Quantidade e valor de negócios remanescentes do período anterior** — Informação em valores e/ou gráfica, que considera o valor de negócios remanescentes do último período financeiro ou de planos de metas anteriores.

- **Quantidade e valor de faturamento remanescentes do período anterior** — Informação em valores e/ou gráfica, que considera o valor ainda a ser faturado de negócios remanescentes do último período financeiro ou de planos de metas. Muito útil quando a empresa considera metas de faturamento além das de vendas.

- **Valor total de negócios fechados no período** — Permitirá analisar o andamento em relação às metas estabelecidas, se há tendência de serem cumpridas ou se há necessidade de alguma correção de rumo.

- **Média de rentabilidade** — Média de rentabilidade da abrangência escolhida.

- **Negócios com boa probabilidade de vitória para serem fechados no período** — Negócios que deverão ser priorizados com direcionamento de esforços para sua realização

- **Negócios com boa probabilidade de vitória para serem fechados no período de acordo com a última análise** — Informação em valores e/ou gráfica, que considera os negócios que foram priorizados com base na curva ABC, dos valores de probabilidade de vitória. Negócios que receberam direcionamento de esforços para sua concretização, de acordo com as últimas orientações do executivo, mas que permanecem abertos.

- **Negócios com boa probabilidade de vitória para serem fechados no mês + N;** Informação ponderada, em valores e/ou gráfica, que considera as perspectivas de negócios com boa probabilidade de fechamento para os próximos meses e/ou dentro do período. Informação importante que em conjunto com as informações do fluxo de caixa, poderá ser utilizada para auxiliar a administração na previsão de investimentos da empresa. O **N** representa a quantidade de meses que se deseja analisar a frente.

- **Quantidade e valores de negócios prospectados do total** — Informações sobre negócios abertos pelo executivo por esforço próprio.

- **Quantidade e valores de negócios indicados como percentual do total do total de negócios do negociador** — Informações sobre negócios que estão sendo conduzidos pelo executivo, mas que lhe foram repassados pela liderança, pela empresa, por um fornecedor ou parceiro de indicações. Permitirá avaliar a capacidade do negociador em lidar com Leads. Um profissional de demonstrar regularmente que seu maior volume de negócios é oriundo de indicações, deve passar a ser preterido na passagem de novos clientes, oriundos de indicação Ou deve ser estabelecida uma posição na área de vendas que só atenda indicações.

- **Moeda Base — opcional** — Valor, normalmente do dólar, da cotação do dia para uma moeda que esteja sendo utilizada como índice do valor total dos negócios a ser convertido no dia do fechamento, e que irá ou não alterar os valores totais que estão sendo apresentados em projeção.

- **Cadência de prospecção** — Considera o número de clientes prospectados, haja sucesso ou não. Visa possibilitar a análise dos esforços para o cumprimento de metas e/ou a necessidade de criação de ações estratégicas para para aumento do ritmo.

- **Número de visitas** — Considera o número de clientes visitados com negócios em andamento. Pode ser um indicador de sucesso a ser utilizado em conjunto com a probabilidade de vitória.

- **Probabilidade de vitória** — Valor percentual que indica as chances de vitória individual ou do conjunto de negócios em análise.

- **Percentual de acerto na previsão de probabilidades** — Este percentual pode informar por exemplo, perante a análise dos negócios de um único executivo, e houver uma regularidade de baixo percentual, que se este profissional não possui domínio de seus negócios ou não estabeleceu critério ao estipular suas probabilidades de fechamento, lançando qualquer informação apenas para concluir seus controles. Deixará claro que o negociador não está preparado, necessitando treinamento. Se a abrangência do documento foi a geral e o percentual foi baixo, toda a equipe precisa de treinamento urgente. Seja para corrigir os percentuais ou alcançar as metas.

- **Taxa de conversão** — Negócios fechados em relação aos negócios abertos ou recebidos por indicação.

- **Fechamentos mês anterior - N** — Informação em valores ou gráfica, com perspectivas de negócios fechados nos meses anteriores, levando um pouco mais atrás a linha de tendência. O **N** representa a quantidade de meses que se deseja retroagir.

- **Negócios perdidos** — Quantidade e valores dos negócios perdidos para os concorrentes.

- **Negócios cancelados** — Quantidade e valores dos negócios perdidos que foram cancelados pelo cliente e não perdidos para um concorrente.

- **Negócios postergados** — Quantidade e valores dos negócios postergados mas ainda dentro de possível negociação futura.

- **Taxa de rejeição** — Percentual de clientes de contratos de serviços continuados que encerraram seus contratos no período.

- **Metas** — Valores estipulados e percentuais atingidos. Para todo tipo de meta seja: faturamento, vendas, contratos, prospecções e visitas.

- **Anomalias em pedidos** — Registros e recorrência de pedidos fechados em um período e cancelados logo no início do período seguinte. O chamado pedido frio. Muito comum empresas que fornecem, em volume para varejistas, como forma de atingir metas.

- **Faturamento** — Faturamento Total no período

- **Faturamento em Projetos** — Percentual do faturamento relativo a implantações.

- **Faturamento em serviços** — Percentual do faturamento relativo a fechamento de negócios de serviços pontuais, incluindo consultoria.

- **Faturamento Recorrente** — Percentual do faturamento relativo a contratos continuados.

- **Inadimplência** — Volume de recebimentos não realizados em razão do total.

- **Percentual de contribuição em valor** — É a razão percentual em relação ao volume total, que pode considerar os: fechados, em aberto ou faturados. De acordo ainda, com a abrangência escolhida, que poderá ser por: negociador, unidade, setor ou filial. Sendo o volume total igual a abrangência empresa.

- **Percentual de contribuição em oferta** — Percentual de negócios ou do faturamento em cada oferta do leque ou unidade de negócios perante o total. Pode determinar tendências, pontos fortes e pontos fracos a avaliar.

- **Percentual de contribuição em fabricante ou marca** — Percentual de negócios ou do faturamento em cada oferta de fabricantes parceiros perante o total. Pode determinar tendências, setores fortes e fracos cuja continuidade precisa ser avaliada.

- **Total de clientes cadastrados** — Quantidade total de clientes cadastrados, de acordo com a abrangência escolhida.

- **Total de clientes Ativos** — Quantidade total de clientes que possuem contratos ou estão com negociações em andamento, de acordo com a abrangência escolhida.

- **Total de novos clientes** — Quantidade total de clientes que tiveram suas propostas apresentadas dentro do período e ainda estão em negociação, de acordo com a abrangência escolhida.

- **Total de clientes** — Quantidade total de clientes cadastrados de acordo com a abrangência escolhida, e que fecharam algum negócio nos últimos N meses - o período é adequado de acordo com a política da empresa.

- **Total de ex-clientes** — Quantidade total de clientes cadastrados de acordo com a abrangência escolhida, e que fecharam algum negócio no período compreendido entre a quantidade de meses que a empresa considera ainda como cliente, a quantidade de meses que a empresa considera que deixou de ser cliente. Por exemplo: uma empresa será considerada cliente em até seis meses de seu último pedido. De seis meses a um ano a empresa passa a ser considerada ex-cliente e a partir de um ano, volta a condição de potencial. É necessário analisar o conhecimento do executivo sobre a situação desses clientes e se necessário, classificar e marcar esses clientes individualmente com prazos para serem remanejados a outros executivos.

- **Total de potenciais** — Quantidade total de clientes cadastrados de acordo com a abrangência escolhida, e que nunca fecharam nenhum negócio com a empresa, ultrapassaram o período de ex-clientes ou que estão nas etapas de negociação de pré-venda em já em investigação ou orçamentação. É necessário classificar e marcar esses clientes individualmente com prazos para serem avaliados para ampliação de esforços ou remanejados outros executivos em caso de indicação que esteja correndo riscos graves.

- **Resumo ano** — Quantidade e valores totais no ano corrente a título de comparação como: novos Negócios, média de negócios válidos, fechados, perdidos, postergados ou cancelados.

- **Gráficos** — Gráficos de acompanhamento em linha do tempo ou de contribuição em pizza ou colunas, para todos os índices mais importantes.

- **Negócios não atualizados** — Quantidade de negócios pendentes de atualização pelo executivo, dentro da frequência estipulada no procedimento da empresa.

- **Data da última análise conjunta** — Data em que foi realizada a última reunião da liderança com o executivo para avaliação de sua carteira.

- **Data da próxima análise conjunta** — Data da próxima reunião da liderança com o executivo.

- **Qualidade do executivo** — Avaliação geral mensal do executivo, fria e automática calculada a partir de índices já discutidos acima.

319

• **Média de qualidade** — Considera a média das notas de qualidade em um período a ser determinado e que não poderá se alterar dentro do ciclo de metas estipuladas. Possui um peso maior na avaliação de qualidade do negociador, do que a análise de qualidade em um único mês.

• **Relatórios** — Opções de geração de relatórios sintéticos e analíticos a partir das informações resultantes da análise.

• **Classificação de eficácia** — Método para determinar subjetivamente o nível de eficácia do controle de negócios.

Análise de negócios perdidos

Objetivo — Ser a ferramenta fundamental para identificação de padrões que estão levando a derrota da empresa, sua análise e correção. O cadastramento das informações deve ser realizado, individualmente por negócio, assim que houver a certeza da derrota, com informações recentes na mente ou com possibilidade de serem levantadas ainda facilmente. O cadastramento da informação deve ser individualizado por negócio e realizado pelo executivo responsável. A análise, poderá utilizar outras abrangências.

Classificação — Interno, formal e administrativo.

Tipo — Manual, semiautomático ou automático com informações gráficas.

Abrangência — Por negócios em cliente específico, executivo específico, segmento, oferta, apenas serviços, departamento, filial ou de toda a empresa.

Campos específicos sugeridos

Campos Recorrentes — Título do negócio ou projeto, data, cliente, empresa, responsável pela elaboração, **setor, unidade ou filial**.

Campos utilizados quando se considerar apenas o negócio individualizado

Prospecção — Campo semiautomático de lista — **sim ou não**, possibilitando estatísticas posteriores.

Indicação — Campo semiautomático de lista — **sim ou não**, possibilitando estatísticas posteriores.

Número da proposta — Informativo.

Data da proposta — Campo automático de informação prévia.

Valor e oferta — Informativo — Possibilitando análise individual e estatísticas posteriores.

Motivo da perda — Campo semiautomático de lista possibilitando estatísticas posteriores.

Impressões sobre a perda — Campo livre para informações complementares do executivo.

Situação no relatório anterior — A título de comparação.

Probabilidade de vitória prevista — Campo automático de informação prévia.

Contato do cliente e telefone — Informativo.

Campo utilizados em todas as abrangências

Taxa de conversão — Todas de negócios fechados em relação aos negócios abertos ou recebidos por indicação.

Perdidos — Quantidade e valores dos negócios perdidos para um concorrente.

Cancelados — Quantidade e valores dos negócios perdidos por que foram realmente cancelados pelo cliente e não perdidos para um concorrente.

Postergados — Quantidade e valores dos negócios postergados mas ainda em negociação.

Perdidos por oferta — Permite analisar as deficiências nos fechamentos de negócios em relação ao leque de ofertas. Anomalias em ofertas específicas, irão indicar a necessidade de análise competitiva da oferta deficiente em relação ao que está sendo praticado pelo mercado, alteração do discurso de venda específico, a necessidade de reforço no treinamento da equipe nesta oferta.

Perdidos por segmentação — Permite analisar as deficiências nos fechamentos de negócios em relação a segmentação, seja ela por setor econômico, territorial ou outra utilizada pela empresa Anomalias em segmentos específicas, irão indicar a necessidade de reavaliação do planejamento de segmentação, a necessidade de reforço treinamento de toda a equipe ou equipes/negociadores específicos do segmento.

Pedido de venda

Objetivo — Determinar a concretização do fechamento de um negócio. Consiste em uma etapa sistêmica de ação da validação de todos todos os dados do negócio, alterando sua situação para fechado, de forma que a empresa possa dar andamento as próxima etapas com vistas à implantação ou entrega, como a elaboração do contrato. É ideal que nele seja anexado, o documento oficial do pedido do cliente ou a proposta assinada. Algumas empresas o denominam como pedido de compra.

Classificação — Interno, formal e administrativo.

Tipo — Manual, semiautomático ou automático com validação.

Campos específicos sugeridos

Dados Recorrentes — Título do negócio ou projeto, número, data, executivo responsável e unidade.

Dados da empresa do cliente — Conferir e complementar se necessário.

Responsável pela aprovação — Nome completo e cargo.

Forma de aprovação — Tipo de documento em que foi formalizado o aceite da proposta.

Valores — Valores totais, por tipo de oferta, por unidade de negócio ou por centro de receita.

Tipo de venda — Normal de materiais e serviços, só serviços, empreitada e etc.

Forma de faturamento — Validar ou corrigir como será realizado o faturamento, que normalmente está associado ao tipo de venda.

Prazos — Principais prazos envolvidos.

Aprovações — Aprovações necessárias de acordo com o procedimento da empresa.

Anexos — Documento formal de aceite do cliente, proposta, projeto básico e etc.

Termo de abertura do contrato / projeto

Objetivo — Dar início oficial a entrega de um negócio fechado, em reunião formal de todas as partes interessadas internas envolvidas no negócio.

Classificação — Interno, formal e administrativo.

Tipo — Manual, semiautomático ou automático.

Campos específicos sugeridos

Campos Recorrentes — Data, empresa, executivo, setor, unidade ou filial.

- **Cliente** — Nome do cliente.

- **Título do Negócio** — Informativo.
  .
- **Descrição do negócio** — Resumo do projeto.

- **Valor** — Principais valores envolvidos.

- **Data do fechamento** — Informativo.

- **Prazos** — Principais prazo envolvidos, como assinatura do contrato, início da implantação, entrega de produtos e término da implantação.

- **Partes interessadas** — As principais partes e suas funções.

- **Tipo de faturamento** — Forma como o contrato será cobrado e seus percentuais, por exemplo empreitada global, produtos X serviços, apenas serviços.

- **Data de assinatura do contrato** — Data prevista para assinatura do contrato caso ainda não tenha ocorrido.

- **Formalização** — Como foi formalizado o fechamento como por exemplo: assinatura na proposta, e-mail informativo ou pedido de compra formal.

- **Gerente do projeto** — Colaborador que foi destacado para gerenciar a implantação.

- **Lista de Material** — Anexo ou link para a lista de materiais.

- **Lista de serviços** — Anexo ou link para a lista de serviços.

- **Lista de projetos** — Anexo ou link para a lista de projetos orçamentários e executivos.

- **Horário de Trabalho** — Horários de trabalho condicionados no contrato como por exemplo, comercial, noturno, estendido ou em turnos.

- **Data de mediação** — Dia do mês estipulado para apresentação da planilha de medição ou realização da vistoria de medição conjunta.

- **Tipo de medição** — Critério para a medição, como por exemplo: material entregue, serviço executado ou material implantado.

- **Data de cobrança** — último dia útil do mês para entrega de notas fiscais, faturas e documentos complementares.

- **Aprovações** — Assinaturas ou aprovações eletrônicas.

Guia de remessa de documento - GRD

Objetivo — Formalizar e garantir o correto encaminhamento de documentos. Se se for utilizado o setor de protocolo ou o portal online do cliente, seu modelo deve ser utilizado, caso não, uma versão própria atende a necessidade. Uma cópia ou protocolo de entrega deve ficar em poder da empresa, arquivada nos documentos do negócio.

Classificação — Interno e externo, formal, administrativo, fiscal, legal e probatório.

Tipo — Manual, semiautomático.

Campos específicos sugeridos

Campos Recorrentes — Título do negócio ou contrato, data, cliente, empresa e responsável pela elaboração.

Campos possíveis
Nº Contratante — Padrão de numeração exigido pela contratante.
Nº Contratada — Padrão de numeração interno da contratada, se existir.
Tamanho do documento — Tamanho se impresso. A0, A2, A3, A4

Campos autoexplicativos

Descrição	Revisão
Quantidade de folhas	Número de cópias
Registro de recebimento	Observações

Campos preenchidos a partir de tabelas de referência.

Espécie (A)	Propósito (B)
Emissão (B)	Tipo de documento (C)

Tabela de referência de Espécie (A)

A - Relatório	G - Notificação
B - Ata	H - Resposta a notificação
C - Contrato	I - Medição
D - Projeto	J - Notas fiscais
E - Carta	K - Documentos complementares
F - Comunicado	L - Outros

326

Tabela de referência de tipos de emissão (B)

M - Preliminar	Q - Para Fabricação
N - Para Aprovação	R - Certificado
O - Para Conhecimento	S - Conforme Construído
P - Para Cotação	T - Cancelado

Tabela de referência de propósito Requerido (C)

U - Aprovado sem Comentários	W - Devolução
V - Aprovado Com Comentários	Y - Arquivamento
X - Não Aprovado	Z - Acompanhamento/Planejamento

Tabela de referência de tipo do documento (D)

1 - Arquivo Digital	4 - Original
2 - Cópia	5 - FTP/ Download / Upload
3 - CD Rom/ DVD/ Pendrive/ SSD	6 - Outros

As informações que se referem a itens de lista, podem possuir mais de uma opção, desde que não sejam conflitantes.

Relatório de situação

Objetivo — Apresentar de forma resumida o andamento do negócio, projeto ou contrato. Pode ser utilizado em uma reunião de acompanhamento ou liberado para consulta online. É um documento onde as versões interna e externa, podem possuir diferenças de acordo com os círculos de comunicação.

Classificação — Interno, externo e administrativo.

Tipo — Manual, semiautomático ou automático com opção de painel gráfico. Necessariamente provido de inteligência.

Campos específicos sugeridos

Campos Recorrentes — Data, empresa, cliente, contrato, executivo, setor, unidade ou filial.

Realizações recentes — Ações — descritas nominalmente — realizadas desde a última reunião. Incluindo ações administrativas relevantes.

Próximos objetivos — Ações — descritas nominalmente — a serem realizadas até a próxima reunião. Incluindo ações administrativas relevantes. Aqui pode entrar por exemplo um plano de ação para recuperar um atraso.

Riscos previstos para os próximos objetivos — Ações — descritas nominalmente — necessárias para manejar os riscos referentes aos próximos objetivos.

Pendências — Pendências da empresa, como serviços atrasados ou falta da entrega de documentos.

Pendências do cliente — Pendências atrasadas ou futuras, que são de responsabilidade do cliente.

A executar planejado — Percentual e peso, de execução ou entrega, previsto para acontecer até a data atual.

Executado — Percentual e peso, de execução ou entrega, realmente concluído até a data atual.

Desvio — Diferença entre o previsto e o executado ou entregue.

A executar faltante planejado — Percentual e peso relativos ao que estaria faltando executar, a partir da data atual, de acordo com o planejamento.

Percentual a executar real — Soma do desvio e o faltante planejado, ou total planejado menos o total executado ou entregue.

Replanejado? — Campo de lista Sim ou Não, para sinalizar se o relatório está compatível com alguma alteração relativa à aditivo ou pleito.

Referências — Números de contrato, aditivos e pleitos em vigência.

Análise por fase ou oferta — **Opcional** — Mesmos cálculos utilizados para o contrato como um todo, agora tendo em vista cada fase do projeto, produto, serviço ou oferta que faz parte do contrato.

Medição

Objetivo — Apresentar os resultados nos períodos pré-determinados no cronograma físico/financeiro e no contrato para liberação de pagamento.

Classificação — Interno e externo, formal, administrativo, fiscal, legal e probatório.

Tipo — Manual ou semiautomático com opção gráfica.

Campos específicos sugeridos

Campos Recorrentes — Título do negócio ou projeto, número, cliente, empresa, contato, executivo responsável e unidade.

Discriminação em coluna

Número — Identificação numérica sequencial do item a ser medido, conforme apresentado em contrato.

Discriminação em linha

Descrição — Identificação nominal do item a ser medido, conforme apresentado em contrato.

Acumulado — Valores por item em moeda e em peso percentual, realizados até o momento.

Atual — Valores por item em moeda e em peso percentual, realizados no período.

Saldo — Valores por item em moeda e em peso percentual a realizar.

Totalizadores

Totais — Por moeda e peso percentual.

Faturamento — Forma de faturamento e percentuais para cada tipo de nota fiscal.

Elaboração — Identificação e assinatura.

De acordo — Identificação e assinatura.

Pendências do cliente

Objetivo — Registrar pendências que estão ou poderão a vir a atrasar o bom andamento do negócio. Todos os riscos identificados na matriz de riscos como sendo de responsabilidade do cliente devem constar nesse documento. Poderá ser utilizado como prova em caso de negociação de pleitos.

Classificação — Interno e externo, formal, administrativo, fiscal, legal e probatório.

Tipo — Manual ou semiautomático.

Campos específicos sugeridos

Campos Recorrentes — Título do negócio ou projeto, número, cliente, empresa, contato, executivo responsável e unidade.

Discriminação em coluna

Número — Identificação numérica sequencial do item que está ou pode vir a estar pendente.

Discriminação em linha

Descrição — Identificação nominal do item que está ou pode vir a estar pendente.

Problema — Descrição do fato ocorrido ou risco previsto de responsabilidade do cliente.

Data — Data da ocorrência ou previsão.

Tempo — Quantidade de dias pendente caso o fato tenha ocorrido

Finalização

Elaboração — Identificação e assinatura.

De acordo — Identificação e assinatura.

Resposta a Notificação

Objetivo — Prestar esclarecimentos a possíveis notificações em negociações muito formais, ou projetos em andamento, que caso não respondidas podem resultar em desqualificação ou penalidades.

Classificação — Interno e externo, formal, administrativo, fiscal, legal e probatório

Tipo — Manual ou semiautomático.

Campos específicos sugeridos

Dados Recorrentes — Título do negócio ou projeto, número, data, cliente, executivo responsável e unidade.

Endereçamento — A que empresa e a que contado o documento se destina.

Apresentação das partes — Parágrafo com a apresentação formal das partes, com sua razão social, CNPJ e ou localização, discriminando como a parte´será reconhecida no restante do documento, como por exemplo CONTRATADA, e determinando quem as representará com poderes de assinar o documento e a identificação do contrato ou negócio.

Identificação da notificação — Número do documento da contratada que apresentou as informações da notificação e sua data.

Objeto — O que a contratada implantará ou entregará e como.

Justificativa — Esclarecimentos, justificativas ou planos de ação em referência aos constantes da notificação, demonstrando claramente que não houve negligência, omissão ou imperícia.

Confidencialidade — Opcional.

Assinaturas — Assinatura de próprio punho em documentos impressos ou digital para arquivos locais ou documentos online.

Anexos — Provas das justificativas ou plano de ação se necessário.

Solicitação de alteração / mudança

Objetivo — Permitir que qualquer mudança possa ter seu impacto no ciclo de vida do negócio ou contrato identificada, avaliada, aprovada e gerenciada através dos requisitos de controle da empresa.

Classificação — Interno, formal e administrativo.

Tipo — Manual ou semiautomático.

Campos específicos sugeridos

Dados Recorrentes — Título do negócio ou contrato, número, data, cliente, executivo responsável e unidade.

Data — Data em que a solicitação está sendo apresentada.

Número — Número sequencial da alteração dentro do negócio/contrato.

Descrição da mudança — Detalhamento da necessidade.

Justificativa — Exposição do porque a alteração é necessária.

Origem — Onde, em que processo ou por quem foi identificada a necessidade.

Impacto da mudança sobre o escopo, prazo e qualidade — Consequências que sem sombra de dúvida acontecerão caso a necessidade seja aprovada.

Riscos associados — Riscos identificados caso a necessidade seja aprovada.

Parecer — Julgamento do próprio executivo ou de especialista no que foi solicitado em relação ao custo X benefício, viabilidade técnica e estratégica.

Assinaturas e comentários — Assinaturas do solicitante e de quem aprovou, permitindo que se dê andamento à solicitação. Comentada se necessário.

Situação da solicitação — **A** = Aprovada, **R** = Rejeitada, **S** = Suspensa; **I** = Nessecita mais informações.

Controle de alterações / mudanças

Objetivo — Facilitar a pesquisa de alterações ou mudanças, possibilitando identificar alguma anomalia no andamento em relação a prazo, custo e qualidade. Servirá também como prova em um pleito.

Classificação — Interno, formal e administrativo.

Tipo — Manual, semiautomático ou automático.

Campos específicos sugeridos

Dados Recorrentes — Título do negócio ou contrato, número, data, cliente, executivo responsável e unidade;

Discriminação em linha

    Data — Data em que a solicitação foi apresentada;

    Número — Número sequencial da alteração dentro do negócio/contrato;

    Resumo — Resumo da descrição detalhada;

    Solicitante e data de solicitação.

    Aprovador e data de aprovação.

    Data de execução ou entrega.

    Situação da solicitação — **A** = Aprovada; **R** = Rejeitada; **S** = Suspensa; **I** = Necessita mais informações.

Aditivo contratual

Objetivo — Alterar um contrato. Pode considerar entre outros: alteração dos valores a serem pagos a maior ou a menor em consequência de pleitos acatados; alteração do prazo e alteração do escopo.

Classificação — Interno e externo, formal, administrativo, fiscal, legal e probatório.

Tipo — Manual ou semiautomático.

Campos específicos sugeridos

Dados Recorrentes — Título do contrato, número, data, cliente, executivo responsável e unidade.

Endereçamento — A que empresa e a que contado o documento se destina

Apresentação das partes — Parágrafo com a apresentação formal das partes, com sua razão social, CNPJ e ou localização, discriminando como a parte será reconhecida no restante do documento, como por exemplo CONTRATADA, e determinando quem as representará com poderes de assinar o documento.

Considerações — Referência o contrato inicial, e outras informações que se fizerem relevantes e que irão auxiliar no pleito.

Objeto — O que a contratada propõe para ser alterado e como pretende implantar ou entregar.

Justificativa — O por que se faz necessária a realização do aditivo, apresentando as devidas comprovações.

Confidencialidade — Opcional.

De acordo — Finalização determinando que as partes estão acordadas.

Assinaturas — Poderá ou não já possuir a assinatura do cliente como aceite.

Anexos — Planilhas de itens e preços dos produtos e serviços pertinentes ao aditivo e provas das justificativas.

Pleito de prazo

Objetivo — Solicitar ampliação de prazo no interesse da empresa, para reequilíbrio físico, sem considerar alteração de custos. Pode ser utilizado em documento único com um pleito de reequilíbrio financeiro.

Classificação — Interno e externo, formal, administrativo, fiscal, legal e probatório.

Tipo — Manual ou semiautomático.

Campos específicos sugeridos

Dados Recorrentes — Título do negócio ou contrato, número, data, executivo responsável e unidade.

Endereçamento — A que empresa e a que contato o documento se destina

Apresentação das partes — Parágrafo com a apresentação formal das partes, sua razão social, CNPJ e localização, discriminando como as partes serão reconhecidas no restante do documento, como por exemplo CONTRATADA. Determinará ainda quem as representará com poderes de assinar o documento.

Identificação do negócio ou contrato — Número e nome da proposta ou contrato para o qual se deseja pleitear prazo.

Objeto — Parágrafo solicitando a prorrogação do prazo.

Justificativa — Esclarecimentos, justificativas. Indefinições, alterações, impossibilidades ou planos de ação em referência a solicitação de prorrogação do prazo.

Confidencialidade — Opcional.

Assinaturas e datas — Assinatura de próprio punho em documentos impressos ou digital para arquivos locais ou documentos online.

Anexos — Possíveis cláusulas que previam a possibilidade de aditamento de prazo, legislação pertinente e provas das afirmações contidas no documento.

Pleito de reequilíbrio financeiro

Objetivo — Solicitar alteração de valores para reequilíbrio financeiro do negócio ou contrato, de forma a restaurar a justiça contratual e a boa-fé objetiva e recíproca.

Classificação — Interno e externo, formal, administrativo, fiscal, legal e probatório.

Tipo — Manual ou semiautomático.

Campos específicos sugeridos

Dados Recorrentes — Título do negócio ou contrato, número, data, executivo responsável e unidade.

Endereçamento — A que empresa e a que contado o documento se destina

Apresentação das partes — Parágrafo com a apresentação formal das partes, sua razão social, CNPJ e localização, discriminando como as partes serão reconhecidas no restante do documento, como por exemplo CONTRATADA. Determinará ainda quem as representará com poderes de assinar o documento.

Identificação do negócio ou contrato — Número e nome da proposta ou contrato para o qual se deseja pleitear prazo.

Objeto — Parágrafo introdutório solicitando o reequilíbrio financeiro.

Justificativa — Embasamento detalhado com esclarecimentos, previsões, justificativas, indefinições, alterações, impossibilidades ou planos de ação em referência a solicitação de prorrogação do prazo

Valores — **Totais a serem acrescidos**. Valores detalhados podem ser especificados em em anexo.

Confidencialidade — Opcional.

Assinaturas e datas — Assinatura de próprio punho em documentos impressos ou digital para arquivos locais ou documentos online.

Anexos — Possíveis cláusulas que previam a possibilidade de reequilíbrio financeiro, legislação pertinente, provas das afirmações contidas no documento, como atas, planilhas, mensagens ou relatórios ilustrados.

Controle de entregas Parciais

Objetivo — Dar início ao processo de garantia e liberação para utilização de partes do projeto de acordo com o planejamento, evitando assim, aplicação de recursos de retrabalho em instalações entregues. Dependendo do caso, pode liberar algumas garantias financeiras apresentadas, bem como percentuais retidos em medição.

Classificação — Interno, externo, formal, administrativo, fiscal, legal e probatório.

Tipo — Manual, semiautomático ou automático.

Campos específicos sugeridos

Campos Recorrentes — Data, empresa, cliente, contrato, executivo, setor, unidade ou filial.

- **Descrição** — Descrição do produto ou serviço entregue de acordo com o contrato.

- Data **da conclusão** — Data em que foi concluído ou entregue o produto ou serviço.

- **Data do aceite** — Data em que foi realizada a vistoria e assinado o termo de aceite parcial.

- **Responsável pela execução** — Nome e cargo do gerente de projetos ou negociador.

- **Responsável pelo aceite** — Nome e cargo de quem assinou o termo de aceite parcial.

Termo de aceite

Objetivo — Determinar que o cliente vistoriou e confirmou que o projeto foi entregue como previsto em contrato, dando como e aceitas as instalações ou a entrega. Normalmente utilizado ao fim da implantação ou entrega. Dá início a garantia e pode liberar algumas das garantias financeiras apresentadas. Em alguns casos libera valores retidos nas medições.

Classificação — Interno e externo, formal, administrativo, fiscal, legal, e probatório.

Tipo — Manual, semiautomático ou automático.

Campos específicos sugeridos

Endereçamento — A que empresa e a que contado o documento se destina

Apresentação das partes — Parágrafo com a apresentação formal das partes, sua razão social, CNPJ e localização, discriminando como as partes serão reconhecidas no restante do documento, como por exemplo CONTRATADA. Determina ainda quem as representará com poderes de assinar o documento.

Identificação do ou contrato — Número e nome do contrato para o qual se deseja receber o aceite.

Objeto — Parágrafo introdutório informando o fim dos trabalhos e solicitando o aceite.

Termos do aceite — Embasamento detalhado sobre a conclusão da implantação de todas as ofertas que constam no contrato.

Garantia — Determina o início, na data da assinatura do aceite, das garantias normais — e estendidas se houver — previstas, reforçando seus prazos.

Confidencialidade — Opcional.

Assinaturas e datas — Assinatura de próprio punho em documentos impressos ou digital para arquivos locais ou documentos online.

Anexos — Possíveis documentos acessórios como aceites parciais.

Termo de encerramento

Objetivo — Encerra oficialmente o negócio ou projeto e em alguns casos só pode ser efetivado ao fim da garantia. Em alguns casos libera valores retidos nas medições. Libera as garantias financeiras que por ventura ainda estejam pendentes.

Classificação — Interno e externo, formal, administrativo, fiscal, legal, e probatório.

Tipo — Manual, semiautomático ou automático.

Campos específicos sugeridos

Endereçamento — A que empresa e a que contado o documento se destina

Apresentação das partes — Parágrafo com a apresentação formal das partes, sua razão social, CNPJ e localização, discriminando como as partes serão reconhecidas no restante do documento, como por exemplo CONTRATADA. Determina ainda quem as representará com poderes de assinar o documento.

Identificação do ou contrato — Número e nome do contrato para o qual se deseja receber o aceite.

Objeto — Parágrafo introdutório informando a conclusão definitiva do contrato.

Termos do aceite — Embasamento detalhado sobre a conclusão da implantação de todas as ofertas que constam no contrato.

Confidencialidade — Opcional.

Assinaturas e datas — Assinatura de próprio punho em documentos impressos ou digital para arquivos locais ou documentos online.

Anexos — Possíveis documentos acessórios como termo de aceite.

Lições Aprendidas

Objetivo — Registrar eventos que atrasaram ou impediram o avanço do projeto e suas soluções, de forma que possam ser estudados para que em situações futuras similares não voltem a ocorrer.

Classificação — Interno, formal e administrativo.

Tipo — Manual ou semiautomático.

Campos específicos sugeridos

Dados Recorrentes — Título do negócio ou contrato, número, data, cliente, executivo responsável e unidade;

Para todos os campos abaixo, devem ser informados situações que se destacaram em relação ao que fizemos bem, o que poderíamos melhorar e sugestões de ações a serem desenvolvidas.

- **Escopo do Produto;**
- **Escopo do Projeto;**
- **Serviço;**
- **Prazo;**
- **Orçamento;**
- **Faturamento;**
- **Processos;**
- **Comunicação;**
- **Recursos;**

Em relação às ações a serem desenvolvidas, deve constar o responsável e o prazo para implementação dos ajustes e a forma como essa lição aprendida será disseminada. Em casos mais importantes, pode resultar em treinamentos.

Anexo 4 - Glossário de negociação

ABNT - Associação Brasileira de Normas Técnicas - Entidade responsável pela normalização técnica no Brasil.

ABORDAGEM - Conjunto de estratégias e técnicas utilizadas por um negociador para realizar a condução da negociação.

ACERVO - Conjunto das atividades desenvolvidas por pessoa ou empresa registradas formalmente em sua entidade competente.

ADERENTE - Se utiliza para definir uma solução que é totalmente compatível com a necessidade.

ALFÂNDEGA - Aduana - Órgão público que controla entradas e saídas de mercadorias nas fronteiras. É responsável pela cobrança dos impostos devidos nessas operações.

ALOCAR - Destinar recursos a um fim específico.

ANÁLISE DE RISCO - Metodologia para analisar e classificar riscos que inclui a combinação a probabilidade de sua ocorrência com a consequência pode ser ocasionada.

ANÁLISE FUNDAMENTALISTA - Projeção do comportamento de uma empresa a partir principalmente do estudo de suas características financeiras. Para isso , são analisadas as informações financeiras divulgadas pela empresa, além de estudos relativos a seu segmento para apoiar a decisão de continuar com o negócio, a orçamentação e as negociações de fechamento.

ANÁLISE INCREMENTAL - Método de análise utilizada na etapa de orçamento que se baseia em dividir os recursos disponíveis em pacotes e determinar qual combinação de pacotes, proporcionará maior retorno.

ANÁLISE QUALITATIVA - É uma metodologia de caráter investigativo, com foco nas peculiaridades subjetivas da amostra analisada. Pode auxiliar por exemplo na priorização de atendimento de clientes ou gerenciamento de riscos, combinando a probabilidade de fechamento do negócio ou ocorrência do risco, e o impacto que provocará.

ANÁLISE QUANTITATIVA - Análise numérica do efeito dos riscos identificados nos objetivos gerais. Sendo de alta complexidade, é realizada somente nos pontos priorizados pela análise qualitativa, è muito útil como gerador de informações para o controle de custos.

ANDANDO DE LADO - Se diz do mercado quando está fraco, parado ou sem tendência definida.

ANONIMIZAÇÃO - De acordo com o texto da LGPD: "utilização de meios técnicos razoáveis e disponíveis no momento do tratamento, por meio dos quais um dado perde a possibilidade de associação, direta ou indireta, a um indivíduo." - Veja também PSEUDONIMIZAÇÃO.

ANS - Acordo de Nível de Serviço - Representa o acordo de Nível de Serviço realizado entre os times de marketing e vendas. Esse acordo é importantíssimo para o desempenho das duas equipes, pois ele fará com que ambos trabalhem de acordo com os mesmos padrões e objetivos.

AQUISIÇÃO - Pode se referir a conquista de novos clientes ou a um processo de compra de produtos ou serviços.

AQUISIÇÃO - Em negociações, toda compra remunerada de bens e/ou serviços.

ART - Anotação de Responsabilidade Técnica - Documento utilizado para responsabilizar tecnicamente um profissional ou uma empresa em relação a execução de um projeto, que além disso assegura ao cliente que essas atividades serão realizadas por agentes habilitados.

ATIVIDADE - Tarefa - Qualquer ação ou operação que possa ser mensurável em um determinado período de tempo.

ATIVO - Espião, informante ou bens, direitos e valores pertencentes a uma empresa ou pessoa.

ATIVO FIXO - Ativo Permanente - São ativos que a empresa não tem intenção de vender porque provavelmente são patrimônio em uso.

AUDITORIA - Exame especializado que busca identificar fraudes ou a real condição da saúde financeira de uma empresa.

AVALIAÇÃO DE RISCOS - Processo de avaliar os riscos presentes e decidir se são aceitáveis ou não em comparação com critérios previamente estabelecidas.

B2B - Business to Business - Significa a negociação entre empresas.

B2C - Business to Customer - Significa a negociação entre empresas e consumidores de pessoa física.

B2G - Business to Governement - Significa a negociação entre empresas privadas e o governo.

BALANÇO - Documento cujo objetivo é analisar os elementos patrimoniais de uma empresa, seus ativos e passivos, visando o conhecimento detalhado de sua saúde financeira. Documento que pode ser exigido como qualificação em concorrências.

BANT - Budget - Orçamento, valores disponíveis ou previstos.

BARGANHA - Permuta - Troca de bens, serviços ou vantagens, que pode ser utilizada durante uma negociação, como forma de reduzir o custo para o cliente.

BASE DE CÁLCULO - Valor que será considerado para cálculo do valor de cada imposto. Preço, índice ou limite preestabelecido sobre o qual será calculada uma atualização de contrato ou preços de aditivos.

BASE DE CONHECIMENTO - Base de dados que contém todas as informações técnicas e comerciais advindas de dados próprios, de fornecedores e de lições aprendidas, que poderá ser utilizada em qualquer das etapas da negociação.

BDI - Budget Difference Income ou Benefícios e Despesas Indiretas - Forma de identificar ou verificar a necessidade de ajustes na margem de lucro considerando os custos diretos e indiretos. documento utilizado como item de qualificação em concorrências e balizador para aditivos contratuais. Existem várias formas de calcular BDI, que levam em conta as referências de institutos ou entidades de classe ou reguladoras, normalmente com base em consenso internacional. Na etapa de orçamentação, pode utilizar elementos como a MI - margem e incerteza, que apoiará o ajuste da margem, mas será retirada do documento final.

BENCHMARKING - Ação de comparar, estratégias, táticas, processos e métricas, utilizando exemplos de outras empresas que se tornaram referência.

BITRIBUTAÇÃO - Tributar duas vezes a mesma base de cálculo, podendo acontecer pelo faturamento consecutivo ou erro no cadastramento de produtos, se tornando uma desvantagem competitiva.

BOLETO - Documento utilizado para efetuar e facilitar a cobrança.

BÔNUS - Incentivo na maioria das vezes financeiro, oferecido ao negociador pelo estabelecimento de objetivos acima das metas ou por uma excelente performance em um ciclo financeiro ou conjunto de períodos de metas dentro de um ano fiscal.

BUDGET EXISTENTE - Orçamento ou verba prevista pelo cliente para a aquisição.

BUSINESS INTELLIGENCE - Inteligência de Negócios - Coleta, organização, análise, compartilhamento e monitoramento de informações para apoio à decisão, utilizando sistemas computacionais.

CAD - Computer Aided Design ou Desenho Auxiliado por Computador - Designação genérica de sistemas para computador utilizados para elaboração de desenhos em duas ou três dimensões, plantas e diagramas.

CADÊNCIA DE PROSPECÇÃO - Ritmo que está sendo empregado em relação a quantidade de prospecções que estão sendo realizadas. Pode ser utilizado como índice o esforço de abertura de novos negócios e probabilidade de atingimento de metas.

CÂMBIO - Negociação de moeda estrangeira através da troca.

CAMINHO CRÍTICO - Caminho mais curto para se chegar a um objetivo.

CAMPANHA - Conjunto de ações, sugestões e gratificações estipuladas com um objetivo específico e dentro de período delimitado, como ampliar as vendas em determinado setor.

CANAL VERMELHO - Canal de parametrização utilizado pela alfândega, onde as encomendas passam por processo criterioso de verificação documental de conteúdo. Implica diretamente no prazo de liberação dos produtos.

CAPTAÇÃO - Obtenção de recursos financeiros.

CARGA TRIBUTÁRIA - Valor total de tributos que incide sobre o total da proposta ou contrato.

CARRO CHEFE - Core Business - Principal oferta da empresa.

CARTEIRA - Cadastro de clientes - Conjunto de informações sobre os todos clientes, considerando sua qualificação, de um negociador ou da empresa.

CASE - Negócio bem sucedido e diferenciado de alguma forma, que será utilizado como exemplo em discursos de novas negociações ou no portfólio.

CAUÇÃO - Garantia financeira condicionada a à realização do contrato, em dinheiro ou títulos da dívida pública.

CERTIFICAÇÃO - Processo de avaliação de profissional ou empresa, que determina sua competência em determinada área ou conhecimento. Pode ser associada também ao processo de testes finais que irá determinar se uma implantação atingiu as métricas estipuladas, seja pelo negócio, fabricante ou entidade reguladora.

CICLO DE VENDA - Tempo médio para fechar uma venda. Podendo ser considerada individualmente por executivo ou de toda a empresa.

CICLO DE VIDA DO NEGÓCIO - Tempo total de um negócio, compreendido entre a prospecção e o termo de aceite.

CIF - Cost, Insurance and Freight ou custo, seguro e frete - Modalidade de frete onde toda a responsabilidade pelo transporte da mercadoria é do fornecedor, incluindo os seguros e todos os custos. O cliente receberá a mercadoria no endereço de entrega informado. Normalmente a proposta já considera o valor de frete incluso e não será discriminado na nota fiscal.

CLASSIFICAÇÃO DE RISCOS - Processo que determina o nível de risco associado a eventos indesejados através da avaliação da probabilidade de ocorrência e consequências, possibilitando priorizar esforços de gerenciamento de riscos.

CLIENTE - Empresa na carteira de clientes do negociador, com o qual o último negócio realizado aconteceu em um período não maior que um prazo a ser determinado pela empresa. Este cliente se mantém na carteira do negociador.

CLIENTE — EX — - Empresa na carteira de clientes do negociador, com o qual o último negócio realizado aconteceu em um período maior que um prazo a ser determinado pela empresa. Uma possível mudança de executivo pode ser avaliada para este cliente.

CLIENTE POTENCIAL - Prospect - Cliente em início de negociações, adquirido por esforço próprio do negociador, onde foi identificada uma provável necessidade que está sendo tratada.

COMISSÃO - Incentivo financeiro ou forma de aumentar o rendimento do negociador considerando sua performance. É um índice percentual a ser aplicado aos valores de negócios fechados pelo negociador, previamente definido. Pode ser único aplicado ao valor total do negócio ou diferenciado por oferta.

COMÓDITE - Tipo de mercadoria em estado bruto ou produto de importância comercial mas de grande oferta. É como será considerado seu produto se não for diferenciado de alguma forma.

COMPETÊNCIA - Totalidade de conhecimentos, habilidades e atitudes que garantem uma execução bem sucedida.

COMPETÊNCIAS ESPECÍFICAS - Competências exclusivas a uma área do conhecimento, ou setor de trabalho.

COMPETÊNCIAS TRANSFERÍVEIS - Competências que podem ser utilizadas em mais de um setor de trabalho.

CONCORRÊNCIA PÚBLICA - Modalidade de licitação para quaisquer interessados que comprovem possuir os requisitos mínimos de qualificação.

CONDIÇÃO EXCLUDENTE - Condição do negócio que se não atendida desclassifica a empresa.

CONHECIMENTO DO CLIENTE - Client Understanding - Conhecimento aprofundado sobre o cliente, normalmente adquirido por experiência.

CONHECIMENTO EXPLÍCITO - Conhecimento já armazenado e de fácil comunicação.

CONHECIMENTO TÁCITO - A sabedoria adquirida por experiência e difícil de ser explicada. Está ligado à experiência de vida e inclui valores, intuições e habilidades.

CONSEQUÊNCIA - O resultado de um evento ou situação. Pode ser: uma perda, ganho, vantagem ou desvantagem.

CONTA - Empresa que um executivo possui em sua carteira de clientes e pelos negócios da qual é o responsável.

CONTA CHAVE - Key Account - Maiores ou melhores contas na carteira de um executivo

CONTRATO - Instrumento legal que irá formalizar a uma operação econômica entre duas ou mais empresas, contendo o escopo e todas as condições, responsabilidades e forma de remuneração da transação comercial.

CORPORATIVO - Referente a empresas.

CRM - Customer Relationship Management ou Sistema para a Gestão de Relacionamento com o Cliente - Sistemas informatizados que fazem a gestão da carteira de clientes. Armazenam todas as informações relativas à identificação do cliente, sua qualificação e informações sobre as etapas do ciclo de vida dos negócios. Estes sistemas permitem automatizar uma série de tarefas, criar campanhas e sinalizadores, analisar e gerenciar os negócios e clientes. Apresentando inteligentemente, necessidades de ação personalizada.

CUSTO - Despesas diretas inerentes a qualquer negócio.

DATA BASE - Data estabelecida no contrato, para cálculo de atualização de preços.

DEADLINE - Prazo final - Prazo final para fechamento ou conclusão de um negócio ou contrato.

DEMANDA - Necessidade apresentada pelo cliente ou descoberta por investigação.

DEMONSTRAÇÕES FINANCEIRAS - Demonstração das principais contas da empresa apresentadas no balanço patrimonial.

DESPESA FINANCEIRA - Valor acumulado dos encargos financeiros como seguros, garantias, juros, mora e multas contratuais.

DIFERENCIAL COMPETITIVO - Produtos, serviços, Vantagens, facilidades ou competências que tornam uma empresa superior a seus concorrentes.

DISCURSO - Exposição de ideias com o intuito de convencer ou induzir.

DISCURSO DE VENDA - PITCH - Discurso onde o negociador apresenta a si mesmo, a empresa um produto ou serviço a um cliente em potencial. Em vendas corporativas, podem existir vários momentos onde o discurso pode ser aplicado, seja na apresentação inicial, após a investigação e na apresentação da proposta.

DIVERSIFICAÇÃO - Estratégia que tem o objetivo de reduzir os riscos e ampliar ganhos, ao distribuir investimentos e esforços de negociação em diferentes ofertas, ampliando o leque.

DOCUMENTOS DE HABILITAÇÃO - Conjunto de documentos exigidos pelo cliente para permitir a participação dos fornecedores em uma aquisição. Normalmente inclui documentos que comprovem as qualificações da empresa relativas a sua saúde financeira, cumprimento dos deveres perante o governo e capacidade técnica.

DÓLAR - Moeda padrão para indexação de preços em propostas e contratos.

DUE DILIGENCE - Diligência prévia - Termo oriundo investigações de oportunidades de negócios com o intuito de avaliar riscos, está ligada atualmente ao programa de integridade das empresas, consiste em um procedimento detalhado de análise de informações

EDITAL - Documento que representa a divulgação oficial efetuada normalmente por órgão público para iniciar um processo de aquisição, com todos os detalhes do que deve ser adquirido, regras de qualificação, necessidades de documentação, prazos e formas para entrega das propostas.

EFEITO SANFONA - Resultado do desequilíbrio no fluxo de negócios de um executivo que se caracterizou como padrão, já que pelas características das negociações corporativas, falar sobre média de negócios é uma análise bem criteriosa. A carteira do executivo pode, por exemplo, variar entre muitos e poucos negócios abertos, sendo poucos fechados. Isto pode demonstrar que não está havendo critério na seleção dos negócios.

EFEITO SERROTE - Acontece quando não há regularidade nos resultados. Pode ser resultado de planejamento ruim, falta de acompanhamento ou campanhas mal formuladas.

EFICÁCIA - Capacidade do negociador ou da empresa em efetivar as suas metas e objetivos previamente fixados.

EFICIÊNCIA - Capacidade do negociador ou da empresa em aplicar, com rendimento máximo, todos os recursos necessários ao cumprimento dos seus objetivos e metas. Está baseada nos meios, planejando e organizando os procedimentos para garantir a melhoria contínua.

ENCARGOS - Custos indiretos inerentes a qualquer negócio.

ENTREGA - Processo de prover o que foi adquirido, incluindo todas as etapas até o aceite do cliente.

ERP - Enterprise Resource Planning ou Sistema de gestão empresarial - Sistemas informatizados que apoiam a gestão da empresa de forma integrada. Permite departamentalizar com fácil acesso as informações necessárias ao funcionamento da empresa. Possibilita a automação de inúmeras ações a partir das informações geradas pelos departamentos em sua rotina diária. É possível analisar detalhadamente as necessárias para reduzir custos e aumentar a produtividade.

ESCALA - Ganho de crescimento da empresa

ESPÉCIME - Que pode ser utilizado como modelo ou amostra.

ESTOQUE DE PRODUTOS - Quantidade armazenada de produtos.

ESTOQUE DE SERVIÇOS - Disponibilidade total de horas de trabalho ainda não alocadas.

ESTRATÉGIA - Meios desenvolvidos para atingir um objetivo

EXCLUSIVO - De caráter privado, diferenciado ou que pode excluir.

EXECUÇÃO - Conjunto de ações de elaboração, criação, construção, configuração e testes, que vão fazer com que o projeto negociado seja implantado.

EXECUÇÃO FINANCEIRA - Utilização das garantias financeiras para garantir a realização do contrato.

EXPERIÊNCIA DO CLIENTE - Percepção do cliente durante seu relacionamento com a empresa em todas as etapas do negócio.

FATURA - Documento comercial emitido para pagamentos ainda não efetuados, como contratos parcelados. Ela representa uso ou aquisição que ainda deve ser paga.

FATURAMENTO DIRETO - Procedimento pelo qual seu fornecedor da contratada fatura e entrega diretamente produtos ou serviços a contratante, com a intenção de reduzir custos finais com a eliminação de uma das etapas de faturamento na cadeia de fornecimento, automaticamente reduzindo o pagamento de impostos devidos do projeto no faturamento da contratada a contratante.

FECHAMENTO - Ato de concluir a negociação, dando início aos trâmites de aquisição pelo cliente.

FLUXO - Movimento do negócio por suas diversas etapas

FLUXO DE CADÊNCIA - Ritmo e organização impostos por estratégias pré-fixadas à condução dos negócios.

FOB - Free On Board ou livre a bordo - Modalidade de frete onde toda a responsabilidade pelo transporte da mercadoria é do cliente, incluindo os seguros e todos os custos. O preço de frete não aparece nos valores das propostas.

FOLLOW UP - Ato de acompanhar o andamento dos negócios inquirindo os responsáveis, seja o negociador com o cliente, o líder com o negociador ou a diretoria com o líder. Pode ser executado automaticamente via controles de software ou pessoalmente, ao vivo, por telefone ou conferência, para que se possa utilizar também o instinto na análise enquanto a conversa é conduzida.

FORECAST - Processo de estimativas e prognóstico dos negócios.

FORNECEDOR - Empresa responsável por nos fornecer produtos e/ou serviços para a execução de um contrato.

GAP - Espaço que ainda precisa ser planejado ou executado. Lacuna, intervalo.

GERENCIAMENTO DE MUDANÇAS - Processo que visa o controle do ciclo de vida das mudanças através de procedimentos que visam identificar, registrar, analisar, aprovar, implementar e comunicar visando, com o intuito de eliminar ou reduzir o aparecimento de riscos decorrentes da implementação de mudanças.

GERENCIAMENTO DE RISCOS - Conjunto de medidas que visa estabelecer e acompanhar, a identificação de riscos, seu tratamento e contingência no caso de sua ocorrência. Tem a função de evitar prováveis perdas e efetivar prováveis oportunidades, baseado nas incertezas presentes.

GESTOR DE CONTAS ESPECIAIS - Key Account Manager - Negociador que maneja apenas as maiores ou melhores contas na carteira da empresa.

HOLDING - Empresa majoritária ou controladora.

HOMENS/HORA - Unidade de medida utilizada para considerar o esforço necessário para completar uma tarefa ou projeto.

HOMOLOGAÇÃO - Em negociações corporativas, homologação pode ser o teste de produtos ou soluções realizado pelo cliente ou entidade reguladora, determinando sua compatibilidade com suas necessidades ou ambiente, atestando o afirmado pelo fornecedor sobre o produto. Em concorrências, pode significar aprovação, ratificação ou confirmação, por autoridade judicial ou administrativa.

IBGE - Instituto Brasileiro de Geografia e Estatística - Instituto público da administração federal brasileira onde podem ser adquiridos estudos setoriais ou comportamentais para aplicação em planejamentos anuais ou de metas.

ICP - Ideal Customer Profile, Perfil Ideal de Cliente, Cliente Foco ou Cliente Alvo. É o conjunto de fatores que leva a empresa a considerar um cliente como foco de suas ações para prospecção de suas ofertas.

IMPLANTAÇÃO - Processo de inserir o que foi adquirido no ambiente do cliente através da execução do projeto.

INDICAÇÃO - Lead - Cliente que é entregue a um negociador para que este passe a fazer a condução do andamento do negócio, que pode ser apenas um aviso de que vai acontecer, ou poderia estar em estágio avançado sendo conduzido por outra pessoa. Essa indicação pode acontecer por via da sua liderança, de um informante, fabricantes ou outros parceiros. Quando esta indicação acontece por intermédio de de parceiros ou informantes próprios do negociador, pode ser considerada um Prospect e não Lead.

ÍNDICE - É o indicador que será estipulado como regulador de valores. Por exemplo: uma proposta que define o dólar como índice para conversão de seus valores, considera que os valores na proposta utilizaram o valor de cotação da taxa do dólar no dia em que foi elaborada. Na data em que o negócio for fechado, os valores serão novamente confrontados com a taxa do dólar do dia, sendo estes valores atualizados, e considerados na elaboração do contrato. Existem vários índices financeiros que podem ser utilizados dependendo da necessidade. Em contratos de prestação de serviços, por exemplo, pode-se utilizar o IGPM ou Índice Geral de Preços - Mercado, como previsão para reajuste anual do contrato.

INTEGRADOR - Empresa que reúne produtos e serviços de diversos fabricantes em uma oferta funcional única.

INTENÇÃO DE COMPRA - Documento formal e oficial, onde o cliente se compromete com o fechamento do negócio, o que permite a contratada, além de assegurar o negócio, iniciar diversos processos inerentes à entrega.

INVESTIGAÇÃO - Levantamento - Processo de levantamento de informações, de qualquer natureza, que irão viabilizar a realização do orçamento e posterior proposta.

ISO - International Organization for Standardization ou Organização Internacional para Padronização - Entidade internacional que congrega as unidades nacionais de padronização e normatização. Trata de normas como as da ABNT e procedimentos como a certificação ISO 9001, necessária à habilitação em muitas concorrências.

JORNADA DE COMPRA - É o caminho que o cliente percorre até o fechamento do negócio. A soma das etapas do ciclo de vida do negócio.

LEAD - Indicação - Veja indicação.

LEQUE DE OFERTAS - Conjunto de ofertas de uma empresa.

LEVANTAMENTO - Investigação - Veja Investigação

LINHA DE BASE - Referência para comparação futura, seja financeira ou de execução.

LUCRATIVIDADE - Ganho líquido total resultante de um negócio fechado.

LUCRO - Resultado de receita menos despesa. Remuneração advinda de um negócio concretizado

MANUAL DE VENDAS - Playbook - Manual de procedimentos de negociação. O playbook deve conter todas as informações necessárias para treinar e capacitar novos negociadores, garantindo homogeneidade e objetividade.

MARGEM - Forma de determinar lucro da operação a partir de um índice aplicado ao preço de venda do produto ou serviço.

MARGEM BRUTA - Diferença entre o preço e todos os custos envolvidos na negociação.

MARGEM LÍQUIDA - Diferença entre o preço e todos os custos e despesas envolvidos na negociação.

MARKUP - Forma de determinar o preço de venda a partir de um índice aplicado por multiplicação sobre o preço de custo do produto ou serviço.

MEDIÇÃO - Ato de medir ou documento resultante desta ação, que é a comparação entre o que foi entregue e executado, com o que foi previsto em contrato, determinando os valores que efetivamente serão pagos à contratada.

MEDIDAS DE CONTROLE - Controles incluem qualquer processo, política, prática padrão ou outras ações que reduzam um risco ao nível aceitável ou levem um negócio de volta ao rumo desejado.

MELHORES PRÁTICAS - Técnicas documentadas e reconhecidas como as melhores formas de executar uma tarefa.

MELHORIA CONTÍNUA - Estratégia que procura eliminar causas e evitar problemas, muito facilitada se se as lições aprendidas são realmente realizadas.

MENSURAR - Medir dar dimensão.

MERCADO - Termo normalmente utilizado em planejamentos. Pode significar a relação entre a oferta e procura para desenvolvimento de um novo produtos, bem como o conjunto de clientes alvo para este produto.

MERCADO — ECONOMIA — Economia livre de mercado - A economia de mercado acontece quando se forma uma organização econômica na qual as próprias condições naturais garantem, independentemente de interferência - ou com intervenções mínimas - do Estado - ou de monopólios -, a estabilidade permanente entre a oferta e a procura. O estado então, executará seu dever fiscalizador.

META - Objetivo a ser atingido em determinado período de tempo.

MÉTODO DE VENDAS - É a forma como se executa as negociações na empresa. Normalmente parte do Playbook. É elaborado de acordo com as particularidades e necessidade de cada empresa, unidade de negócios, equipe de negociações setorizadas ou equipes de negociações territoriais. Possui todos os componentes necessários a padronização do atendimento e criação da mentalidade necessária ao negociador, de forma que sua postura e seus resultados

MÉTODO HETERODOXO - São aqueles contrários aos padrões, normas ou regras preestabelecidas.

MÉTODO ORTODOXO - Métodos que seguem rigorosamente as normas, procedimentos ou regras estabelecidas.

MÉTRICA - Forma de mensurar tendências, variantes ou resultados, nas diferentes etapas do negócio.

MOBILIZAÇÃO - Processo inicial onde os recursos necessários à implantação do contrato serão disponibilizados e transferidos para os locais previstos para a execução.

MONTANTE - Veja Valor acumulado

MRR - Receita Recorrente Mensal - Valor total da receita arrecadado mensalmente em contratos de prestação de serviços ou fornecimento continuados.

MUDANÇA - Um evento ou questão onde há uma transição de uma situação prevista em contrato para uma situação ou estado não previsto. Precisa ser identificada, mensurada e autorizada. Pode ou não incorrem em um aditivo contratual, para contemplar fornecimentos ou custos não previstos.

NECESSIDADE - Fator que normalmente levará o cliente a realizar a aquisição. Pode estar ligada a um problema, ampliação ou organização.

NEGOCIAÇÃO - Processo fundamentado em comunicação e relacionamento, pelo qual duas ou mais pessoas buscam impulsionar seus interesses individuais, através de ações conjuntas onde normalmente uma atenderá as necessidades da outra e por isso será paga. Ação ou efeito de negociar. Realizar operações comerciais.

NEGOCIAÇÃO CORPORATIVA - São negociações na esfera empresarial, conduzida por especialistas conhecidos como negociadores.

NEGOCIADOR - São aqueles que em negociações corporativas, aplicam tempo e competências específicas no cultivo do relacionamento com o cliente para amadurecimento de negócios. Possuem uma abordagem de conselheiro do cliente. Também são conhecidos por executivos de vendas, consultores de vendas, consultores de mercado, assessores de negócios ou gerentes de contas.

NEGÓCIO CORPORATIVO - Relação empresarial na forma de transação comercial que está sendo trabalhada, constando em carteira e controles.

NETWORKING - Rede dos relacionamentos que podem ser úteis profissionalmente.

NO-BID - É o termo utilizado para informar que a empresa não realizará nenhuma oferta, ou seja, não participará do negócio.

NOTA FISCAL - Documento fiscal que tem por objetivo o registro de uma transferência de propriedade sobre um bem ou a concretização de uma atividade comercial prestada por uma empresa a uma pessoa física ou outra empresa, possibilitando ainda o recolhimento dos impostos devidos.

NUVEM - Serviço de computação onde os usuários possuem acesso aos recursos a partir de qualquer local, disponibilizados em sua grande maioria, pela internet.

OBJEÇÃO - Questionamento, crítica ou obstáculo imposta pelo cliente.

OBJEÇÃO IRREMEDIÁVEL - Objeção aplicada pelo cliente onde não há forma de contorno.

OBJETIVO - Aquilo que se pretende alcançar.

OFERTA - Linha de produtos ou serviços oferecidos pela empresa ao mercado.

OPORTUNIDADE - Negócio em andamento registrado na carteira de um negociador.

ORÇAMENTAÇÃO - Etapa da negociação onde são realizadas todas as ações que irão resultar na proposta do negócio ao cliente, incluindo a elaboração de projeto básico, diagramas de solução, tabelas de preço, memoriais descritivos, catálogos de produtos e etc.

ORDEM DE COMPRA - Veja Pedido de compra

OTIMIZAÇÃO DA CARTEIRA - Ação da liderança que busca a eficiência na gestão de clientes, transferindo de um negociador para outro, clientes que o líder acredita serem viáveis, mas onde o negociador atual não obteve sucesso. Pode ainda este gestor utilizar os duvidosos restantes como lista de clientes para campanhas de prospecção ou liberá-los em uma bolsa de livre acesso a todos os negociadores.

PARTES INTERESSADAS - Toda e qualquer pessoa ou entidade que possa possuir algum interesse ou influência no negócio. Como por exemplo: colaboradores do cliente, colaboradores na empresa, os concorrentes, fabricantes parceiros, órgãos governamentais, autoridades locais, subcontratadas, sindicatos e comunidades locais, entre outros.

PATROCINADOR - Um patrocinador externo, normalmente será uma pessoa ou empresa relacionada com o cliente, que arcará com os custos para a execução do contrato. Um patrocinador interno, será a pessoa com poder ou influência que irá defender o negócio internamente além do negociador e sua liderança, garantindo que os recursos necessários sejam fornecidos.

PEDIDO DE COMPRA - É o documento que formaliza a aquisição. Pode ser um documento enviado pelo cliente ou um processo interno.

PERDIDO - Status que recebe nos controles, o negócio que não é ganho no decorrer da negociação. Será sua sinalização para posterior análise de perdidos.

PERFIL IDEAL DE CLIENTE - PIC - Conjunto de requisitos definidos pela empresa empresa que considera as características dos clientes alvo. Podem ser considerados, porte, setor, localização entre outros parâmetros. Tem o objetivo de direcionar os negociadores a negócios provavelmente mais rentáveis, eliminando por exemplo negócios de menor porte que por sua complexidade de execução, poderiam ocupar o mesmo tempo recursos que um negócio melhor qualificado.

PERFIL IDEAL DE NEGÓCIO - PIN - Similar ao perfil ideal de cliente.

PERIGO - Em relação a negociações, é tudo aquilo que pode alterar as condições financeiras de um negócio, seja para pior ou para melhor. São controlados pela matriz de riscos.

PESSOA DE INTERESSE - Indivíduo na esfera do negócio, que não foi ainda classificada ou descartada como parte interessada, devendo ser monitorada ou investigada.

PIPELINE - Controle das atividades que estão compondo o processo de vendas nos negócios de um negociador. Considera cada uma das etapas do ciclo de vida do negócio e quais negócios nelas estão classificados.

PÓS-VENDA - Seriam o período, e os procedimentos para atendimento ao cliente, após a entrega do que foi adquirido, mas em negociações corporativas possui uma característica interessante, ela se inicia no momento do fechamento e pode levar anos por toda a implantação e conclusão dos prazos de garantia.

PREÇO CHEIO - Preço de tabela para produtos de serviços que é utilizado para a elaboração dos orçamentos. A partir dele poderão ser realizados os descontos necessários, se houver, para adequar ao budget do cliente por exemplo.

PRÊMIO - Incentivo na maioria das vezes financeiro, oferecido ao negociador pelo alcance de metas ou objetivos definidos previamente com o intuito de incentivar e ampliar os resultados. - Valor a pagar em um seguro.

PREPOSTO - Representante nomeado pela empresa, com poderes para agir em seu nome, assinando documentos, assumindo responsabilidades ou realizando acordos.

PRÉ-VENDA - Todas as ações realizadas desde a identificação do negócio até o período de orçamentação.

PROBABILIDADE - Mensuração em relação à chance de que algo vá ocorrer.

PROCEDIMENTO - Forma de realizar uma tarefa. Em alguns casos é considerado o mesmo que processo.

PROCESSO - Um conjunto estruturado e mensurável de procedimentos ou tarefas, planejado para gerar um resultado específico.

PROGRAMA DE INTEGRIDADE - Criação e aplicação realista de códigos de ética, de conduta e políticas que permitam encontrar e sanar fraudes e atos ilícitos praticados no âmbito da empresa. Se compõe de um conjunto de procedimentos internos de auditoria, com o incentivo à delação de irregularidades.

PROGRAMAÇÃO NEUROLINGUÍSTICA - PNL - Interpretação pseudocientífica que pretende unir comunicação, desenvolvimento pessoal e psicoterapia.

PROPOSTA - Documento que formaliza uma oferta de produtos ou serviços em uma transação comercial. Pode ser única ou dividida em até três partes chamadas: comercial, de preços, e técnica.

PROPOSTA COMERCIAL - Documento que apresenta a empresa, os produtos e/ou serviços e as condições em uma transação comercial.

PROPOSTA DE PREÇOS - Documento que formaliza os custos unitários e totais em uma oferta de produtos e/ou serviços em uma transação comercial será implementada. Pode conter o BDI e a composição analítica de custos unitários.

PROPOSTA TÉCNICA - Documento que formaliza como e com que recursos uma oferta de produtos e/ou serviços em uma transação comercial será implementada. Pode conter os documentos de habilitação.

PROSPECÇÃO - Processo para investigação, descoberta e captação de novos clientes

PROSPECT - Cliente Potencial - Veja cliente potencial.

PROTOCOLO - Documento utilizado como formalização de conclusão. Forma de agir pré-determinada em determinadas situações e que atende a expectativa de um grupo.

PSEUDONIMIZAÇÃO - De acordo com o texto da LGPD: " é o tratamento por meio do qual um dado perde a possibilidade de associação, direta ou indireta, a um indivíduo, senão pelo uso de informação adicional mantida separadamente pelo controlador em ambiente controlado e seguro."

PULVERIZAR O RISCO - Ação de distribuir, ou dividir, as responsabilidades de um risco assumido.

QUALIFICAÇÃO DA INDICAÇÃO - Lead Scoring ou Lead Qualifying - Forma de atribuir categorias as indicações, para diferenciá-las. Por exemplo: Na comparação entre uma indicação que informe apenas o nome de uma empresa onde um provável negócio vá acontecer, com outra, que informe os contatos e condições em que o negócio está acontecendo, classifica a segunda com a melhor nota. Isto permite priorizar ações e bonificar diferenciadamente as indicações.

RAMPA - Ramp UP - Tempo que um novo negociador leva para estar totalmente apto ao cumprimento das metas. Pode ser reduzido, por um processo de apoio ao treinamento e evolução desses novos negociadores.

RAPPORT - Conexão próxima e harmoniosa entre o negociador e o cliente, que estabelecerá a confiança.

RECEITA BRUTA - Total recebido pela empresa em relação aos negócios concretizados e contratos em andamento, sem a dedução de impostos.

RECEITA LÍQUIDA - Total recebido pela empresa em relação aos negócios concretizados e contratos em andamento, após a dedução de impostos.

RECORRENTE - Receitas regulares normalmente associadas a contratos de prestação de serviços.

RECURSOS - Tudo o que possa ser necessário a implantação do contrato, sejam recursos materiais, humanos, financeiros entre outros.

RECURSOS DE TERCEIROS - Recursos atribuídos ao contrato de responsabilidade de subcontratados.

RELACIONAMENTO - Convívio entre o negociador e o cliente. A missão do negociador é fazer com que ele seja o mais harmonioso e produtivo possível para ambas as partes.

RENTABILIDADE - Resultado financeiro nominal sobre o total do investimento da empresa em termos percentuais.

RETAGUARDA - Back Office - Departamentos, processos, pessoas e sistemas internos da empresa, que estão disponíveis para apoio ao negociador.

RETENÇÃO - Termo utilizado para definir os esforços para manter o cliente. - Valores abatidos do pagamento de uma medição, como garantia, restituídos ao fim do contrato.

RFI - Request for Information ou solicitação de Informações - Similar a RFP, mas que solicita apenas o envio de informações sobre a empresa, seus produtos e serviços. Podendo ser específica ou não.

RFP - Request for proposal ou solicitação de proposta. - É um termo muito utilizado por empresas estrangeiras ou multinacionais localizadas no Brasil, para se referir a uma solicitação de proposta. Veja Solicitação de proposta

RFQ - Request for Quotation ou solicitação de cotação - Similar a RFP, mas que solicita apenas o envio de cotação de preços para solução já estabelecida, ou parametrização para uma RFP futura.

RISCO - Incerteza de ocorrência de uma ameaça ou oportunidade.

RMA - Return Merchandise Authorization ou Autorização de Devolução de Mercadoria ou solicitação de garantia - Processo onde o cliente envia para manutenção ou substituição produto que tenha apresentado defeito dentro do prazo de garantia. A responsabilidade sobre o frete e seus custos seguirá o que ficou definido em proposta ou contrato.

ROI - Retorno sobre o investimento - É a relação entre o retorno que o cliente trouxe com aquilo que foi investido em seu projeto. Para o cliente o retorno em relação ao investimento. Um ROI maior que 1 significa ganho, enquanto menor que 1 perda.

SALA DE GUERRA - War Room - Reunião onde convoca os principais elementos da equipe de um negócio para traçar estratégias e metas para provocar o fechamento ou contornar alguma grande ameaça. Termo criado na segunda guerra mundial por Winston Churchill.

SAZONAL - Que ocorre em períodos específicos do ano.

SCRIPT - Passo a passo para orientar o contato com um cliente. Muito utilizado por assistentes de vendas internas e equipes de telemarketing.

SEGMENTAÇÃO - Separação e classificação dos clientes por algum critério preestabelecido, como o setor econômico ou a localização.

SEGMENTAR OFERTA - Processo onde busca-se identificar um grupo grupo de indivíduos, com respostas e preferências semelhantes de produtos e/ou serviços alinhados com a oferta que se deseja trabalhar.

SEGMENTO - Grupo de clientes com características específicas.

SETOR - Veja segmento.

SICAF - Sistema de Cadastramento Unificado de Fornecedores - Serviço onde uma empresa pode se cadastrar como fornecedora da Administração Pública, possibilitando a participação em licitações. Em boa parte das concorrências, elimina a necessidade de apresentação de parte da documentação de qualificação.

SLA - Service Level Agreement - Veja Acordo de nível de serviço.

SOLICITAÇÃO DE PROPOSTA - Documento minucioso e detalhado que representa a divulgação oficial efetuada normalmente por empresa nacional privada de grande porte, para iniciar um processo de aquisição, convidando seus fornecedores. Pode possuir todos os detalhes do que será adquirido, apenas parte ou ideia da solução, ou somente a necessidade, deixando aberta a investigação e apresentação de soluções a critério dos concorrentes. Possuirá ainda regras de qualificação, condições de fornecimento, requisitos de documentação, prazos e formas para a entrega das propostas.

SOLUÇÃO - Conjunto de produtos e/ou serviços que irá atender a uma ou a um grupo de necessidades do cliente.

SUBSÍDIOS - Recursos financeiros.

SURVEY - Metodologia estatística de levantamento e investigação.

SWOT - Strength, weaknessess, oportunities and threats ou forças, fraquezas, oportunidades e ameaças - Método de análise que auxilia na elaboração de planos anuais, pontuais e na qualificação de negócios. Permitindo a elaboração de estratégias eficazes.

TAREFA - Trabalho a ser realizado, uma atividade ou conjunto de atividades que poderá ser definida como parte de um processo.

TÁTICA - Forma de trabalhar em casos ou situações específicas. As táticas compõem a estratégia.

TAXA DO DÓLAR - Discriminação em proposta do tipo de taxa de câmbio que será considerado no dia do faturamento ou em prováveis necessidades de atualizações, podendo ser: comercial, paralelo, flutuante ou orçamentário. O mais comum de ser utilizado é o comercial, sendo o único possível em alguns casos.

TEMPOS DE NEGOCIAÇÃO - Etapas do ciclo de vida do negócio conhecidas como pré-venda, orçamentação, fechamento e pós-venda.

TI - Tecnologia da informação - Conjunto de recursos para criação ou utilização de ferramentas, soluções e atividades que irão automatizar ou facilitar o trabalho.

TIMING - Termo utilizado para indicar o momento mais adequado para realizar uma ação como visitar, ligar, fechar entre outros.

TIRAR O PEDIDO - Fechar o negócio.

TRIBUTAÇÃO - Cobrança de impostos devidos incluso no valor total da proposta.

TURN KEY - Processo de aquisição onde o cliente deseja que um único fornecedor seja responsável pela implantação de todas as necessidades.

UNIDADE DE NEGÓCIO - Forma de gestão que subdivide uma empresa considerando receitas e custos associados a uma oferta ou grupo de ofertas, que tem como objetivo determinar qual a contribuição daquela oferta ou segmento de mercado que ela atende a operação da empresa, determinando se ele continua sendo viável.

VALOR - É a sensação que o cliente tem de satisfação, qualidade, importância e relevância que o cliente tem de sua empresa, produtos e serviços, comparando o seu benefício e preços com a concorrência.

VALOR ACUMULADO - Analisa e controla a alteração sofrida por uma quantia investida em um determinado período.

VALOR AGREGADO - Quaisquer benefícios ou melhoramentos associados ao produto e/ou serviço em diferenciação a concorrência.

VALOR PRESENTE LÍQUIDO - VPL - Utilizada para analisar investimentos em projetos. Determinar quanto o projeto valeria hoje, descontado o fluxo de caixa do projeto e utilizando uma taxa representativa de risco.

VANTAGEM COMPETITIVA - É a consequência da habilidade que a empresa possui em se diferenciar por meio de produtos, serviços ou processos, que irão anular ou reduzir a ação da concorrência.

VENDA CASADA - Ação que condiciona uma aquisição a outra como por exemplo um contrato de manutenção a implantação do contrato principal.

VENDA COMPLEXA - Tipo de condução de vendas, normalmente corporativa, que é profundamente consultiva por carência de informação por parte do cliente. Percorrendo várias etapas bem definidas, e para que obtenha sucesso, possui alta dependência das competências do negociador.

VENDA CONSULTIVA - Veja venda complexa

VENDA PARA ENTREGA FUTURA - Modalidade de faturamento onde a nota fiscal de venda e a fatura, são emitidas considerando entrega posterior dos produtos. Bastante utilizada em fins de períodos buscando atingir metas de faturamento.

VENDAS EXTERNAS -É o perfil mais comum para negócios corporativos consultivos. Denominação relacionada a um tipo de venda realizado fora da empresa. Também pode se referir ao nome de um departamento ou uma equipe.

VENDAS INTERNAS - Em relação a negociações corporativas, é o setor ou equipe que trabalha dentro da empresa, com o uso de telefone, e-mail, aplicativos de mensagens e videoconferência, como formas de comunicação com potenciais clientes. Podem ainda em atendimento passivo, repassando ou não os clientes conquistados aos negociadores externos. É uma boa forma de preparar novos negociadores.

VERBA - Valor de custos do projeto e que irão financiar sua execução.

Índice de casos

O mestre Orgulhoso 25

O desafio 38

O mestre silencioso 44

O Mestre Visionário 57

O Mestre Shaolin do estilo serpente 81

Davi contra Golias 100

Quem não deve não teme 102

Sem direito a recurso 107

Berço de tradições 110

Quando te derem um limão, faça uma limonada 118

Cada cabeça, seu guia 135

Uma soldada ferida 147

O que mais importa é o comprometimento 149

O mestre Frances 162

Idioma como arma de exclusão 170

Dívida de gratidão 185

A transparência do vidro 190

Morando em casa alugada 196

Seguindo os passos do mestre 199

Cada um é mestre na sua arte 202

Manda quem pode, obedece quem tem juízo 204

Dois pesos, duas medidas 208

Não conte com o ovo que ainda está na galinha 215

O mestre que cospe fogo 229

Valor muda de mãos 247

Dividir para conquistar 251

O Mestre da sabedoria 258

O discurso do intervalo 260

Passeio na terra de Dona Beja 266

Concorrência desleal 269

Plano infalível 270

Sobre o autor

Laierte Rodrigues Dias é empresário e consultor. Formado em Tecnologia da Informação e com MBA em gestão empresarial, além de diversas certificações, é experiente nos processos de negócios, gestão de empresas e contratos, tendo participado de negociações corporativas em boa parte das maiores empresas brasileiras privadas, governamentais ou multinacionais com atuação no país.

Sua visão global da estrutura corporativa somada à facilidade na gestão de pessoas, permitiram que pudesse executar negociações com resultados bastante significativos. A consequência disso foi a liderança de rentabilidade em contas especiais e elevação de resultados, com crescimento de uma de suas equipes comerciais em 70%, em relação a expansão do mercado no setor, de apenas 10% no mesmo período.

Aumentou a eficácia e lucros em diferentes empresas, com alteração de processos e estratégias de captação de clientes como o Guia do Arquiteto e o Prospect Day. Arquitetou e liderou o desenvolvimento do Corporate II, um ERP setorial que permite grande economia de recursos e prazos. Ministra treinamentos e palestras, escreveu por sete anos coluna semanal no Jornal Monitor Mercantil, tendo ainda artigos publicados em jornais como o Jornal O Globo e diversos portais.

"O indivíduo condicionado é o escravo moderno, o melhor de todos, o que desconhece sua condição. Quem pensa conspira e quer liberdade, qualidade de vida e satisfação."
Laierte R. Dias, Jornal Monitor Mercantil, 2013

Índice e referências de imagens

A informações de referências serão presentadas na seguinte organização: página, descrição, artista — se disponível, usuário que cadastrou a imagem, licença, alterações, endereço eletrônico, data e horário da última verificação de disponibilidade.

CAPA E CONTRA CAPA, Composição do autor a partir das imagens a seguir.

Fundo, DarkmoonArt_de, Pixabay License, Utilização parcial, https://pixabay.com/pt/illustrations/oldtimer-mapa-do-mundo-steampunk-3709588/, 18/01/2021, 11:26:00

Espada, Søren Niedziella, CC BY 2.0, Retirado o fundo, https://www.flickr.com/photos/albioneurope/8495469477/, 18/01/2021, 11:35:00

Selo de cera, macrovector, Freepick Licence, Retirado o fundo e alterado o texto, https://www.freepik.com/free-vector/wax-stamp-product-ad-set-with-six-isolated-wafers-transparent-with-silhouette-text-emblems_6862922.htm#page=1&query=Wax%20seal&position=1, 18/01/2021, 11:37:00

Tempo, Keneeko, Pixabay License, Alteradas cor e dimensão, retirados alguns elementos e to texto, incluído novo texto, https://pixabay.com/ru/vectors/фантазия-часы-смотреть-стимпанк-4049816/, 27/01/2021/19:04

Logo mestre da negociação - Composição do autor a partir das imagens a seguir - **Guerreiro,** InspiredImages, Pixabay License, Retirado o fundo, retirado o elemento dragão, Movido o guerreiro para o centro, alterado o fundo do frame, alterado o frame, incluída a estrela de David, incluído o Triângulo Harmonioso, alterado o texto, https://pixabay.com/pt/illustrations/s%C3%A3o-jorge-drag%C3%A3o-george-santo-st-1950336/, 18/01/2021, 11:57:00

Foto do Autor, Autoral.

PG: 19 — MAPA ESTRATÉGICO, Composição do autor a partir das imagens a seguir.

Rosa dos ventos, Vloeck, Kane5187, CC SA 3.0, Retirado o fundo, dessaturada e reduzida, https://commons.m.wikimedia.org/wiki/File:Windrose.svg, 18/01/2021, 13:03:00

Fundo, HuskyBot, Domínio Público, Dessaturada e reduzida, https://commons.m.wikimedia.org/wiki/File:AMH-8651-NA_Map_of_the_bay_of_Rio_de_Janeiro.jpg, 18/01/2021, 13:22:00

Frame, Pixabay License, Utilizado apenas o elemento frame da imagem, https://pixabay.com/pt/vectors/navegação-papel-mapa-direção-161291/, 18/01/2021, 13:52:00

Logo Mestre da negociação - Ver referência específica nas referências da capa.

Demais elementos, veja as referências individuais.

PG: 20 — ESTRELA DE DAVI, Razmik Badalyan, Pixabay License, Retirado o fundo, dessaturada, alteradas as dimensões e incluído texto, https://estrelas-david-símbolo-823404/, 18/01/2021, 09:28:00

PG: 22 — QUESTÕES DE CAUSA E EFEITO, dinarpoz, Pixabay License, Retirado o fundo, dessaturada, alteradas as dimensões e incluído texto, https://pixabay.com/pt/vectors/vetor-s%C3%ADmbolo-auspicioso-mong%C3%B3lia-2150002/, 18/01/2021, 12:19:00

PG: 23 — O BEM E O MAL, Composição do autor a partir das imagens a seguir.

Ying Yang com Dragões, Clker-Free-Vector-Images, Pixabay License, Retirado o fundo, dessaturada e reduzida, https://pixabay.com/pt/vectors/dragão-ying-yang-círculo-black-34167/, 18/01/2021, 14:50:00

Guerreiro, InspiredImages, Pixabay License, Retirado o fundo, retirado o elemento dragão, retirado o elemento flâmula, retirado o elemento do topo e retirado o elemento da base. movido o guerreiro para o centro, alterado o fundo do frame, alterado o frame e ampliada a espada, https://pixabay.com/pt/illustrations/ão-jorge-dragão-george-santo-st-1950336/, 18/01/2021, 11:57:00

PG: 26 — AS TRÊS ENTIDADES DO SER, Clker-Free-Vector-Images, Pixabay License, Retirado o fundo, dessaturada, alteradas as dimensões e incluído texto, https://pixabay.com/pt/vectors/celta-tribais-n%C3%B3-s%C3%ADmbolo-tri%C3%A2ngulo-294389/, 18/01/2021, 12:17:00

PG: 36 — TRIÂNGULO DAS COMPETÊNCIAS, Autoral.

PG: 56 — TABELAS DE RESOLUÇÃO LÓGICA, Autoral.

PG: 61 — TABELA VERDADE, Autoral.

PG: 70 — ÁREA DELIMITADA DO NEGÓCIO, Autoral.

PG: 71 — AS QUATRO ETAPAS DE NEGOCIAÇÃO, Vloeck, Kane5187, CC SA 3.0, Utilizado apenas o elemento central da rosa dos ventos, dessaturada, alteradas as dimensões, inseridos os quadrantes e o texto, https://commons.m.wikimedia.org/wiki/File:Windrose.svg, 18/01/2021, 13:03:00

PG: 72 — FORÇAS DE OPOSIÇÃO, Vloeck, Kane5187, CC SA 3.0, Utilizado apenas o elemento central da rosa dos ventos, dessaturada, alteradas as dimensões e inserido o texto, https://commons.m.wikimedia.org/wiki/File:Windrose.svg, 18/01/2021, 13:03:00

PG: 74 — RACIOCÍNIO LÓGICO, Composição do autor a partir das imagens a seguir.

Rosa dos ventos, Vloeck, Kane5187, CC SA 3.0, Utilizado apenas o elemento central da rosa dos ventos, dessaturada, alteradas as dimensões, inserido o texto, https://commons.m.wikimedia.org/wiki/File:Windrose.svg, 18/01/2021, 13:03:00

Sopro da lógica, PandannaImagen, Pixabay License, Dessaturada, reduzida e contornos reforçados, https://pixabay.com/pt/vectors/vento-vento-do-norte-cara-rosto-4283598/, 18/01/2021, 09:23:00

PG: 75 — CONTORNANDO UMA BARREIRA, Kane5187, CC SA 3.0, Utilizado apenas o elemento central da rosa dos ventos, dessaturada, alteradas as dimensões, inserida ligação e inserido o texto, https://commons.m.wikimedia.org/wiki/File:Windrose.svg, 18/01/2021, 13:03:00

PG: 76 — ULTRAPASSANDO UMA BARREIRA, Kane5187, CC SA 3.0, Utilizado apenas o elemento central da rosa dos ventos, dessaturada, alteradas as dimensões, inserida ligação e inserido o texto, https://commons.m.wikimedia.org/wiki/File:Windrose.svg, 18/01/2021, 13:03:00

PG: 78 — ESTRATÉGIAS DE NEGOCIAÇÃO, Kane5187, CC SA 3.0, Utilizado apenas o elemento central da rosa dos ventos e o círculo, dessaturada, alteradas as dimensões e inserido o texto, https://commons.m.wikimedia.org/wiki/File:Windrose.svg, 18/01/2021, 13:03:00

PG: 84 — MATRIZ DAS PRIORIDADES, Autoral.

PG: 93 — EXEMPLOS DE PARTES INTERESSADAS, Autoral.

PG: 97 — TRIÂNGULO HARMONIOSO, Composição do autor a partir das imagens a seguir.

Imperador, Gérard Analect Vincent Encausse, WolfgangRieger, Domínio Público, Utilizado apenas o elemento central, dessaturada e reduzida, https://commons.wikimedia.org/wiki/File:Papus_Atout_04-empereur-emperor.png, 18/01/2021, 12:44:00

Mago, Gérard Analect Vincent Encausse, WolfgangRieger, Domínio Público, Utilizado apenas o elemento central, dessaturada e reduzida, https://commons.wikimedia.org/wiki/File:Papus_Atout_01-bateleur-magician.png, 18/01/2021, 12:45:00

Temperança, Gérard Analect Vincent Encausse, WolfgangRieger, Domínio Público, Utilizado apenas o elemento central, dessaturada e reduzida, https://commons.wikimedia.org/wiki/File:Papus_Atout_14-temperance.png, 18/01/2021, 12:46:00

Triângulo, OpenClipart-Vectors, Pixabay License, Desa turado e retirado o fundo e o centro, sento utilizadas apenas as bordas métricas, https://pixabay.com/pt/vectors/triângulo-régua-ângulo-centímetros-161210/, 18/01/2021, 15:36:00

Olho, GDJ, Pixabay License, Utilizada apenas parta da área da imagem dessaturada.= e com dimensões alteradas, https://pixabay.com/pt/vectors/o-olho-que-tudo-v%C3%AA-anticristo-cia-2154733/, 18/01/2021, 15:38:00

PG: 105 — CONFIABILIDADE, DavidZydd, Pixabay License, Retirado o fundo, dessaturada, alteradas as dimensões e incluído texto, https://pixabay.com/pt/illustrations/adi%C3%A7%C3%A3o-logotipo-m%C3%ADnimo-atravessar-2730156/, 18/01/2021, 12:14:00

PG: 114 — CONHECENDO O VENCEDOR, Esteban.barahona, Domínio Público, Retirado o fundo, dessaturada, alteradas as dimensões e incluído texto, https://commons.wikimedia.org/wiki/File:Looped_square_on_white_background.svg, 18/01/2021, 13:27:00

PG: 137 — ENERGIA DERIVADA DO ESFORÇO, Vloeck, Kane5187, CC SA 3.0, Utilizado apenas parte do elemento central da rosa dos ventos, dessaturada, alteradas as dimensões e elaborado gráfico e texto, https://commons.m.wikimedia.org/wiki/File:Windrose.svg, 18/01/2021, 13:03:00

PG: 138 — PRESSÃO DERIVADA DA CONVIVÊNCIA, Vloeck, Kane5187, CC SA 3.0, Utilizado apenas parte do elemento central da rosa dos ventos, dessaturada, alteradas as dimensões e elaborado gráfico e texto, https://commons.m.wikimedia.org/wiki/File:Windrose.svg, 18/01/2021, 13:03:00

PG: 141 — FORÇA DO CONHECIMENTO, OpenClipart-Vectors, Pixabay License, Retirado o fundo, dessaturada e alteradas as dimensões, https://pixabay.com/pt/vectors/ketch-mar%C3%ADtimos-vela-navio-145507/, 18/01/2021, 14:00:00

PG: 151 — ROTEIRO DOS NEGOCIADORES, DavidZydd, Pixabay License, Padronizada a cor dos elementos, dessaturada, alteradas as dimensões e incluído o texto, https://pixabay.com/pt/illustrations/pentágono-logotipo-vetor-ícone-2730174/, 18/01/2021, 12:12:00

PG: 158 — CÍRCULOS DE COMUNICAÇÃO, Composição do autor a partir das imagens a seguir.

Circulo amplo, ArtsyBee, Pixabay License, Retirado o fundo, dessaturada, alteradas as dimensões e incluído texto, https://pixabay.com/pt/illustrations/red-c%C3%ADrculo-logotipo-rodada-1618916/, 18/01/2021, 12:54:00

Circulo restrito, ArtsyBee, Pixabay License, Retirado o fundo, dessaturada, alteradas as dimensões, utilizado repetidamente e incluído texto, https://pixabay.com/pt/illustrations/orange-círculo-logotipo-rodada-1618917//, 18/01/2021, 12:55:00

Setas, geralt, Pixabay License, Retirado o fundo, dessaturada, alteradas as dimensões e utilizado repetidamente, https://pixabay.com/pt/illustrations/seta-lista-sinalização-direção-2085195/, 18/01/2021, 12:52:00

PG: 160 — PROCESSO DAS COMUNICAÇÕES, Autoral.

PG: 182 — LEIS DAS NEGOCIAÇÕES, Madboy74, CC SA 4.0, Retirado o fundo, dessaturada, alteradas as dimensões e incluído texto, https://commons.wikimedia.org/wiki/File:Coa_Illustration_Cross_Formy_of_five_arms.svg,18/01/2021, 12:08:00

PG: 191 — AS NORMAS GERAIS, OpenClipart-Vectors, Pixabay License, Retirado o fundo, dessaturada, alteradas as dimensões e incluído texto, https://pixabay.com/pt/vectors/pentagram-black-magia-pag%C3%A3o-152115/,18/01/2021, 18:59:00

PG: 193 — RISCOS, Vloeck, Kane5187, CC SA 3.0, Utilizado apenas parte esquerda do elemento rosa dos ventos, dessaturada, alteradas as dimensões e elaborado texto, https://commons.m.wikimedia.org/wiki/File:Windrose.svg, 18/01/2021, 13:03:00

PG: 221 — TIPOS DE CLIENTES, Clker-Free-Vector-Images, Pixabay License, Retirado o fundo, dessaturada, alteradas as dimensões e incluído texto, https://pixabay.com/pt/vectors/dos-dados-seis-olhos-jogar-sorte-310333/, 18/01/2021, 12:10:00

PG: 226 — CLASSES DO TERRENO, Autoral.

PG: 274 — INFOGRÁFICO DE VENDA, Autoral.

PG: 275 — INFOGRÁFICO DE PROJETO, Autoral.

PG: 314 — ANÁLISE DE NEGÓCIOS, Kate07lyn, CC SA 3.0, Retirado o fundo, dessaturada e alteradas as dimensões, https://commons.wikimedia.org/wiki/File:Sample_JReport_Dashboards.png, 18/01/2021, 12:47:00

Referências de Fontes

Corpo do texto - Arial 11

Índices, referências e glossário - Arial 9

Notas - Arial 8

Icones - Wingdings 20

Títulos - Chow Fun, Harold's Fonts, 100% Free, https://www.dafont.com/search.php?q=Chow%20Fun&text=Ad, 19/01/2021, 17:19:00

Texto do logo - Blackwood Castle, Dieter Steffmann, 100% Free, https://www.dafont.com/search.php?q=Black%20Castle&text=The, 19/01/2021, 17:21:00

Referências bibliográficas

A informações de referências serão presentadas na seguinte ordem: sobrenome do autor, nome, descrição da obra, data de publicação, licença, editora ou site, endereço eletrônico, data e horário da última verificação de disponibilidade.

Tzu, Sun - A Arte da Guerra, Domínio Público, ~500 A. c., https://dominio-publico.usrfiles.com/ugd/5ca0e9_a7f6374255bf474c86f1f037fa37a58c.pdf, 19/01/2021, 11:04

Presidência da República - Código Comercial (Código Civil), Brasilia, Diário Oficial da União, 2002, http://www.planalto.gov.br/ccivil_03/leis/2002/L10406.htm#art2045, 24/01/2021, 10:59

Presidência da República - Lei de licitações 8.666/1993, Brasil ia, Diário Oficial da União, 1993, http://www.planalto.gov.br/ccivil_03/leis/l8666cons.htm, 19/01/2021, 11:18

Senado Federal - Projeto de Lei 4.253/2020 - Nova Lei de Licitações, Brasilia, senado.leg.br, 2020, https://legis.senado.leg.br/sdleg-getter/documento?dm=8879045&ts=1607630768278&disposition=inline, 19/01/2021, 11:31

Presidência da República - Lei de Inovação - 10.973/2004, Brasilia, Diário Oficial da União, 2005, http://www.planalto.gov.br/ccivil_03/_ato2004-2006/2004/lei/l10.973.htm, 19/01/2021, 11:33

Presidência da República - Lei de proteção ao consumidor - 13.853/2019, Brasilia, Diário Oficial da União, 1990, http://www.planalto.gov.br/ccivil_03/leis/l8078compilado.htm#:~:text=Disp%C3%B5e%20sobre%20a%20prote%C3%A7%C3%A3o%20do%20consumidor%20e%20d%C3%A1%20outras%20provid%C3%AAncias.&text=Art.&text=Equipara%2Dse%20a%20consumidor%20a,intervindo%20nas%20rela%C3%A7%C3%B5es%20de%20consumo., 19/01/2021, 11:42

Presidência da República - Lei geral de proteção de dados - 13.853/2019, Brasilia, Diário Oficial da União, http://www.planalto.gov.br/ccivil_03/_ato2015-2018/2018/lei/L13709compilado.htm, 19/01/2021, 11:39

Presidência da República - Lei de Responsabilização administrativa - 12.846/2013, Brasilia, Diário Oficial da União, 2013,   http://www.planalto.gov.br/ccivil_03/_ato2011-2014/2013/lei/l12846.htm ,   21/01/2021, 10:17

Hubbard, Elbert - A Message to Garcia, Chicago, Domínio Público, 1900, https://commons.wikimedia.org/wiki/File:A_Message_to_Garcia_(IA_2917566.0001.001.umich.edu).pdf, 19/01/2021, 11:05

Drucker, Peter - O Gerente Eficaz, Rio de Janeiro, Editora Guanabara, 1967.

Diversos - O Livro da filosofia, São Paulo, Globo Livros, 2016

Diversos - Bíblia Sagrada, Domínio Público, http://www.dominiopublico.gov.br/pesquisa/DetalheObraForm.do?select_action=&co_obra=16732, 19/01/2021, 11:19

Satre, Jean-Paul - O Ser e o nada, Petrópolis, Editora Vozes, 1997,

Dias, Laierte Rodrigues - Os Neurônios do faturista, Rio de Janeiro e São Paulo, Artigo publicado no Jornal Monitor Mercantil e no Linkedin, 2015, https://www.linkedin.com/pulse/os-neur%C3%B4nios-do-faturista-laierte-rodrigues-dias-pmp/, 19/01/2021, 11:08

Dias, Laierte Rodrigues - Sucesso: Ganhar o respeito de pessoas inteligentes e o afeto das crianças?, Rio de Janeiro e São Paulo, Artigo publicado no Jornal Monitor Mercantil e no Linkedin, 2015, https://monitormercantil.com.br/banheiro-privado/, 20/01/2021, 10:06

Dias, Laierte Rodrigues - O gerente de projetos e o copo de água., Rio de Janeiro e São Paulo, Artigo publicado no Jornal Monitor Mercantil e no Linkedin, 2017, https://www.linkedin.com/pulse/o-gerente-de-projetos-e-copo-%C3%A1gua-laierte-rodrigues-dias-pmp/, 19/01/2021, 11:10

Dias, Laierte Rodrigues - Alguém lá em cima não gosta de mim..., Rio de Janeiro e São Paulo, Artigo publicado no Jornal Monitor Mercantil e no Linkedin, 2015, https://www.linkedin.com/pulse/algu%C3%A9m-l%C3%A1-em-cima-n%C3%A3o-gosta-de-mim-laierte-rodrigues-dias-pmp/, 19/01/2021, 11:11

Dias, Laierte Rodrigues - Elementar meu caro Watson., Rio de Janeiro e São Paulo, Artigo publicado no Jornal Monitor Mercantil, 2012, https://monitormercantil.com.br/elementar-meu-caro-watson/, 19/01/2021, 11:12

Dias, Laierte Rodrigues - Quem pensa conspira, Rio de Janeiro e São Paulo, Artigo publicado no Jornal Monitor Mercantil, 2015, https://www.linkedin.com/pulse/quem-pensa-conspira-laierte-rodrigues-dias-pmp/?lipi=urn%3Ali%3Apage%3Ad_flagship3_profile_view_base_post_details%3BDy9nxxP%2BT4CCLKNmDhex2A%3D%3D, 19/01/2021, 11:13

Dias, Laierte Rodrigues - Um ótimo investimento, Rio de Janeiro e São Paulo, Artigo publicado no Jornal Monitor Mercantil, 2015, https://www.linkedin.com/pulse/um-%C3%B3timo-investimento-laierte-rodrigues-dias-pmp/, 19/01/2021, 11:14

Dias, Laierte Rodrigues - Saldo da empregabilidade, Rio de Janeiro e São Paulo, Artigo publicado no Jornal Monitor Mercantil, 2015, https://www.linkedin.com/pulse/uma-boa-releitura-saldo-da-empregabilidade-rodrigues-dias-pmp-mba/?lipi=urn%3Ali%3Apage%3Ad_flagship3_profile_view_base_post_details%3BDy9nxxP%2BT4CCLKNmDhex2A%3D%3D, 19/01/2021, 11:15

Dias, Laierte Rodrigues - Complexo de Pilatos, Rio de Janeiro e São Paulo, Artigo publicado no Jornal Monitor Mercantil, 2012, https://monitormercantil.com.br/complexo-de-pilatos, 19/01/2021, 11:28